SVEN FELIX KELLERHOFF

DER
PUTSCH

HITLERS ERSTER GRIFF
NACH DER MACHT

KLETT-COTTA

Klett-Cotta
www.klett-cotta.de
© 2023 by J. G. Cotta'sche Buchhandlung Nachfolger GmbH,
gegr. 1659, Stuttgart
Alle Rechte vorbehalten
Cover: Rothfos & Gabler, Hamburg
unter Verwendung einer Abbildung von © SZ Photo
Süddeutsche Zeitung Photo   /
Gesetzt von C.H.Beck.Media.Solutions, Nördlingen
Gedruckt und gebunden von GGP Media GmbH, Pößneck
ISBN 978-3-608-98188-9
E-Book ISBN 978-3-608-11991-6

Zweite Auflage, 2023

Die Rechtsschreibung wurde den aktuell gültigen Regeln des Duden
angepasst, auch in wörtlichen Zitaten.

Bibliografische Information der Deutschen Nationalbibliothek
Die Deutsche Nationalbibliothek verzeichnet diese Publikation in der
Deutschen Nationalbibliografie; detaillierte bibliografische Daten
sind im Internet über http://dnb.d-nb.de abrufbar.

Inhalt

Prolog

*Der Putsch als Posse: Der Künstler Karl Goetz verspottete Hitlers Coup
Ende 1923 mit einer satirischen Medaille.*

Eine Posse – was denn sonst? Auf den ersten Blick erweckten die Vorgänge in München am 8. und 9. November 1923 den Eindruck eines »Operettenputsches«: Da war bald nach 20.30 Uhr ein nicht mehr ganz junger, etwas linkischer Mann in Regenmantel und abgetragenem Anzug mitten in eine laufende Versammlung im Bürgerbräukeller am Rande der Münchner Innenstadt geplatzt und zum Podium gestürmt; dort hatte er sich auf einen Stuhl gestellt, eine Pistole gezogen und in die Decke geschossen. Anschließend hatte er die Regierung in Berlin für abgesetzt erklärt. Weniger als 16 Stunden später war derselbe nicht mehr ganz junge Mann an der Spitze eines Zuges von zwei- bis dreitausend Anhängern kaum zwei Kilometer entfernt an der Feldherrenhalle ins Gewehrfeuer von Polizisten geraten, zu Boden gestürzt und geflüchtet, während anderthalb Dutzend Tote und tödlich Verletzte auf dem Pflaster liegen blieben. Nicht einmal die Straßenbahnen hatten wegen der Ereignisse ihren Betrieb wesentlich einschränken müssen, und die meisten Deutschen bekamen erst aus den Zeitungen davon überhaupt etwas mit.

An eine »Zirkusszene« fühlte sich die *Vossische Zeitung* am 10. November 1923 erinnert; im *Berliner Tageblatt* trug der Leitartikel am selben Tag die Überschrift »Das Ende der Hanswurstiade«. Dem *Vorwärts* erschien der ganze Vorgang »jämmerlich«, während die *Berliner Morgenpost* über den »Spuk« spottete. Das *Stuttgarter Neue Tagblatt* nannte die Akteure »Dilettanten der schlimmsten Sorte«.[1]

Nicht anders sahen es Zeitungen in Österreich und der

deutschsprachigen Schweiz. Die Wiener *Reichspost* diagnostizierte eine »Revolution des Phrasenheldentums«, die *Neue Zürcher Zeitung* ein »Fiasko«. Das Unternehmen habe »nirgends in Bayern Nachahmung gefunden«, meldete das *Oberländer Tageblatt*. Das *Salzburger Volksblatt* befand, die Anführer seien offenbar der »Primadonnen-Eitelkeit zum Opfer gefallen«.[2]

Auch jenseits des deutschsprachigen Mitteleuropas dominierten abschätzige Meinungen. Eine »Karnevalsposse« habe in München stattgefunden, schrieb der *Niuwen Rotterdamschen Courant*; es sei »operettenhaft« zugegangen, kommentierte der *Corriere della Sera* aus Mailand. Das Budapester Blatt *Az Ujsbg* hielt die Geschehnisse für »ganz einfach lächerlich«, der *Manchester Guardian* wunderte sich über die »Feigheit der Gefolgschaft«, derentwegen der Putsch so rasch zusammengebrochen sei, und das Stockholmer *Dagbladet* konstatierte einen »hoffnungslosen Versuch«. Dazu passte die Bewertung jenseits des Atlantiks: Der *New York Herald* sah einen »Sturm im Wasserglas«, die *New York Times* einen »schmählichen Zusammenbruch« und die *Boston Post* einen »schweren Reinfall«.[3]

In der Presse Frankreichs überwog Häme. *La Victoire* druckte die Schlagzeile »Nicht einmal 24 Stunden Diktatur!«. Das *Echo de Paris* stellte befriedigt fest: »Alles in allem ist Deutschland ohnmächtiger, als wir es uns gewöhnlich vorstellen.« Die rechtsextreme Zeitung *Action Francaise* freute sich triefend von Zynismus: »Wir haben eine ruhige Zukunft vor uns, denn wir haben mit den Deutschen stets Frieden gehabt, wenn sie sich untereinander schlugen, sonst aber niemals. Gott sei Dank schwärmen sie für den Bürgerkrieg.«[4]

Völlig anders stellten die Nationalsozialisten den 8. und 9. November 1923 dar. Die Hitler-Bewegung machte den fehlgeschlagenen Coup zu ihrem – neben der Verkündung des einzigen Parteiprogramms am 24. Februar 1920 – zweiten, nämlich mythisch aufgeladenen Gründungsakt. Die NSDAP-eigene Tradition behandelte die »Ausrufung der nationalen Revolution im Bürgerbräukeller« und das anschließende »Blutbad an der Feldherrnhalle« ausführlich.[5] Entsprechend verklärten überzeugte Nazis die Ereignisse rückblickend als »Opfergang deutscher Männer und Frontsoldaten« oder als den Beginn der »nationalen Erhebung«, die »das Schicksal der deutschen Nation zu wenden« versucht habe.[6] Wer dabei gewesen war, bekannte sich voll Stolz – seit dem zehnten Jahrestag gab es sogar eine Auszeichnung für jene, die mitmarschiert waren, das »Ehrenzeichen des 9. November 1923«. Diesen Namen benutzte aber kaum jemand, gängig war die Bezeichnung »Blutorden«, angelehnt an die – tatsächlich oder angeblich – mit dem Blut bei der Schießerei gestorbener Putschisten getränkte »Blutfahne«, die zentrale Reliquie der Hitler-Bewegung. Mit ihr wurden alle wichtigen Flaggen und Standarten »geweiht«.

Von 1926 bis 1944 beging die Partei Jahr für Jahr vom Abend des 8. bis zum 9. November mittags ihren wichtigsten Feiertag, den »Reichstrauertag der NSDAP«. Gedenkartikel erschienen, die meisten Parteigliederungen trafen sich und hörten pathetische Reden. Von 1927 fand die zentrale Versammlung jährlich bis 1939 im Bürgerbräukeller statt, danach noch fünfmal im Löwenbräukeller. Die Hauptansprache hielt außer 1944 stets der Parteiführer persönlich; auch noch, nachdem der gescheiterte Tyrannemordversuch von Georg Elser 1939 den Schauplatz der Ereignisse schwer beschädigt hatte und die Veranstaltung verlegt werden musste.

Obwohl ein so feststehender Termin an einem bekannten Ort im Krieg ein hohes Risiko für Luftangriffe bedeutete, variierte Hitler lediglich die Uhrzeit seiner Auftritte.[7] Einmal nutzte die britische Royal Air Force (RAF) die Gelegenheit: In der Nacht vom 8. auf den 9. November 1940, Hitlers Rede war schon längere Zeit vorüber, warfen 17 britische Bomber über Münchens Innenstadt Spreng- und Brandladungen ab, ohne größeren Schaden anzurichten; registriert wurden acht Verletzte. Die behaupteten schweren Treffer des Löwenbräukellers und die angeblich nötige Unterbrechung der Feier waren Erfindungen der britischen Propaganda.[8]

Schon seit dem zehnten Jahrestag des Putsches 1933 erinnerte an der Schmalseite der Feldherrnhalle in der Residenzstraße eine Bronzetafel an die »16 Gefallenen des 9. November 1923«. Neben dem Mahnmal standen stets zwei SS-Leute »ewige Wache« und achteten darauf, dass jeder Passant den Toten den »Deutschen Gruß« entbot – wer das nicht tun wollte, wählte als Umweg die Viscardigasse, die im Volksmund bald »Drückebergergasserl« hieß. Am Königsplatz, dem Zentrum des Parteibezirks in der Maxvorstadt, ließ die NSDAP 1935 zwei »Ehrentempel« errichten, in denen seit dem zwölften Jahrestag die Särge der toten Putschisten standen.

Auf dieses völlig verzerrte Bild der Ereignisse folgte nach 1945 ein weiteres, das in anderer Art schief war. Die meisten Historiker, die über Hitler oder die Frühgeschichte des Nationalsozialismus schrieben, schilderten den Ablauf entlang der offiziellen Berichte von 1923/24 und orientierten sich an zeitgenössischen Beobachtern. Alan Bullock zum Beispiel, der Autor der ersten bedeutenden Hitler-Biografie, nannte den Putsch einen »Bluff«; Joachim Fest, Autor des lange wesentlichen Standardwerks über den deutschen Diktator, attestierte dem Geschehen »viele Elemente von Posse und Brigantentum«. Marlis Steinert hielt die Einzelheiten für »historisch kaum von Interesse«, Ian Kershaw sah ein »Abenteuer« und Hans Mommsen »eine ziemlich dilettantische Angelegenheit«, während Volker Ullrich die »burlesken Züge« betonte.[9]

Aber treffen diese Urteile zu? War Hitlers erster Griff nach der Macht tatsächlich so aussichtslos? Handelte es sich um ein von vorneherein zum Scheitern verurteiltes Unternehmen? Oder waren die Ereignisse jener rund 16 Stunden vielleicht das so natürlich nicht vorgesehene Ende eines ganz anderen Plans? Eines Vorhabens, das größer angelegt war als nur auf die wenigen Quadratkilometer der Münchner Innenstadt vom Bürgerbräukeller rechts der Isar bis zum Odeonsplatz zu zielen?

Zieht man die Gesamtheit der zeitgenössischen Quellen, also neben den offiziellen bayerischen Dokumenten und den zeitgenössischen Zeitungen auch die leider nur indirekt und auszugsweise überlieferten Ergebnisse der Ermittlungen, die Zeugenaussagen während des Prozesses gegen Hitler 1924, ferner das vom NSDAP-Hauptarchiv gesammelte Material sowie weitere Bestände heran, entsteht eine neue Perspektive, aus der sich viele der sonst meist übergangenen offenen Fragen zwanglos klären. Sie führt zu der Erkenntnis, dass es mehr als eine Phrase war, wenn Hitler 1922/23 so oft von einem »Marsch auf Berlin« sprach. Auch war es kein Zufall, dass sich gerade zwischen dem 3. und dem 6. November 1923 die Lage so sehr zuspitzte. Und es handelte sich um mehr als die Launen lokaler Anführer, dass in vielen Städten des

Reiches am 8. und 9. November bewaffnete Trupps von SA und NSDAP bereitstanden, um auf Befehl aus München loszuschlagen. In Wirklichkeit war der »Bierhallen-Putsch« das Ergebnis von Adolf Hitlers erstem Versuch, die Macht über Deutschland zu ergreifen.

Schon in meinem Band *Hitlers Berlin. Die Geschichte einer Hassliebe* habe ich 2005, gestützt auf damals noch recht wenige Quellen, die gängige Interpretation des November-Putsches in Frage gestellt: »Dachte Hitler tatsächlich daran, auf die Reichshauptstadt zu marschieren? Oder benutzte er das Schlagwort vom ›Marsch auf Berlin‹ eher metaphorisch?«[10] Für andere meiner Bücher seither, vor allem für »*Mein Kampf*«. *Die Karriere eines deutschen Buches* (2015) und *Die NSDAP und ihre Mitglieder* (2017), sowie für zahlreiche meiner Artikel auf *WELTGeschichte* bin ich tief in die Quellen zur Frühgeschichte der »braunen Bewegung« eingetaucht. Immer stärker reifte dabei mein Eindruck, dass die bisherigen Interpretationen des Jahres 1923 zu kurz greifen. Sie sind einerseits, vor allem in den überreichlich vorhandenen Biografien, zu stark auf Hitler fokussiert. Natürlich war der innerparteilich mit allen Vollmachten ausgestattete Anführer die zentrale Figur der NSDAP, dennoch aber bei weitem nicht die einzige treibende Kraft.

Andererseits blenden die meisten bisherigen Arbeiten zu stark die Kontexte aus. Aber nur wenn man diese berücksichtigt, wird die Handlungsweise der Verantwortlichen in Berlin und München nachvollziehbar. Denn alle politischen Entscheidungen des Jahres 1923 fielen in einer Situation doppelter Bedrohung: außenpolitisch durch die aggressive Politik Frankreichs und innenpolitisch durch den bevorstehenden, teilweise bereits eingeleiteten Aufstand der Kommunisten. Gleichzeitig gab es ein Vorbild, wie eine Nation sich aus einer ähnlichen Lage befreit zu haben schien: In Italien hatte sich der Faschisten-Führer Benito Mussolini durch den Aktionismus seiner Anhänger an die Macht getrotzt. Natürlich war die Situation nicht direkt auf Deutschland übertragbar, denn in Rom amtierte als Rest der Vorkriegsordnung ein König, während in Deutschland die Revolution im November 1918 den Monarchen fortgespült und einen (sozial-)demokratischen Reichspräsidenten an seine Stelle gesetzt hatte. Dennoch befeuerte die rasch zur Formel erstarrte Vorstellung eines »Marsches auf Berlin« nach dem Muster des »Marsches auf Rom« das Denken auf dem rechten Flügel der Gesellschaft, ebenso die Idee eines autokratischen »Direktoriums« als vermeintlicher Alternative zur parlamentarisch gestützten Regierung. So stand die Demokratie in Deutschland im Herbst 1923, nur fünf Jahre nach ihrem Sieg, tatsächlich am Abgrund. Sie wurde bedroht gleichermaßen von links wie von rechts. Die Aussicht auf einen siegreichen Putsch reaktionärer Kreise erledigte sich vor allem, weil der Reichspräsident anders entschied, als seine Gegner angesichts seiner Parteizugehörigkeit vermutet hatten.

Ausgangslage

Ein Balanceakt: Reichspräsident Friedrich Ebert (vorne) musste nach dem Rathenau-Mord einen Bürgerkrieg verhindern.

Ein politischer Mord löst die entschiedene Gegenwehr des demokratischen Staates aus. Die Verbote anti-republikanischer Organisationen sind eine Chance. Doch als Profiteur erweist sich ausgerechnet eine noch radikalere Bewegung.

Republikschutzgesetz

Der Kanzler war empört. Rund eine halbe Stunde schon hatte der Zentrumspolitiker Joseph Wirth am 25. Juni 1922 im Reichstag an seinen Außenminister Walter Rathenau erinnert, der am Vortag einem Anschlag zum Opfer gefallen war. Gerade hatte Wirth den Populismus verdammt, da gingen die Gefühle mit ihm durch. Vielleicht hatte es einen provozierenden Zwischenruf gegeben, den die Stenografen nicht festhielten, vielleicht war es das Füßescharren aus den Reihen der deutschnationalen Fraktion. Jedenfalls wies Wirth in deren Richtung und schleuderte den reaktionären Abgeordneten ungewöhnlich harsche Worte entgegen: »Da steht der Feind, der sein Gift in die Wunden eines Volkes träufelt. Da steht der Feind, und darüber ist kein Zweifel: Dieser Feind steht rechts!«[1]

Die Abgeordneten in der Mitte und auf dem linken Flügel des Parlaments sowie die meisten Zuhörer auf den Tribünen honorierten die Worte des Reichskanzlers mit stürmischem Beifall. Der bestens vernetzte Kulturbürger Harry Graf Kessler*, eigentlich kein Freund des Zentrumspolitikers Wirth, saß im Besucherrang und notierte später in seinem Tagebuch: »Man fühlt, es kommt eben wirklich aus der Tiefe seiner Überzeugung. Ich habe dem Mann Unrecht getan; er ist doch jemand.«[2]

Auf den Mord an Rathenau hatten Reichspräsident Friedrich Ebert und das Kabinett mit einer *Verordnung zum Schutz*

---

* Wichtige Handlungsträger und Beobachter wie Harry Graf Kessler finden sich auch im erläuterten Personenverzeichnis im Anhang.

der Republik reagiert, durch die republikfeindliche Gruppen aufgelöst werden konnten und schwere Strafen gegen jeden Täter möglich wurden, der »zu Gewalttaten gegen Mitglieder der jetzigen oder einer früheren republikanischen Regierung des Reichs oder eines Landes auffordert, aufwiegelt oder solche Gewalttaten mit einem andern verabredet«.³ Für derartige Verfahren sollte ein neuer Staatsgerichtshof zuständig sein, an den die Ländergerichte ihre Jurisdiktion abzutreten hätten.

Wenige Tage später, so schnell wie überhaupt möglich, beriet das Reichskabinett den Einwurf für ein *Gesetz zum Schutz der Republik*, das im Wesentlichen die gleichen Maßnahmen juristisch sorgfältiger formulierte. Wirth bekannte in der Sitzung offen, dass sich dieses Gesetz gegen den rechten Rand richte: »Im gegenwärtigen Augenblick« sehe er »keine Möglichkeit, ein Gesetz zu schaffen, das gleichzeitig den Kampf gegen links eröffne«. Scharfes Durchgreifen sei unumgänglich notwendig, vor allem gegen die »unglaubliche Verhetzung« durch die »Rechtspresse«. Wenn das Kabinett nicht handele, dann gebe sich die von Zentrum, Liberalen und Sozialdemokraten getragene Koalition selbst auf. Auch die Linksparteien, also USPD und KPD, müssten gewonnen werden, um dem verfassungsändernden Gesetz die nötige Zweidrittel-Mehrheit zu sichern. Der Sozialdemokrat Otto Braun, als Ministerpräsident des weitaus größten Landes Preußen innenpolitisch mindestens so wichtig wie der Kanzler, stimmte Wirth zu – »sowohl was die Beurteilung der Lage, als auch, was die zu ergreifenden Maßnahmen« betraf.⁴

Anders Bayerns Ministerpräsident Hugo von Lerchenfeld: Der katholisch-konservative Adlige hatte schon die *Verordnung zum Schutz der Republik* abgelehnt, gedrängt von seiner Bayerischen Volkspartei. Dieser regionale Ableger des Zentrums kritisierte die Maßnahmen als »unerträglichen Eingriff in die Justiz- und Polizeihoheit der Länder«. Offenbar sehe man in Berlin »die Dinge so schief und so falsch, dass man dort hoffte, die innerpolitische Lage in Bayern hätte sich so verschoben, dass man es wagen könnte, Bayern eine solche Pille zum Schlucken geben zu können«, warnte der parteieigene Informationsdienst *BVP-Correspondenz*: »Das ist nicht der Fall.«[5] Gegen den inhaltlich ähnlichen Gesetzentwurf, der jedoch fünf Jahre gültig sein sollte, musste Lerchenfeld aufbegehren. Vor allem lehnte er ab, einem Staatsgerichtshof Verfahren zu übertragen, die Bayern beträfen. Württembergs Regierungschef Johannes von Hieber stellte sich an die Seite des Kollegen aus München, denn in seiner Koalition hatten konservative Zentrumspolitiker ebenfalls großes Gewicht, während Joseph Wirth als Linkskatholik skeptisch beäugt wurde.

Schließlich verabschiedete der Reichstag das Republikschutzgesetz zwar am 23. Juli 1922, doch schon zuvor hatte Lerchenfeld angekündigt, es in Bayern nicht anwenden zu wollen. An sich ein ungeheurer Vorgang: Ein Land weigerte sich offen, bindendes Recht umzusetzen. Doch die einzige Möglichkeit, dagegen vorzugehen, wäre die Reichsexekution gewesen, also eine bewaffnete Übernahme der Macht in und über Bayern durch die Berliner Regierung, die zum Bürgerkrieg führen musste. Das würde Reichspräsident Ebert nicht tun. Um die Wogen zu glätten, erließ Lerchenfeld mehrere Verordnungen, die sich inhaltlich am Republikschutzgesetz orientierten, jedoch ausschließlich durch regionale Instanzen umzusetzen waren. Anstelle des Staatsgerichtshofs des Reichs sollten bayerische Volksgerichte Verstöße sanktionieren.

So hatte das Republikschutzgesetz eine unerwartete Nebenwirkung: In mehr als drei Vierteln des Deutschen Reiches

wurde in den kommenden Wochen unter anderem die mit
rund 120 000 Mitgliedern größte rechtsextreme Organisation, der antisemitische Deutschvölkische Schutz- und Trutzbund (DvSTB), verboten; die jeweils zuständige Polizei löste
vorhandene Strukturen auf, beschlagnahmte Drucksachen,
Guthaben und ähnliches – nicht jedoch in Bayern.

Chance für die NSDAP

Einer kleinen völkischen Gruppierung namens Nationalsozialistische Deutsche Arbeiterpartei (NSDAP) mit Schwerpunkt in München und Oberbayern kam das Gezerre in
mehrfacher Weise gelegen.[6] Erstens als Thema ihrer Agitation, denn der NSDAP-Vorsitzende, der Bierkellerredner
Adolf Hitler, sprach das Gesetz in diesem Sommer immer
wieder an. »Wer gefährdet denn die Republik? Nicht das
breite schaffende Volk«, sagte er am 16. August 1922: »Die
Republik ist gefährdet durch diejenigen, die sie als Melkkuh
für ihre Interessen betrachten. Darum hat man ein *Gesetz
zum Schutz der Republik* gemacht, das Volk aber schreit nach
einem Wuchergerichtshof.« Der Zweck des Gesetzes sei gar
nicht der Schutz der Verfassung; vielmehr solle es Bayern,
dem »deutschesten Land«, den »Berliner Kurs aufzwingen«.[7]
Neun Tage später spottete er, »auch tausend Behörden« würden nicht »verhindern können, dass das Volk in machtvollen
Kundgebungen seinen Willen zum Ausdruck bringt«.[8] Bei
seinen Zuhörern kamen solche Attacken stets gut an.

Zweitens stießen Anhänger des im Großteil des Reiches
aufgelösten DvSTB in jenen Städten und Gemeinden, in
denen es bereits Ortsgruppen der NSDAP gab, oft zur Hitler-
Bewegung. Sie war vorerst noch nicht vom Republikschutz-

gesetz betroffen, denn sie schien nicht gefährlich genug, um
den Aufwand einer Auflösung zu rechtfertigen. Zwar blieben
diese Sympathisanten längst nicht überall, denn die NSDAP
war im Gegensatz zur vorwiegend bürgerlichen Anhängerschaft des Antisemiten-Bundes stark proletarisch geprägt.
Trotzdem trug das Verbot des DvSTB wesentlich dazu bei,
dass die NSDAP ihre Mitgliederzahl von etwa 4300 Ende
1921 auf 8200 Ende 1922 fast verdoppeln konnte.[9]

Der dritte Nutzen, den die NSDAP durch das Republik-
schutzgesetz hatte, resultierte paradoxerweise aus Bayerns
Weigerung, diese Regeln anzuwenden. Denn dadurch wurde
München noch stärker als zuvor zum Sammelbecken völ-
kisch-rechtsextremer Kräfte, die damit in den Dunstkreis
Hitlers gerieten, dem seit dem Sommer 1921 der spöttische
Titel »König von München« anhing. Er war zuerst wohl auf
einem Flugblatt innerparteilicher Gegner aufgetaucht.[10]

Schon 1920, nach dem gescheiterten Kapp-Putsch, hatten
sich viele Mitglieder des beteiligten Freikorps Marinebrigade
Ehrhardt in die bayerische Hauptstadt zurückgezogen und
hier entweder die Rückkehr ins bürgerliche Leben geschafft
oder sich eigens gegründeten Tarnorganisationen angeschlossen. Auch ihr ehemaliger Anführer Hermann Ehrhardt hielt sich mit falschen Papieren und wohlwollender Ig-
noranz der Polizei im Spätsommer 1922 in München auf.
Ebenfalls hatte der Kreis um Erich Ludendorff, den mythisch
überhöhten ehemaligen Generalquartiermeister in den beiden letzten Jahren des Weltkrieges, seinen Schwerpunkt in
München.

Bald bot sich der NSDAP eine günstige Gelegenheit,
deutschlandweit Aufmerksamkeit zu finden. Der in Bayern
nicht verbotene Schutz- und Trutzbund wollte Stärke demonstrieren und rief potenzielle Verbündete aus dem ganzen

Reich für Mitte Oktober 1922 zu einem »Deutschen Tag«
ins fränkische Coburg. Auch die NSDAP und ihre Sturmabteilung (SA), eine Mischung aus Wehrverband und Partei-
miliz, wurden eingeladen. Der DvSTB-Hauptgeschäftsführer
Alfred Roth wollte die Nationalsozialisten in eine breite anti-
republikanische Bewegung einbinden und lobhudelte: »Nicht
jeder kann ein Hitler sein; aber ein Mann, ein ganzer Kerl,
ein Bekenner seiner deutschen Art, das kann ein jeder sein
und muss es.«[11]

Doch statt sich in die Regie des »Deutschen Tages« zu fügen,
setzte sich Hitler selbst in Szene. Trotz Verbots marschierte
er mit einigen hundert SA-Männer durch Coburg und schlug
sogar Gegendemonstranten mit seinem Stock – die einzige
nachweislich eigenhändige Gewalttat Hitlers.[12] Der DvSTB
kapitulierte; die *Deutschvölkische Blätter* schrieben nach dem
Treffen in Coburg: »Es ist unzweifelhaft – die NSDAP und
der Schutz- und Trutzbund bilden in Bayern zusammen die
völkischen Bewegung; beide ergänzen sich in ihrem Wesen
und Wirken in erfreulicher Weise.«[13] Statt die NSDAP wie
geplant einzubinden, galt sie nun als mindestens ebenbürtig.

Tatsächlich stach vor allem die physische Aggressivität der
NSDAP den verbal ebenfalls radikal antisemitischen, sonst
aber betulichen DvSTB aus. Zwar schreckte gerade diese Ge-
walttätigkeit ältere Anhänger des Schutz- und Trutzbundes
ab, doch das wurde durch die Anziehungskraft auf Jüngere
mehr als ausgeglichen. Mutmaßlich Anhänger der NSDAP
griffen in München seit 1920 beinahe täglich auf offener
Straße Menschen an, die sie für Juden hielten; es wurde gepö-
belt, gespuckt, gerempelt und sogar geschlagen. Die Behörden nahmen anfangs noch Anzeigen auf, beschränkten sich
bald aber darauf, die Vorfälle zu registrieren. Denn Polizeipräsident Ernst Pöhner persönlich hatte wiederholt Ermitt-

lungen gegen mutmaßliche Antisemiten wegen angeblich »mangelnden öffentlichen Interesses« einstellen lassen.[14] Die hohe Wahrscheinlichkeit, für solche Übergriffe nicht zur Rechenschaft gezogen zu werden, spornte die Täter an.

Auch nachdem der stadtbekannte NSDAP-Sympathisant Pöhner im September 1921 ans Oberste Landesgericht weggelobt worden war, änderte sich zumindest in Teilen der Münchner Polizei wenig. Am 6. Februar 1922 befand die Fahndungsabteilung zum Beispiel: »Was die Führung Hitlers anbelangt, so ist Nachteiliges gegen ihn nicht bekannt. Er ist ein überzeugter, ehrlicher Politiker, der aus seiner Gesinnung keinen Hehl macht. Seine bisherigen Reden in öffentlichen Versammlungen waren stets im vaterländischen Sinne gehalten.«[15]

Faktor Hitler

Bayerns Politik konnte der NS-Bewegung und ihrem Anführer kaum wirksam entgegentreten.[16] Das zeigte sich im Frühjahr 1922, als der BVP-Innenminister Franz Xaver Schweyer intern angekündigt hatte, eine Abschiebung des in Bayern nur geduldeten österreichischen Staatsbürgers Adolf Hitler zu prüfen – als Grund nannte er das »Bandenunwesen« auf Münchens Straßen, das »allmählich unerträglich« zu werden beginne.[17] Der NSDAP-Chef hatte kurz zuvor bei einer polizeilichen Vernehmung wegen der gehäuften antisemitischen Vorfälle verkündet, er könne »für all diese Sachen nicht verantwortlich gemacht werden«; sein vages Versprechen, »alles zu tun, um Ausschreitungen« zu vermeiden, hatte keine drei Tage gehalten.[18] Damit schien es für die Regierung höchste Zeit zu handeln.

Doch Schweyers Vorhaben sickerte umgehend durch. Hitler verließ aus Sorge vor einer Festnahme und möglicher Abschiebehaft für einige Tage die Wohnung, in der er ein Zimmer zur Untermiete bewohnte, und versteckte sich. Das NSDAP-Blatt *Völkischer Beobachter* skandalisierte den Plan und verwies auf die Leistungen des Kriegsfreiwilligen Hitler.[19]

Trotzdem gewann der Innenminister noch zwei Tage nach der Veröffentlichung die Zustimmung aller im Landtag vertretenen Parteien für Hitlers Ausweisung – außer der SPD. Deren Parteichef Erhard Auer lehnte den Vorschlag des Konservativen Schweyer ab, denn Hitler sei »doch nur eine komische Figur«. Es wäre für die Arbeiterschaft »ein Leichtes, ihn in die Bedeutungslosigkeit zurückzuschleudern«. Die Vertreter der anderen Parteien zogen daraufhin ihre Unterstützung zurück; der Innenminister musste seinen Vorschlag aufgeben: »So wurde kein Beschluss zur Ausweisung Hitlers gefasst«, hielt ein Teilnehmer der Runde fest.[20] Schweyer sah sich sogar gezwungen, wenige Wochen später im Landtag öffentlich den Gerüchten entgegenzutreten, er habe den NSDAP-Chef abschieben wollen: »Ich möchte hierzu zunächst bemerken, dass die Äußerungen, die ich seinerzeit im Haushaltsausschuss machte, doch nicht ganz richtig verstanden wurden; denn sie hatten keinesfalls den Sinn, als ob die sofortige Ausweisung des Herrn Hitler beabsichtigt gewesen wäre. Sie bezogen sich auf eine im Augenblicke der Erklärung bereits abgeschlossene Überlegung.« Nur am Ende seiner Rede ließ Schweyer durchblicken, was er wirklich vom NSDAP-Chef hielt – er nannte ihn nämlich den »unverantwortlichen Herrn Hitler«.[21] Offensichtlich dachte der Innenminister an die Einlassung des Parteichefs bei der Münchner Polizei.

Hitler jedoch amüsierte sich darüber höchstens, ebenso wie über die Haftstrafe, die er im Juni und Juli 1922 abzusitzen hatte. Zu drei Monaten Freiheitsentzug wegen Landfriedensbruch war er verurteilt worden, kam jedoch schon nach vier Wochen auf Bewährung wieder frei. Nur einen Tag später hielt er eine selbst für seine Verhältnisse besonders aggressive Rede, in die wohl alle während der Zeit im Gefängnis Stadelheim aufgestaute Energie floss. Wie üblich attackierte er die angebliche Verschwörung, die Deutschland zugrunde richten solle und deshalb die Wirtschaft unterminiere. »Wie lange kann dieser Prozess noch währen?«, fragte er rhetorisch, nur um wenig später die Antwort zu geben: »So lange, bis plötzlich aus dieser Masse heraus irgendeiner entsteht, der die Führung an sich reißt, weitere Genossen findet und der nun allmählich die Wut, die zurückgehalten wurde, gegen die Betrüger zum Aufflammen bringt.«[22]

In der NSDAP war Hitler praktisch unumstritten, seit er im Sommer 1921 seine Konkurrenten von der Parteispitze verdrängt hatte; der *Völkische Beobachter* bezeichnete ihn nun immer öfter als »unseren Führer«. Aber sein bohème-hafter Lebenswandel, geprägt fast täglich von stundenlangen, redundanten Gesprächen mit Anhängern in Cafés und Restaurants, wurde zur Belastung, denn Hitler erledigte die Büroarbeit als Kopf einer stark wachsenden Organisation bestenfalls unwillig; die Männer seiner Umgebung vermochten diesen Mangel nicht auszugleichen. Die Geschäftsstelle der Partei konnte ihre Aufgaben 1922 kaum mehr erfüllen, zumal die damals ein Dutzend zum Teil ehrenamtlichen Mitarbeiter in nur drei Räumen arbeiten mussten; es war nach den Erinnerungen einer Helferin »schrecklich eng«.[23]

Hitler ließ sich nur selten im Parteibüro sehen; öffentliche Auftritte waren ihm viel wichtiger, und dabei entwickelte er ein erstaunliches Selbstbewusstsein. So redete er bei einer gut besuchten Kundgebung gegen das Republikschutzgesetz auf dem Münchner Königsplatz erstmals gleichberechtigt neben den Anführern anderer teilnehmender Gruppen – und das, obwohl seine wenigen hundert Anhänger kaum ein Prozent der rund 50 000 Zuhörer stellten. Bei einer anschließenden NSDAP-Versammlung im Bürgerbräukeller kündigte Hitler an: »Der heutige Tag ist eine Generalprobe.«[24]

Kontakt zu Mussolini

Weil Hitler sich 1922 auf Bayern konzentrierte und höchstens an der Ausdehnung der NSDAP nach Norddeutschland interessiert war, verfolgte er Vorgänge im Ausland nur am Rande.[25] Die Lage in Italien kannte er nur in Umrissen; ob er tatsächlich 1921 »zum ersten Mal etwas vom Faschismus« gehört hatte, wie er rückblickend sagte, ist ungewiss.[26] Zwar erwähnte Hitler schon 1919 bis 1921 Italien gelegentlich in seinen Reden, doch meistens handelte es sich nur um Hinweise auf den Weltkrieg oder die Revision des Versailler Friedensvertrages.[27]

Seit 1918 herrschte in Rom permanent eine Regierungs- und damit Staatskrise. Obwohl auf der Seite der Gewinner, fühlte sich das Land von Frankreich und Großbritannien ausgespielt. Zwar hatte Italien bei den Verhandlungen in Versailles aus dem Erbe des aufgelösten Kaiserreichs Österreich-Ungarn erhebliche Territorien wie das deutschsprachige Südtirol und den Adriahafen Triest erhalten, doch die Erwartungen der Öffentlichkeit waren noch größer gewesen. In der Selbstwahrnehmung war aus der Siegermacht ein gedemütigtes Land geworden. Hinzu kamen Auswirkungen des

Krieges: zerrüttete Finanzen, der Verlust der bis 1914 wichtigsten Exportmärkte Deutschland und Österreich, hohe Arbeitslosigkeit unter den demobilisierten Soldaten sowie eine alles durchdringende Vetternwirtschaft. Innenpolitisch war das Land zerrissen; auf die von linken Parteien dominierten »roten Jahre« 1919/20 mit Generalstreiks, Landbesetzungen und anderen sozialistischen Übergriffen folgten die »schwarzen Jahre« 1921/22, in denen reaktionäre und nationalistische Kräfte die Oberhand gewannen.

Zu dieser Zeit gab es tatsächlich Parallelen zwischen Deutschland und Italien: In beiden Ländern herrschte das Gefühl vor, Opfer fremder Mächte zu sein; in beiden Ländern konnten wechselnde, meist schwache Regierungen die Spaltung der Gesellschaft in einen linken, tendenziell sozialistischen und einen rechten, nationalistischen Flügel weder überwinden noch mildern; in beiden Ländern waren die Folgen dieser Konfrontation ähnlich: Gewalt auf den Straßen, die phasenweise bürgerkriegsartig eskalierte und hunderte Menschenleben im Jahr kostete.

Die Parallelen sahen auch manche Politiker. Benito Mussolini, ehemaliger Sozialist und nun rechtsnationalistischer Publizist, außerdem seit ihrer Gründung Ende 1921 Vorsitzender der faschistischen Partei und für sie Abgeordneter im italienischen Parlament, reiste im März 1922 nach Berlin. Hier führte er Gespräche mit dem Reichskanzler und dem Außenminister, was der *Vorwärts* für einen »Fehler« hielt und scharf kritisierte.[28] Mit deutschen Nationalisten traf sich Mussolini ebenfalls, etwa mit der Führung der Veteranenorganisation Stahlhelm. München aber und Adolf Hitler standen nicht auf seinem Terminplan; auch sonst gab es keinen Kontakt zwischen Faschisten und Nationalsozialisten, die in Berlin noch gar nicht präsent waren.

In der NSDAP dominierte im ersten Halbjahr 1922 eine sehr negative Wahrnehmung Italiens, dem der Eintritt in den Weltkrieg auf Seiten der Gegner Deutschlands 1915 verübelt wurde. Hitler machte sich diese Position offensichtlich zu eigen; jedenfalls eröffnete er am 25. April im Münchner Hof-bräuhaus eine Parteiveranstaltung über die »Not der Deut-schen in Südtirol«, bei der Italien scharf kritisiert wurde.[29]

Die gegen den klaren Willen fast der gesamten lokalen Be-völkerung vollzogene, in Italien frenetisch gefeierte Annexion der Südalpen-Region war zudem nur eine von zwei unver-einbaren Positionen der beiden Parteien. Die andere war der Hass auf Juden, den die NSDAP für entscheidend hielt, die Faschisten hingegen für unbedeutend. Der *Völkische Beob-achter* stellte deshalb Ende Juni fest, »jeder völkisch denkende Deutsche« müsse den Kontakt zu den Faschisten vermeiden, weil diese Partei »gar keine antisemitischen Zwecke« verfolge. Kontakte zum »Jongleur Mussolini« seien abzulehnen.[30]

Doch schon sechs Wochen später änderte sich der Tonfall deutlich. Nun lobte Hitler auf einmal, Italien sei »als einzi-ges Land« gewillt, den »Kampf zwischen Internationalismus und Nationalismus durchzukämpfen«.[31] Wie es dazu kam, ist nicht klar auszumachen. Vielleicht hatte der NSDAP-Chef mitbekommen, dass Mussolini ein Ziel ausgegeben hatte, das genau in sein Denken passte. »Unser Programm ist einfach«, bekannte der »Duce« der Faschisten nämlich: »Wir wollen Italien regieren.«[32]

Bald darauf, in der zweiten September-Hälfte 1922, ak-zeptierte Hitler ein Angebot, indirekt Kontakt zu Mussolini aufzunehmen. Vorgeschlagen hatte das der potenzielle Mit-telsmann selbst, ein gewisser Kurt Lüdecke. Charmant und sprachgewandt, war der 32-Jährige als Hochstapler erfolg-reich. Seit 1921 wohnte er vorwiegend in München, und hier wandte er sich an die NSDAP, um der noch kleinen Bewegung seine Dienste anzubieten – vor allem im Ausland. Weil Hitler nur deutlich österreichisch gefärbtes Deutsch sprach, nahm er das Angebot an: Lüdecke, der fließend Englisch und Französisch beherrschte, wurde Berater für außenpolitische Fragen.

In seinen später im US-Exil erschienenen Memoiren überlieferte der allerdings nicht sehr vertrauenswürdige Gewährsmann seine Version des entscheidenden Gesprächs mit Hitler.[33] »Was er denn, so fragte ich, wisse über Mussolini, dessen Besetzung von Turin mit seinen ›Schwarzhemden‹ Schlagzeilen gemacht hatte?« Hitler gab zurück: Nur das, was jeder in den Zeitungen gelesen habe. Hitler könne doch, führte Lüdecke den Dialog weiter, die Erfolge der Faschisten für sich nutzen, indem man Kontakt zu Mussolini aufnahm und das verbreitete. Er könne doch, schlug Lüdecke vor, im Auftrag der NSDAP nach Italien reisen. Hitler fand Gefallen an der Idee und akzeptierte zudem, dass sich der Emissär zusätzlich der Unterstützung Erich Ludendorffs versicherte. Denn dessen Ruf könne auch in Italien viele Türen öffnen.[34]

In Mailand angekommen, dem Sitz der faschistischen Partei, bat Lüdecke telefonisch um einen Termin beim »Duce«, den er zu seinem eigenen Erstaunen noch am selben Nachmittag bekam. Zunächst bestellte Lüdecke Grüße von Adolf Hitler und erfuhr, dass Mussolini diesen Namen gar nicht kannte. Also schilderte der Besucher die Lage in Deutschland, übertrieb freilich die Bedeutung der NS-Bewegung gewaltig. Der Italiener hörte höflich zu (man hatte sich auf Französisch geeinigt, das beide fließend beherrschten) und stellte Zwischenfragen, sagte aber selbst wenig. Lüdecke sprach vorsichtig die potenziellen Streitpunkte zwischen Faschisten und Nationalsozialisten an, Südtirol und den Antisemitismus, holte sich aber in beiden Fragen deutliche Absagen. Zum Ende des Treffens versicherte Mussolini dem Besucher noch seine Entschlossenheit, den Kampf um die Macht bis zum Ende zu führen.

Der Faschistenchef hatte nichts gesagt, was über die Botschaften in den Blättern seiner Partei hinausging. Trotzdem berichtete Lüdecke seinem Auftraggeber, als habe er wichtige Neuigkeiten zu übermitteln. Er schilderte seinen Eindruck von Mussolinis Persönlichkeit und dessen politischen Fähigkeiten, betonte dabei die Verwandtschaft von Faschismus und Nationalsozialismus. Außerdem prophezeite Lüdecke nach eigenen Angaben einen Sieg der Faschisten in Italien binnen weniger Monate, wenn nicht Wochen.[35]

Hitler erwies sich seinen Ratschlägen gegenüber als aufgeschlossen, denn er hielt nicht nur eine Kooperation von Faschisten und Nationalsozialisten für vorteilhaft, sondern auch eine Allianz zwischen den Staaten Italien und Deutschland. Lüdecke zufolge fand es der NSDAP-Chef vertretbar, dafür die völkisch begründeten Ansprüche auf Südtirol aufgeben zu müssen.[36] Wenige Tage später begann Hitler, sich Mussolini öffentlich anzunähern. Auf dem »Deutschen Tag« in Coburg hielt er eine Rede, in der er erstmals ausdrücklich auf dessen Bewegung einging: »Jetzt wollen wir nach Italien zu den dortigen Faschisten blicken, sie bewundern und ihnen zeigen, dass wir gewillt sind, noch andere Kämpfe durchzuführen als die in Italien.«[37]

Vorbild

Unerwarteter Erfolg in Italien: Benito Mussolini drohte mit Bürgerkrieg und stieg so zum Ministerpräsidenten auf.

Mussolini nutzt die Chance, die ihm die Schwäche seiner Gegner in Rom unversehens bietet. Seine deutschen Bewunderer von der NSDAP erkennen im Vorgehen des »Duce« ein Muster, dem sie nacheifern wollen.

Regierungskrise in Italien

Von Hitlers demonstrativem Bemühen um eine Annäherung bekam Benito Mussolini wahrscheinlich nichts mit.[1] Denn in Italien spitzte sich die Lage just im Spätsommer 1922 dramatisch zu. Nachdem ein Aufruf linker Gewerkschaften zum Generalstreik aus Protest gegen die andauernde politische Gewalt auf den Straßen weitgehend wirkungslos verpufft war, drängten die lokalen Anführer der Faschisten die Parteizentrale in Mailand zum Losschlagen. In verschiedenen Provinzen, vor allem der Toskana und der Emilia-Romana, dominierten deren Anhänger längst die lokale Politik – doch sie verlangten mehr: den offenen Kampf um die Macht im Staate. Mussolini bremste, denn er wollte einen Bürgerkrieg vermeiden. Also verlangte er von dem schwachen Ministerpräsidenten Luigi Facta, die Faschisten als Koalitionspartner zu akzeptieren, und forderte mehrere Ministerien für seine Partei, darunter das Kriegsministerium. »Jedermann sah, dass hier ein Trojanisches Pferd in die Zitadelle der Macht gebracht werden sollte«, schrieb der damalige Parlamentsabgeordnete Emilio Lussu rückblickend: »Nur Facta ahnte nichts; geduldig bemühte er sich um ein Übereinkommen. Aber einige Minister muckten auf, die Verhandlungen platzten.«[2] Das amtierende Kabinett zerbrach – ein »absehbares Scheitern«, kommentierte die *New York Times*.[3]

Mussolinis daraufhin vorangetriebener Versuch, zusammen mit dem gemäßigten Flügel der italienischen Sozialisten und unter Leitung des früheren Ministerpräsidenten Vittorio Emanuele Orlando eine neue Regierung zu bilden, schei-

terte – die Linke bestand auf einem »Ausschluss der Faschisten« und drohte erneut mit Generalstreik.[4] Also bildete Facta
auf persönlichen Wunsch von König Vittorio Emanuele III.
ein neues Mitte-Rechts-Kabinett, das freilich noch schwächer
war als seine vorherige Regierung: Er bekam eine »zweite
Chance«, obwohl er sie gar nicht wollte.[5]

Auf parlamentarischem Weg, das war Mussolini nun klar,
würde seine Partei nicht an die Macht kommen. Also schlug
er einen anderen Weg ein: Im September 1922 ließ er seine
Anhänger überall in Italien mobil machen und zahlreiche
Demonstrationen, Versammlungen und Aufmärsche veran-
stalten. Er wollte die Kraft der Faschisten zur Schau stellen.
Um den Nervenkrieg mit der Regierung Facta zu bestehen,
zu der die Armee weitgehend loyal stand, beförderte Mussolini mit Emilio de Bono einen angesehenen General des
Weltkrieges in die Führung der faschistischen Milizen, zusätzlich zu dem Juristen Cesare Maria de Vecchi und dem
fronterfahrenen Offizier Italo Balbo sowie dem Ex-Gewerk-
schafter Michele Bianchi. Dieser Viererausschuss wurde in
Anlehnung an die Endphase der antiken römischen Republik
und die dort gebildeten Triumvirate »Quadrumvirat« genannt.

Für die wesentlichen Gruppen, die der Faschismus auf
dem Weg zur ganzen Macht über Italien gewinnen musste,
gab es jeweils eine geeignete Bezugsperson: für die aktiven
Soldaten General de Bono, für die Monarchisten Rechtsanwalt de Vecchi, für die meist jungen Weltkriegsveteranen
Balbo und für die Arbeiter Bianchi. Mussolini selbst bemühte sich um die Sympathie des Königs und der Armee-
führung. Bei einer Kundgebung am 20. September 1922 in
Undine beschwor er seine Anhänger, die als eine Art Uniform schwarze Hemden trugen: »Wir müssen den Mut ha-

ben, Monarchisten zu sein!« Als Antwort skandierten die Zuhörer, wohl dank geschickter Vorbereitung: »Es lebe das Heer!«[6]

Trotzdem blieb die Sorge virulent, die Faschisten planten einen gewaltsamen Staatsstreich. Bianchi konnte diesen Verdacht nicht ausräumen, obwohl er am 6. Oktober im Interview mit der Mailänder Zeitung *Corriere della Sera* klarstellte: »Es ist wahr, sehr wahr, dass wir von einem ›Marsch auf Rom‹ gesprochen haben und noch sprechen, aber es handelt sich um einen Marsch, der – das sollten auch die größten Laien verstehen – ganz spirituell, ich möchte sagen: legal ist.«[7] Zumindest Luigi Facta glaubte das offenbar nicht, denn er ließ die Forts rund um Rom alarmieren. Besorgten Abgeordneten seiner Koalition versicherte der Ministerpräsident: »Ich habe befohlen, dass man die Kanonen schmiert.«[8]

»Marsch auf Rom«

Die Entscheidung fiel am 16. Oktober 1922 – nur zwei Tage nach Hitlers Lob der Faschisten in Coburg. Für die folgende Woche setzte Mussolini einen zweitägigen Parteitag in Neapel an, und im Anschluss an diese öffentliche Heerschau würden am 27. Oktober alle »Schwarzhemden« mobil machen. Zuerst sollten sie in ihren Heimatregionen die »öffentlichen Gebäude in den wichtigsten Städten« besetzen, also Rathäuser, Polizeiwachen, Bahnhöfe und Postämter, danach zu Sammelpunkten rund um Rom kommen. Mit dieser Drohkulisse sollte ein »Ultimatum an die Regierung Facta zur generellen Abtretung der Staatsmacht« gestellt werden, anschließend der »Einmarsch in Rom und Inbesitznahme der Ministerien um jeden Preis« erfolgen. Balbo, de Vecci und de Bono sorgten für ein mögliches Scheitern des ersten Angriffs vor: »Im Falle einer Niederlage sollen die faschistischen Milizen nach Mittelitalien ausweichen, unter dem Schutz der in Umbrien zusammengezogenen Reserven.«[9]

An dem Parteitag in Neapel, einer traditionell linken Stadt, nahmen nach Angaben der Veranstalter rund 30 000 Männer teil; der britische Konsul schätzte immerhin etwa 15 000 Schwarzhemden. Mussolini forderte in seiner Rede nun konkret fünf Ministerien, neben dem Kriegs- auch das Marineressort, das Außenamt, das Arbeits- und das Landwirtschaftsministerium, sowie baldige Neuwahlen. An der Staatsform Monarchie werde er festhalten, verkündete der Faschistenchef. »Ich schwöre, dass entweder die Regierung dieses Landes friedlich den Faschisten übertragen wird oder wir sie uns mit Gewalt nehmen werden!« Die Zuhörer skandierten: »Nach Rom! Nach Rom!«[10] Mussolini selbst aber reiste danach erst einmal heim nach Mailand und überließ es den Männern des »Quadrumvirats«, die Miliz anzuführen. Für ihn spielte der eigentliche »Marsch« auf die Hauptstadt eine kleinere Rolle, denn ihm ging es vor allem um das Drohpotenzial.

Am 26. Oktober telegrafierten Facta und sein Innenminister an alle Präfekturen Italiens, um vor drohenden Aufständen der Faschisten zu warnen. Offenbar gab es unter den mobilisierten Anhängern Spitzel, die Details der Pläne verraten hatten. Allerdings waren umgekehrt in den Reihen der Staatsverwaltung Sympathisanten Mussolinis aktiv, die irreführende Informationen verbreiteten und Gegenmaßnahmen der Regierung hintertrieben. So konnten die Behörden nicht verhindern, dass in verschiedenen Städten Schwarzhemden Schlüsselstellen besetzten. Zuerst war Pisa an der Reihe, wo am 27. Oktober gegen 11.30 Uhr die Telegrafen-

und Telefonverbindungen unterbrochen wurden; anschließend Siena, wo es überhaupt keinen Widerstand der Armee
gegen das Plündern der Waffenlager gab; später am selben
Tag Cremona und Perugia. Sobald die Faschisten die Lage in
einer Stadt einigermaßen kontrollierten, beschlagnahmten
sie Lastwagen und Autos, um möglichst viele Männer Richtung Rom zu schicken.

Panik erfasste das Kabinett: Ministerpräsident Luigi Facta
trat während des offenen Angriffs auf den Staat mit all seinen
Ministern zurück – er wolle damit Platz machen für eine
»starke Regierung«, erfuhr die Nachrichtenagentur *Asso-
ciated* Press aus Regierungskreisen.[11] Wenige Stunden nach
diesem Rücktritt beschloss das nur noch geschäftsführende
Kabinett am Abend des 27. Oktober dennoch, den König um
die Verhängung des Belagerungszustandes zu ersuchen, also
um die Ausrufung des Kriegsrechts.

Weiter sprachen die Kräfteverhältnisse zugunsten des
Staates: An den Sammelpunkten rund um Rom warteten am
27. Oktober höchstens 5000 Mussolini-Anhänger, etwa doppelt so viele befanden sich auf dem Weg dorthin. Der Armee-
führung standen in den Forts um die Hauptstadt und in
den Kasernen in Rom selbst deutlich mehr Soldaten zur Verfügung.

Doch der Dynamik der Faschisten konnte die verunsi-
cherte Staatsverwaltung nichts entgegensetzen: In der Nacht
vom 27. auf den 28. Oktober besetzten Schwarzhemden in
Dutzenden weiteren Städten von Triest und Venedig im
Nordosten bis Foggia im Südosten, von Aquila in den Abruz-
zen bis nach Alessandria im Nordwesten die Präfekturen und
die Postämter. Fast überall geschah das gewaltfrei: Zuerst
marschierten Kolonnen von Faschisten auf, dann forderten
deren lokale Kommandeure Zugang zu den Gebäuden und

erhielten ihn binnen kurzem; die Sicherheitskräfte ließen es in der Regel zu.

Ausgerechnet in Mailand, wohin sich Mussolini nach der Versammlung in Neapel zurückgezogen hatte, gelang ein solcher Handstreich jedoch nicht. Eine starke Abteilung Schwarzhemden stürmte hier die Wache der Gebirgsjäger-Kaserne, entwaffnete die diensthabenden Männer und sperrte das Tor. Der Kommandeur des Regiments jedoch ließ sich nicht einschüchtern, sondern befahl ein voll bewaffnetes Bataillon auf den Kasernenhof und stellte den Besetzern der Wache ein Ultimatum: »Wenn ihr in fünf Minuten nicht abzieht, wird geschossen.« Die Faschisten skandierten als Antwort: »Es lebe das Heer!« Der Oberst verlangte erneut, das Tor umgehend freizugeben. »Das ist unmöglich«, antwortete der Anführer der Faschisten: »Wir werden eher fallen als abziehen.« Ungerührt stellte der Gebirgsjäger-Offizier fest: »Wie die Herrschaften wünschen. Uns kann es recht sein.« Seine Soldaten machten sich bereit zum Angriff. Inzwischen war Mussolini persönlich aus seinem Hauptquartier zu der Kaserne geeilt. Er versuchte, den Oberst zum Aufgeben zu überreden, doch als das Trompetensignal zum Angriff ertönte, knickte der Parteiführer ein und befahl seinen Anhängern: »Abmarsch!«[12]

Trotz solcher Misserfolge kontrollierten am Morgen des 28. Oktober in den meisten Städten Nord- und Mittelitaliens Faschisten die Nachrichtenverbindungen; im Süden waren sie weit weniger stark. In Rom selbst war die Lage ruhig. Seit Mitternacht hatten regierungstreue Einheiten der Armee die strategischen Punkte der Stadt besetzt, einschließlich des Königspalastes; MG-Wagen patrouillierten durch die Straßen. Um sechs Uhr morgens versammelte sich die geschäftsführende Regierung und formulierte das Gesetz über den Belagerungszustand, der faktisch bereits galt. Luigi Facta machte sich mit dem Entwurf auf den Weg zu Vittorio Emanuele III., in der Erwartung, der Monarch werde ihn unterstützen. Doch der König lehnte ab und ließ sich auch nicht umstimmen. Gegen Mittag wurde das formell gar nicht verhängte Kriegsrecht aufgehoben – tausende Anhänger der Faschisten versammelten sich vor dem Palast und »feierten« den König für seine Entscheidung, wie die *New York Times* berichtete.[13] Facta beendete nun auch seine geschäftsführende Tätigkeit und Vittorio Emanuele beauftragte Antonio Salandra, einen schon 69 Jahre alten Ex-Ministerpräsidenten, ein neues Kabinett zu bilden.

Am Nachmittag des 28. Oktober, als sich Armee und Polizei weitgehend in ihre Kasernen zurückgezogen hatten, gingen in vielen Städten Faschisten gegen unabhängige und gegen politisch linksstehende Zeitungen vor. Redaktionen und Druckereien wurden besetzt, manchmal Druckmaschinen beschädigt oder sogar zerstört. Der *Corriere della Sera* verzichtete darauf, am 29. Oktober eine Ausgabe erscheinen zu lassen, und rechtfertigte sich im Leitartikel der folgenden Nummer: »Die Blinden und Machtlosen in Rom haben uns nicht angehört, und es passierte das, was nach der Versammlung in Neapel vorhersehbar war. Zuvor schon unterlegen, war das Kabinett Facta nun unfähig, Gesetz und Verfassung zu verteidigen. Heute sind wir am Punkt angelangt, da Italien keine Regierung mehr hat und Willkür herrscht. Wir fühlen uns total erniedrigt.«[14]

Mussolini am Ziel

Die Klage kam zu spät. Nachdem Salandra binnen nur eines Tages gescheitert war, ließ der König am 29. Oktober 1922 an Mussolini in Mailand telegrafieren und bot ihm das Amt des Ministerpräsidenten an. Der »Duce« akzeptierte und fuhr mit dem Nachtzug nach Rom. Die Nachricht verschaffte den Faschisten Oberwasser: In der Hauptstadt feierten am Vormittag des 30. Oktober tausende Mussolini-Anhänger die Ankunft ihres Helden, schmückten die Straßen mit italienischen Flaggen und veranstalteten spontane Freudenumzüge. In den Arbeitervierteln der Stadt hingegen bereiteten sich konsternierte Kommunisten auf einen Kampf vor. Der Faschistenchef ließ sich zum König fahren und offiziell ernennen, dann wandte er sich an seine Anhänger: »Mitbürger! In einigen Stunden werdet Ihr nicht ein Kabinett, sondern eine Regierung haben. Es lebe Italien, es lebe der König, es lebe der Faschismus!«[15] Im Mittelpunkt stand von Anfang an die Person des »Duce«, wie ein Aushang der faschistischen Partei in Rom deutlich machte: »Ab sofort ist Mussolini die Regierung von Italien. Er ist jetzt verantwortlich für die Sicherheit des Staates, der Minister und des Parlaments. Jeder Akt gegen die Regierung wird als Rebellion gegen Mussolini geahndet.«[16]

An den Sammelpunkten rund um Rom standen immer noch Schwarzhemden bereit und warteten auf den Befehl loszumarschieren; inzwischen waren es zwischen 30 000 und 40 000 Mann. Die meisten von ihnen waren unzufrieden: Es regnete in Strömen, Zelte oder andere Quartiere gab es kaum, vorbereitete Latrinen schon gar nicht, und selbst an Verpflegung mangelte es. Doch am 30. Oktober sorgte der

Staat für Abhilfe – die Armee proviantierte die durchnässten Faschisten, und so machten sie sich auf Weisung des neuen Ministerpräsidenten doch noch auf den Weg nach Rom. Am 31. Oktober fand so die schon gar nicht mehr notwendige Machtdemonstration statt, deren Höhepunkt sich am Königspalast abspielte. »Vittorio Emanuele IIII. stand auf dem Balkon, inmitten der königlichen Familie«, erinnerte sich Emilio Lussu: »Neben dem Monarchen die massive Gestalt des ›Duce‹. Mussolini trug das schwarze Hemd. Der Vorbeimarsch dauerte stundenlang.«[17]

Der britische Militärattaché in Rom meldete nach London: »Obwohl die Faschisten kärgliche Tagesrationen erhalten hatten und während der vergangenen 48 Stunden dem Regen ausgesetzt gewesen waren, marschierten sie in perfekter Ordnung und hielten gute Disziplin.« Besonders wunderte er sich über ihre Bewaffnung, denn etwa jeder zweite hatte ein Gewehr aus Armeebeständen oder eine Flinte, die übrigen oft Pistolen. Die Waffen schienen, so der Offizier weiter, »von den Truppen ohne Widerstand abgetreten worden zu sein«.[18]

In einigen Arbeitervierteln kam es zu Kämpfen zwischen Mussolini-Anhängern und Kommunisten. Barrikaden wurden errichtet und teilweise stundenlang verteidigt; an der Garibaldi-Brücke starb ein Unteroffizier der Königlichen Garde bei einem Gefecht, mehrere gegenseitige Angriffe an verschiedenen Stellen Roms endeten in wilden Schießereien. Noch außerhalb der Stadtgrenzen geriet ein etwa hundert Mann starker Trupp Schwarzhemden in einen Hinterhalt; zwei Faschisten wurden getötet, zwei weitere verletzt.[19] Insgesamt starben in Rom am 31. Oktober etwa 20 Menschen bei Übergriffen, mehr als hundert erlitten Verwundungen.

Mussolini hatte obsiegt. Sein Plan, mit massiver Gewalt bis

hin zu offenem Bürgerkrieg zu drohen und sich in dieser zumindest zum Großteil von seinen Anhängern herbeigeführ-
ten Lage als Garant der öffentlichen Ordnung anzubieten,
war voll aufgegangen. Nun mussten die Massen seiner Miliz
von den Straßen verschwinden. Also befahl das »Quadrumvirat« die Demobilisierung und löste sich anschließend auf.
In der neuen Regierung stellte die faschistische Partei vier
von 14 Ministern, allerdings in den wesentlichen Ressorts:
Mussolini selbst übernahm in Personalunion die Leitung des
Kabinetts sowie das Innen- und das Außenressort, ferner saßen Faschisten nun an der Spitze des Justiz- und des Finanz-
ministeriums sowie der Verwaltung für »befreite Gebiete«
wie Südtirol und Triest. Das am Vormittag des 31. Oktober
verkündete vorläufige Regierungsprogramm sah die Auflösung des Parlaments vor, eine Reform des Wahlrechts durch
königliche Verfügung, die Vereinfachung der Verwaltung,
tiefgreifende Finanzreformen und den »Kampf gegen den
Sozialismus«.[20] Die Kommunistische Partei Italiens informierte direkt nach der Machtüberahme Mussolinis ihre Anhänger, dass sie aufgehört habe zu existieren – tatsächlich
ging sie in den Untergrund.[21]

Reaktionen in Deutschland

Die Ereignisse rund um den »Marsch auf Rom« beobachte-
ten Demokraten in Deutschland mit besorgtem Blick. Harry
Graf Kessler notierte nach Mussolinis Machtübernahme in
seinem Tagebuch: »Die Faschisten haben durch einen Staatsstreich die Gewalt an sich gerissen in Italien. Wenn sie sie behalten, so ist das ein geschichtliches Ereignis, das nicht bloß
für Italien, sondern für ganz Europa unabsehbare Folgen

haben kann – der erste Zug im siegreichen Vormarsch der Gegenrevolution.« Der Adlige zog eine Parallele: »In einem gewissen Sinne kann man Mussolinis Staatsstreich mit dem Lenins im Oktober 1917 vergleichen – natürlich als Gegenbild.« Hellsichtig fügte er hinzu: »Vielleicht leitet er eine Periode neuer europäischer Wirren und Kriege ein.«[22] Gustav Stresemann, der Vorsitzende der Deutschen Volkspartei (DVP), warnte vor der »Gefahr eines deutschen Faschismus«. Wie in Italien sei auch hierzulande ein Teil des Bürgertums bereit, geheimbündlerische und putschistische Abenteuer mitzumachen.[23]

Ähnlich sah es die bürgerliche Presse; die *Vossische Zeitung* etwa nannte Mussolini noch am Tag seiner Ernennung den »Diktator von Rom« und analysierte: »Bis jetzt ist die faschistische Revolution fast unblutig verlaufen. Dass es sich um eine Revolution handelt, ist eine Tatsache, die durch die Beibehaltung der monarchistischen Staatsform nicht berührt wird. In Italien hat auch bisher der König sich auf die Rolle eines lebenslänglichen Präsidenten beschränkt.« Ebenso wenig dürfe die Wahrung der gesetzmäßigen Formen über den revolutionären Charakter von Mussolinis Machtübernahme hinwegtäuschen, schrieb das Blatt: »Mit Schlagwörtern wie reaktionär kommt man der faschistischen Bewegung in Italien nicht bei.«[24] Selbst die scharf konservative *Deutsche Allgemeine Zeitung* kommentierte zurückhaltend: »Der Faschismus ist im unbestrittenen Besitze der Macht. Es beginnt der weit schwerere Teil seiner Aufgabe: von der Macht staatsmännischen Gebrauch zu machen, zu beweisen, dass seine Kraft ihm nicht bloß aus der Verneinung des Sozialismus, der Verachtung der Masse und der parlamentarischen Klüngelherrschaft zuströmte, sondern dass er imstande und fähig ist, staatspolitische Verantwortung zu tragen.«[25]

Das SPD-Zentralorgan *Vorwärts* nannte im Leitartikel vom 31. Oktober 1922 die Faschisten »italienische Kappisten« und deutete damit an, ihr baldiges Scheitern zu erwarten. Ein anderer Autor rechnete im selben Blatt mittelfristig mit einer Normalisierung des Faschismus, gestand jedoch zu, unsicher zu sein: »Bevor aber dieser natürliche Umstellungsprozess zur Realpolitik vollzogen sein wird, kann manches geschehen, was den Staatsmännern Europas neue Sorgen, den geplagten Völkern neues Unheil bescheren würde. Vor allem haben wir in Deutschland allen Grund, die Augen offen zu halten.«[26]

In der linken Zeitschrift *Die Weltbühne* urteilte Leo Lania: »Jede Politik in Italien muss Bankrott machen, die nicht versteht, das Kleinbürgertum, das auch zahlenmäßig gegenüber dem Industrieproletariat und der Großbourgeoisie eine viel größere Rolle spielt als überall sonst, zu ihren Bundesgenossen zu machen. Die Sozialisten haben es nicht verstanden und ein furchtbares Debakel erlebt.« Dieses Kleinbürgertum habe Taten sehen wollen, analysierte der Journalist: »Entweder die versprochene, gepredigte Revolution oder ein umfassendes, großzügiges Reformprogramm mit unmittelbaren konkreten politischen Zielen. Die Sozialisten konnten sich nicht für das Eine und nicht für das Andere entscheiden. Etwas Unrichtiges tun ist noch immer besser als gar nichts tun. Nirgends gilt dies Wort so wie in Italien. Es erklärt den scheinbaren Widersinn, dass selbst wirklich revolutionäre Arbeitermassen und das gesamte Kleinbürgertum zum Faschismus übergingen.« Doch gerade deswegen erwartete auch Lania das baldige Scheitern der Faschisten: »Mit Proklamationen wird es Mussolini auf die Dauer nicht schaffen. Mit Standrecht und Diktatur, mit Horthy- und Kahr-Methoden erst recht nicht. Dann aber – wenn er das große Wunder nicht fertigbringt, Brot und Arbeit und die Ordnung der Finanzen herbeizuzaubern – wird er sich sehr bald trollen müssen, und dieses faschistische Abenteuer wird aus sein.«[27]

Im Gegensatz zu Lania, der sich seit 1921 von der kommunistischen Ideologie emanzipierte, deuteten politisch linksaußen stehende Blätter den Erfolg Mussolinis ganz im Sinne der Klassenkampfrhetorik. Die *Rote Fahne* zum Beispiel berichtete ausführlich, »wie italienische Kommunisten sterben«, widmete sich den »Arbeiterkämpfen gegen Faschisten« und dem »Faschistenterror in Italien«. Die meisten Artikel der wichtigsten KPD-Zeitung über Italien von Ende Oktober und Anfang November 1922 stellten die Bewegung Mussolinis als typische »weiße«, also primär reaktionär-antibolschewistische Gewalt dar. Ganz in den gewohnten Bahnen der leninistischen Interpretation blieb auch das Urteil, der Faschismus sei »die einzige Hoffnung der Bougeoisie«.[28]

»Deutscher Mussolini«

Anders beurteilten die Nationalsozialisten Mussolinis Erfolg. Schon am 1. November 1922 feierte der *Völkische Beobachter* das Scheitern der parlamentarischen Demokratie; in Italien habe die »bolschewistische Seuche« eine Niederlage hinnehmen müssen. Diesem Beispiel werde Deutschland bald nacheifern: »Dann wird über die Köpfe der Feigen und Abgestorbenen hinweg, unter Adolf Hitlers Führung, das Banner des schwarzen Hakenkreuzes entrollt werden und uns zum Siege führen!«[29] Doch einhellig war die Begeisterung über den neuen Ministerpräsidenten in Rom noch nicht, denn am selben Tag erschien in einer Zeitschrift des unmittelbar zur NSDAP-Führung zählenden Max Erwin von Scheubner-

Richter ein Beitrag, dem zufolge man in Mussolini »keinen Freund zu erblicken« habe; als Gründe führte der Text die beiden wesentlichen Differenzen zwischen Nationalsozialisten und Faschisten an: den Antisemitismus und das Südtirol-Problem.[30]

Solche Bedenken waren schon zwei Tage später obsolet, denn die NSDAP-Führung gab am 3. November 1922 eine neue Parteilinie aus – kaum denkbar gegen Hitlers Willen. Der Propagandaleiter Hermann Esser verkündete im Zirkus Krone in München: »In Italien ist es einer Handvoll national gesinnter Männer gelungen, Ordnung zu schaffen. Auch wir werden einen Mussolini haben, wenn anders keine Ordnung zu erreichen ist. Es ist der Führer der Nationalsozialisten Hitler. Nur die nationale Diktatur kann Ordnung schaffen, der Parlamentarismus ist ein Schwindel.«[31] Eine unmissverständliche Ansage, und Esser zählte zu den engsten Vertrauten Hitlers.

Gewiss war es kein Zufall, dass Mussolini am Tag nach dieser Rede Essers im Zirkus Krone von Italiens Generalkonsul in München noch um 22.30 Uhr sofortige ausführliche Berichte über die Lage in Bayern anforderte. Besonders interessierten ihn die »Aktionsmöglichkeiten rechtsextremer Elemente«.[32] Unklar ist, ob es Mussolini um das Dauerthema Südtirol ging oder ob er genauer wissen wollte, wer da zu seiner bayerischen Version ausgerufen worden war.

Anfang November 1922 bestätigte Hitler verschiedentlich, dass er sich nun an Mussolini orientiere; ausdrücklich zum Beispiel gegenüber einem Beamten der Münchner Polizeidirektion und bei mehreren Reden.[33] Bei einer davon sagte er dem Bericht eines Zuhörers zufolge: »Mussolini hat gezeigt, was eine disziplinierte Minderheit erreichen kann, wenn sie gut organisiert ist und vom heiligen Gefühl des Patriotismus getragen wird. Wir werden in unserem Land dasselbe tun müssen, wenn wir seinen Untergang verhindern wollen.«[34]

Die Parallele zum »Duce« zogen allerdings nicht nur Hitler, Esser und andere Nationalsozialisten – sie war für aufmerksame Beobachter der völkisch-rechtsextremen Kreise in München fast unübersehbar. So schickte der Generalkonsul Großbritanniens in München einen telegrafischen Bericht nach London, in dem er festhielt, dass die Bayern Hitler »als ihren Mussolini zu sehen« begännen.[35] Das britische Blatt *The Observer* veröffentlichte einen Artikel mit der Überschrift »Wie in Italien« über die »faschistische« Bewegung in Bayern.[36] Das Wiener Blatt *Arbeiterwille* analysierte am 7. November 1922: »Durch die jüngsten Vorgänge in Italien haben diese Ideen neue Kraft erhalten. Die Organisierung einer bewaffneten Wehr zu diesem Zweck wird in diesen Tagen lebhaft betrieben. Die Pläne sind durchaus nicht neu. Die Einleitung zu ihrer Verwirklichung, also der Putsch, unterblieb bisher immer, weil man selbst in den rechtsradikalen Kreisen Widerspruch erhoben hat. Heute aber ruft man: ›Wo ist der deutsche Mussolini?‹«[37] Am selben Tag berichtete Württembergs Gesandter in München, Carl Moser von Filseck, nach Stuttgart: »Die Vorgänge in Italien haben hier sehr gefährlich gewirkt, man vergleicht die Nationalsozialisten mit den Faschisten und sieht in Hitler einen deutschen Mussolini.«[38] Die *New York Times* erkannte den »Aufstieg eines neuen Volksidols in Bayern«.[39]

Angst vor einem Putsch

Das italienische Beispiel und die Reaktion der Nationalsozialisten führten zur Erwartung, bei nächster Gelegenheit werde die völkisch-rechtsextreme Bewegung in Bayern dem Erfolg von Rom nachzueifern versuchen. Der 9. November stand bevor; zum vierten Mal jährte sich die Ausrufung der Republik in Berlin und damit der Beginn der demokratischen Revolution. In beinahe jeder Rede hetzte Hitler gegen die »Novemberverbrecher«, also jene Politiker, die 1918 den Kaiser gestürzt hatten. Was lag näher als anzunehmen, dass die NSDAP versuchen könnte, es zum Jahrestag den Faschisten gleichzutun?

Zumal in München gerade das Kabinett des Ministerpräsidenten Hugo von Lerchenfeld zurückgetreten, eine neue Regierung aber noch nicht gebildet war. Da der favorisierte Nachfolge-Kandidat Eugen von Knilling sich unwillig zeigte, das ihm angetragene Amt zu übernehmen, gab es in der ersten Novemberwoche in Bayern ein Machtvakuum – ganz ähnlich wie wenige Tage zuvor in Rom.

In Regierungskreisen in Berlin wurde offen über einen möglichen Putsch spekuliert. Harry Graf Kessler erfuhr entsprechende Mutmaßungen von einem befreundeten Diplomaten. »Die Lage in Bayern sei so gefährlich, dass man nicht warten könne«, notierte Kessler in seinem Tagebuch: »Dort könnten die Rechtsradikalen jeden Tag losschlagen und nur eine bürgerliche Reichsregierung könne dort die Lage bessern.« Zwar hielten sich die völkisch-reaktionären Kreise um Ludendorff sowie die Monarchisten um den früheren bayerischen Kronprinzen Rupprecht zurück. Aber das sei nicht wirklich eine Beruhigung, wie der Gast insistierte: »Jeden

Tag könnten Hitler und Esser die Straße gegen die Juden und gegen Berlin in Bewegung setzen.« Ihre Gefolgschaft sei groß, gut organisiert und bewaffnet. Der Reichswehr traute der Diplomat nichts zu, sie werde keinen Widerstand leisten. Daher sei »ein Marsch auf Berlin« wie der »Marsch auf Rom« wenige Tage zuvor »durchaus möglich«. Das bedeute dann Bürgerkrieg und damit das Ende des Reiches. Kessler allerdings hielt dieses düstere Szenario für übertrieben.[40]

Anders die Redaktion der SPD-Zeitung *Münchener Post*: In ihrem Gebäude in der Altstadt verteilten Drucker, Setzer und Redakteure dicke Papierrollen aus dem Lager als Kugelfang und Barrikaden. In jedem Raum des Verlagsgebäude standen ab dem 8. November 1922 bewaffnete Männer bereit, um ihr Blatt gegen einen befürchteten Angriff zu verteidigen. Die Sorge war nicht ganz unberechtigt, denn die *Münchener Post* urteilte so scharf wie keine andere demokratische Zeitung über die Hitler-Bewegung und ihr Vorbild in Italien: »Die Grundlagen des faschistischen Nationalismus hüben wie drüben verleugnen die Grundsätze aller sittlich fortschrittlichen Ideen und sind moralisch und historisch antirevolutionär. Der Faschismus verwechselt Verschwörung und Terror mit revolutionärem Umgestaltungswillen.«[41]

So verbreitet waren solche Gerüchte, dass sie gegen Ende der ersten Novemberwoche 1922 selbst im provinziellen Bayreuth Stadtgespräch waren. Die dortige Regierung von Oberfranken berichtete nach München: »Die überraschenden Erfolge der Faschisten in Italien haben auch hier gezündet. Besonders in den Reihen der NSDAP macht sich dieser Aktivismus in verstärktem Masse bemerkbar.«[42]

Allerdings hatten Hitler und die NSDAP in Wirklichkeit nicht vor, am 8. oder 9. November 1922 loszuschlagen. Es fehlten einfach die Voraussetzungen dafür. So erging er sich auf einem Parteitreffen wohl am 7. November in »leidenschaftlichen Worten« über die umlaufenden Gerüchte und bemerkte hämisch: »Wir werden der *Münchener Post* den Gefallen nicht tun zu putschen, wenn es ihr in den Kram passt.«[43]

Die Botschaft kam auch in Bayreuth an. Die Putschgerüchte hätten »jeder tatsächlichen Unterlage entbehrt«, hieß es im nächsten Bericht der Regierung von Oberfranken nach München.[44] Der trotz aller Spekulationen ausgebliebene Umsturzversuch am vierten Jahrestag der demokratischen Novemberrevolution brachte den *Vorwärts* dazu, Hitler als einen »bayerischen Möchtegern-Mussolini« zu bezeichnen.[45]

Ein »Tribun«

Am 10. November 1922 traf der Nuntius des Vatikan in Bayern, Eugenio Pacell, den nun doch ins Amt gewählten neuen Ministerpräsidenten. Der hagere Knilling war zwar hochintelligent, gebildet und schlagfertig, aber zugleich ein Zyniker und »ohne inneres Verhältnis zu den Menschen und den Dingen«, wie ein enger Berater urteilte.[46] Pacellis umgehend nach Rom geschicktem Bericht zufolge sprach Knilling »auch von den in diesen Tagen umlaufenden Gerüchten über bevorstehende Staatsstreiche, insbesondere der Nationalsozialisten, in Bayern«, und gab zwar zu, dass in dieser Hinsicht eine gewisse Gefahr bestehe, vertraute aber auf die Stärke der Regierung.[47] Kurz darauf suchte Robert Murphy, der Vizekonsul der USA in München, Knilling zu einem Antrittsbesuch auf. Dabei versuchte der Regierungschef seinen verunsicherten Gast zu beruhigen. Hitler besitze nicht das Kaliber, sagte Knilling, es »weiter als bis zum Volksredner zu bringen.

Er hat nichts von der Qualität eines Mussolini und wird auch nicht so viel Erfolg haben wie Kurt Eisner. Er besitzt nicht das geistige Rüstzeug dafür, und außerdem ist die Regierung jetzt auf der Hut, was 1918 nicht der Fall war«.[48]

Offenbar sah Murphy das nicht ganz so; jedenfalls erschien am 22. November in der *Washington Post*, in der US-Hauptstadt bekannt für ihre guten Kontakte zum State Department, ein hervorragend informierter Bericht über die »bayerischen Faschisten«. Der ungenannte Autor beließ es nicht dabei, das Schlagwort vom »Bavarian Mussolini« zu zitieren, sondern verglich die Faschisten in mehreren Aspekten mit den Nationalsozialisten. Die Bewegung in Bayern sei genau nach dem Vorbild Italiens gestaltet, nur dass die schwarzen Hemden durch feldgraue ersetzt seien und das Emblem der Faschisten durch die Swastika.[49] Auch Hitlers Methoden orientierten sich genau an denen von Mussolini. »Zusammen mit Zugladungen voller Anhänger« komme er in Städte, halte dort auf Versammlungen flammende Reden, während seine Anhänger Sozialisten oder andere feindliche Gruppen zusammenschlügen. »Obwohl die Bewegung am Anfang hauptsächlich von reaktionären Elementen unterstützt wurde, hat ihr Erfolg dazu geführt, ebenso wie in Italien, dass viele, die vorher zu ›roten‹ Organisationen zählten, zum Hitlerismus überlaufen, um auf der Gewinnerseite zu sein.«[50]

Der Vergleich mit dem »Duce« konnte jedoch auch sehr zu Ungunsten Hitlers ausfallen. Der Münchner Journalist Carl Christian Bry verfasste am 22. November eine Analyse über das Phänomen Nationalsozialismus, die er »Mussolinichen in Blau-Weiß« überschrieb. Der Artikel für das deutschsprachige *Argentinische Tageblatt* in Buenos Aires strotzte vor Bösartigkeiten: Bry nannte den NSDAP-Chef das »bayerische Duplikat« und hob die »Originalfaschisten« ab von den

»Schülern des römischen Tribunen innerhalb Bayerns«. Hitler sei ein »Mime« und eine »Primadonna«, dessen gesamte Partei allein auf seinem »Mundwerk« ruhe: »Mit Politik hat unser Mussolinichen nur insofern etwas zu tun, als er zu den vielen Störungen jeder vernünftigen Staatskunst noch eine neue hinzufügt.«[51]

Einem dänischen Journalisten gelang es, in diesen Novembertagen 1922 ein Gespräch mit Hitler zu führen; zunächst am Rande einer Veranstaltung im Bürgerbräukeller, danach am folgenden Vormittag im Parteibüro der NSDAP.[52] »Schon überall wird Hitler der bayrische Mussolini genannt«, begann der Reporter der Regionalzeitung *Århus Stiftstidende* seinen Artikel, dann schilderte er sein Gespräch mit dem NSDAP-Chef: »Das erste Wort Hitlers an uns ist sehr taktlos: ›Sind Sie Jude?‹ Wir bemerken ihm gegenüber, dass wir nicht gekommen sind, um ein Glaubensbekenntnis abzulegen, sondern um ein Interview zu bekommen. ›Skandinavische Juden sind mir ebenso unsympathisch wie deutsche Juden‹, murrt Hitler.« Dann begann das eigentliche Gespräch: »Wir versuchen, die Frage zu stellen, was die Nationalsozialisten wirklich wollen? ›Wir wollen den Bolschewismus niederschlagen!‹, erklärt Hitler mit einer unangenehm knurrenden Stimme, die wahrscheinlich Entschlossenheit und Energie ausdrücken soll. Er fährt fort: ›Das ist kurz und gut unser Programm.‹ Wir sagen: ›Sind mit diesem lobenswerten Zweck nicht auch bestimmte Absichten für die Wiederherstellung der Monarchie verbunden?‹ ›Die Staatsform ist uns ganz und gar gleichgültig‹, antwortet Hitler: ›Monarchie oder Republik, darauf kommt es nicht an. Wir werden das Gesindel beseitigen, das Deutschland in den Ruin getrieben und das Deutschland zum Sklaven der ganzen Welt gemacht hat.‹ ›Und wie wollen Sie das machen?‹ Hitler antwortet mit einem Zitat: ›Und willst Du nicht mein Bruder sein, dann schlag' ich Dir den Schädel ein.‹ Um Missverständnisse zu vermeiden, fügt er hinzu: ›Und willst Du nicht ein Deutscher sein, dann schlag' ich Dir den Schädel ein.‹ Wir sagen: ›Glauben Sie denn, dass das Ansehen Deutschlands im Ausland durch solche Gewalttaten verbessert wird?‹ ›Vorläufig sind unsere Bemühungen nicht auf das Ausland gerichtet.‹«

Für den folgenden Vormittag um 11 Uhr bestellte Hitler den dänischen Journalisten »ins Hauptquartier«. Eine Chance, die der Reporter natürlich wahrnahm. »Wir erscheinen also am nächsten Tag im ›Hauptquartier‹. Es ist ein schmutziges Lokal in der Corneliusstraße, an dessen Mauern feuerrote Plakate verkünden, dass hier die Nationalsozialisten hausen. Wie alle berühmten Männer lässt Hitler auf sich warten. Somit haben wir reichlich Zeit, uns umzusehen. Die Diele ist mit jungen Menschen gefüllt. Es ist offenbar eine Abteilung von Hitlers Leibwächtern, die ›Jour‹ haben. Alle tragen ein Hakenkreuz – das Zeichen ihrer antisemitischen Gesinnung. Die jungen Leute spielen mit Gummiknüppeln und Revolvern; es scheint ihnen fast peinlich, ihre Zeit zu vertrödeln. An der Wand Ausfertigungen einer Art Geldscheine, die die Nationalsozialisten zugunsten ihrer Parteikasse ausgeben. An einer Tür hängt das aussagekräftigste Plakat: ›Geschäftszimmer der Sturmtruppen.‹ Es kann einem friedlichen Skandinavier kalt über den Rücken laufen.«[53] Das anschließende Gespräch ergab nicht mehr viel Bemerkenswertes.

Ab November 1922 benutzten viele deutsche und internationale Zeitungen Formulierungen wie »bayerischer Mussolini« als Synonym für Hitler; fast ebenso oft wurden die Nationalsozialisten nun als »bayerische Faschisten« bezeichnet.[54] Hermann Essers sicher bewusste Parallelisierung kurz nach dem »Marsch auf Rom« hatte sich binnen kaum zweier Wochen durchgesetzt. Und das so sehr, dass selbst ein Emissär von Benito Mussolini, Adolfo Tedaldi, in seinem direkt an den Ministerpräsidenten gerichteten Bericht vom 17. November Hitler den »Capo der Faschisten« in Bayern nannte und ihn entsprechend beschrieb: »Er ist ein junger Mann. Nach Temperament, Stimme und Gestik wirkt er mehr lateinisch als deutsch. Er spricht gut, wenn auch etwas wie ein Tribun, und es ist klar, dass er die Massen bewegen kann. Sein Programm folgt weitgehend dem italienischen Beispiel.«[55]

Anbiederung

Vom Erfolg der Faschisten in Italien war Hitler selbst mindestens so fasziniert wie die Journalisten, die ihn mit Mussolini verglichen – ob in positiver oder negativer Absicht.[56] Diese Faszination hielt auch noch Jahre später an; rückblickend bekannte er das immer wieder. So heißt es im zweiten Band von *Mein Kampf*, den Hitler 1926 diktierte, über den ›Marsch auf Rom‹ und die Monate danach: »In dieser Zeit – ich gestehe es offen – fasste ich die tiefste Bewunderung für den großen Mann südlich der Alpen, der in heißer Liebe zu seinem Volke mit den inneren Feinden Italiens nicht paktierte, sondern ihre Vernichtung auf allen Wegen und mit allen Mitteln erstrebte. Was Mussolini unter die Großen dieser Erde einreihen wird, ist die Entschlossenheit, Italien nicht mit dem Marxismus zu teilen, sondern, indem er den Internationalismus der Vernichtung preisgab, das Vaterland vor ihm zu retten.«[57] 1936 sagte er, Anfang der 1920er Jahre »überhaupt an nichts anderes« gedacht zu haben »als an einen Staatsstreich« nach Mussolinis Vorbild.[58] Und noch 1941 verkündete er: »Der ›Marsch auf Rom‹ 1922 war einer der Wendepunkte der Geschichte. Die Tatsache allein, dass man das machen kann, hat uns einen Auftrieb gegeben.«[59]

Doch weiterhin, das wusste Hitler von Kurt Lüdecke, bestand in zwei Punkten zwischen dem Nationalsozialismus und dem Faschismus Dissens – und wichtige Männer der NSDAP wie Max Erwin von Scheubner-Richter und Alfred Rosenberg hielten beide Fragen für wesentlich: den Antisemitismus ebenso sehr wie Südtirol. Offenbar entschied Hitler, ausnahmsweise einen Kompromiss zu akzeptieren: Er kam Mussolini in einer Frage weit entgegen und fand sich in der anderen damit ab, dass der »Duce« eine abweichende Auffassung hatte.

Laut Lüdecke überlegte Hitler bereits im Oktober 1922, also vor Mussolinis Ernennung, die großdeutsch-völkischen Ansprüche auf Südtirol aufgeben zu wollen. Wenn das so war, blieb es zunächst intern; erst Mitte November, also nach dem Regierungswechsel in Rom, machte er seinen Kurswechsel öffentlich. Einerseits traf er in kleinem, vertraulichem Kreis auf Adolfo Tedaldi, der die Ausführungen des NSDAP-Chefs in seinem Brief an Mussolini vom 17. November ausführlich zitierte, andererseits verkündete er es auf einer örtlichen NSDAP-Veranstaltung in München-Haidhausen.

Am Abend mit Tedaldi beschrieb Hitler die seiner Ansicht nach notwendige Politik in Bayern sehr eng angelehnt an die vom neuen Kabinett in Rom eingeleiteten Schritte: Abschaffung des Achtstunden-Arbeitstages; Unterdrückung von Streiks mit gegebenenfalls »drakonischen Mitteln«; ferner »enorme Opfer«, zu denen die Deutschen bereit sein müssten, um den Respekt der Welt wiederzuerlangen. »Solche Opfer kann aber nur eine Regierung neuer Männer vom deutschen Volk fordern, die Verantwortung weder für die Kriegserklärung noch für die Annahme des Versailler Friedens und alle darauffolgenden Fehler trägt«, zitierte Tedaldi. Das war schon fast unangenehm hofierend. Doch damit nicht genug: »Hitler möchte, wenn möglich, direkten Kontakt zu den italienischen Faschisten aufnehmen, um Hinweise auf sinnvolle Methoden zu erhalten«, überlieferte der Besucher das Betteln seines Gesprächspartners.

Den Gipfel der Anbiederung erreichte der NSDAP-Chef beim Thema Südtirol: »Aus der gegenwärtigen Situation können wir uns nur mit Hilfe einer Großmacht befreien, und von allen ist Italien aus tausend Gründen am besten geeignet. Aber gegenüber einem Italien, das bereit ist, uns zu helfen, haben wir heute und in Zukunft die Pflicht zur absoluten Loyalität. Wir dürfen nicht vergessen, dass es andernorts Millionen von Deutschen gibt, die wirklich unterdrückt sind, und dass vor allem die Existenz Bayerns auf dem Spiel steht, auch wenn das Gefühl der Brüderlichkeit gegenüber 200 000 gut behandelten Deutschen menschlich ist. Wir müssen Italien offen und aufrichtig erklären, dass die Frage Südtirol für uns nicht existiert und nie wieder existieren wird, dass diese Erklärungen loyal aufrechterhalten und durch tatsächliches Handeln bewiesen werden.« Tedaldi glaubte Hitler und teilte Mussolini seine Einschätzung mit: »Auf die Nationalsozialisten können wir meiner Meinung nach am meisten zählen, um die Frage Südtirols endgültig und konfliktfrei zu lösen.«[60]

Etwa das Gleiche sagte Hitler am Abend des 14. November auch öffentlich – ob das vor oder nach dem Treffen mit Tedaldi war, ist unklar. Über den Kreis der unmittelbaren Zuhörer bekannt wurde diese Rede aber erst mit fünf Wo-

chen Verzögerung, durch einen Bericht der *Münchener Post*
am 20. Dezember.[61] Hitler sprach sich für ein außenpoliti-
sches Zusammengehen mit Italien aus, das seine »nationale
Wiedergeburt erlebt und eine große Zukunft« vor sich habe –
und kam dann zum entscheidenden Punkt: »Dazu ist nötig
ein klarer und bündiger Verzicht Deutschlands auf die Deutschen in Südtirol.« Der Grund für diese Kehrtwende: »Das
Geschwätz über Südtirol, die leeren Proteste gegen die Faschisten schaden uns nur, da sie uns Italien entfremden. In
der Politik gibt es keine Sentiments, sondern nur Kaltschnäu-
zigkeit. Warum sollen wir uns plötzlich über die Schließung
von einem Dutzend deutscher Schulen in Südtirol erregen,
während die deutsche Presse schweigt über die Schließung
von Tausenden deutscher Schulen in Polen, Elsass-Lothrin-
gen und der Tschechoslowakei?«[62]

Die unterschiedlichen Ansichten der deutschen und der
italienischen Bewegung in Sachen Antisemitismus hingegen
sprach Hitler weder in Haidhausen noch gegenüber Tedaldi
an. Der Italiener wusste zwar, dass sein Gesprächspartner
scharf judenfeindlich dachte, hielt das jedoch lediglich für
einen Reflex, weil »die gegenwärtige Regierung« in Berlin
»philosemitisch« sei.[63]

Auf den Bericht seines Emissärs reagierte Mussolini offenbar nicht: Weder gab es eine Einladung an Tedaldi, zu
weiteren Besprechungen nach Rom zu kommen, noch einen
Folgeauftrag. Ohnehin war Hitlers Sympathie für den Faschismus eine ganz einseitige Sache; der »Duce« verlor nicht
nur schnell das Interesse an seinem »bayerischen Duplikat«,
sondern ließ es auch zu, dass am 22. Dezember 1922 ein Artikel im wichtigsten faschistischen Blatt *Il Popolo d'Italia* den
Nationalsozialismus als »Parodie des Faschismus« bezeichnete, weil es ihm an Gewaltbereitschaft fehle. Die zweite be-

deutende Parteizeitung *Il Corriere Italiano* veröffentlichte wenige Monate später einen Beitrag über Hitler unter dem Titel »Eine Karikatur des italienischen Faschismus«.[64]

Ob der NSDAP-Chef davon erfuhr, ist unklar; falls ja, ignorierte er diese Schmähungen. Jedenfalls ließ er einem NSDAP-Förderer gegenüber Ende Dezember 1922 keinerlei Verärgerung erkennen, sondern blieb bei seiner Haltung: »Mussolini will besonders die Südtiroler Frage vorerst aus aller Erörterung ausgeschaltet haben.« Seine zugleich geäußerte Hoffnung, Italien werde die »Bewegung in Deutschland«, womit die NSDAP gemeint war, »nicht ohne Interesse verfolgen«, war zu optimistisch.[65]

Führerkult

In der NSDAP war Hitlers Position unumstritten, seit er sich mit einem kurzzeitigen, dramatisch inszenierten Austritt die Funktion des Ersten Vorsitzenden ertrotzt hatte.[66] Das galt jedoch nur für seine Partei selbst, nicht für den viel größeren völkisch-nationalen Block in München und Oberbayern. Hier gab es andere Leitfiguren, neben Erich Ludendorff den formal untergetauchten und erst Ende November 1922 festgenommenen Hermann Ehrhardt oder die Wehrverbandsführer Otto Pittinger und Friedrich Weber. Keiner von ihnen hatte Hitlers rhetorisches Talent, mit dem er in den größten Sälen der Stadt dem Publikum »Aufbruch« oder »Befreiung« und natürlich die »Erneuerung« Deutschlands versprach. Jedoch verfügten sie über deutlich mehr Anhänger, Prominenz oder wesentlich bessere Organisationen. Gegenüber gesellschaftlich hochrangigen Zuhörern gab sich Hitler deshalb noch bescheiden und betonte, er »wolle nichts für sich persönlich, sondern betrachte sich nur als den Trommler der nationalen Freiheitsbewegung«.[67]

Doch tatsächlich genügte ihm das schon längst nicht mehr; vielmehr strebte er für die Nationalsozialisten die Führung des völkischen Flügels an. Einen möglichen Weg skizzierte der 28-jährige Student und ehemalige Frontoffizier Rudolf Heß im November 1922. Ein Auslandsdeutscher hatte an der Münchner Universität einen Preis ausgelobt für die besten Aufsätze zum Thema »Wie wird der Mann beschaffen sein, der Deutschland wieder zur Höhe führt?«. Sein Ziel war, einen Blick in die Seele deutscher Jugend zu werfen.[68] Mehr als 60 Teilnehmer schickten Texte ein.

Einer der Preisträger war Heß. Er hatte schon im August 1921 im *Völkischen Beobachter* über Hitler geschrieben, »dass dieser Mann die Führerpersönlichkeit ist, die allein den Kampf durchzustehen vermag«. Heß gehörte noch nicht zur Führung der NSDAP, wohl aber zum inneren Zirkel um Hitler und sah ihn »fast täglich«.[69] Kaum vorstellbar, dass Heß dem NSDAP-Chef die Gedanken verschwieg, die er in seinem Aufsatz kondensierte. Er nannte darin zwar keinen Namen, aber dennoch war unübersehbar, nach welchem Vorbild die Gestalt des »Führers« beschrieben war.

»Der Mann, der Deutschland wieder aufwärtsführt, ist zwar auch ein Diktator, aber in heiliger Vaterlandsliebe hält er über allem eigenen Ehrgeiz seines Landes Wohl und zukünftige Größe als einziges Ziel im Auge. Er wird Deutschland wieder zur Vernunft bringen wie der Arzt einen Halbirren – wenn nötig mit brutalster Gewalt«, schrieb Heß und ging zu den Eigenschaften dieses »Führers« über: »Tiefes Wissen auf allen Gebieten des staatlichen Lebens und der Geschichte, die Fähigkeit, daraus Lehren zu ziehen, der Glaube an die Reinheit der eigenen Sache und an den endli-

chen Sieg, eine unbändige Willenskraft geben ihm die Macht
der hinreißenden Rede, die Massen ihm zujubeln lässt. Um
der Rettung der Nation willen verabscheut er nicht Waffen
des Gegners, Demagogie, Schlagworte, Straßenumzüge usw.
zu benutzen. Wo alle Autorität geschwunden, schafft Volks-
tümlichkeit allein Autorität. Das hat sich bei Mussolini gezeigt.«

Wie der Italiener führe der künftige deutsche Diktator
»kraft seiner Rede« die »Arbeiter zum rücksichtslosen Nationalismus, zertrümmert die internationalsoziale marxistische
Weltanschauung. An ihre Stelle setzt er den nationalsozialen
Gedanken«. Auch ein konkretes Konzept der Machtübernahme schilderte Heß, orientiert am italienischen Vorbild:
»Aus der Reihe der lawinenartig wachsenden Anhängerschaft zieht er sich die Kampftruppe heraus. Wichtiger als die
Zahl ist dabei ihre Entschlossenheit. Geschichte wird von
energischen Minderheiten gemacht in der Hand wagemuti-
ger Einzelpersönlichkeiten.« Heß zitierte einen vielgelesenen
völkischen Schriftsteller: »Ein Führer darf nicht gefallen wollen. Wer gefallen will, der ist schwach vor dem, aus dessen
Gefallen er lebt. Wer aber Wege weisen will, der muss selber
das Maß des Gefallens setzen.« Zum Ende seines Aufsatzes
fasste Heß zusammen: »So haben wir das Bild des Dikta-
tors – scharf von Geist, klar und wahr, leidenschaftlich und
wieder beherrscht, kalt und kühn, zielbewusst wägend im
Entschluss, hemmungslos in der raschen Durchführung,
rücksichtslos gegen sich selbst und andere, erbarmungslos
hart und wieder weich in der Liebe zu seinem Volk, un-
ermüdlich in der Arbeit, mit einer stählernen Faust im sam-
tenen Handschuh, fähig, zuletzt sich selbst zu besiegen.«[70]

Die NSDAP verbreitete Auszüge aus diesem Aufsatz als
Flugblatt Ende 1922 in München; Heß' Darlegungen hatten

Hitler offensichtlich gefallen, er fühlte sich vermutlich gut getroffen.[71] Der *Völkische Beobachter* schlug im Dezember 1922 ähnliche Töne an: »Überall, wo Hitler hinkam, empfing ihn nicht enden wollender Jubel; er galt dem Mann, welcher durch heilige Begeisterung, zielsicheren Willen und unbeugsame Energie heute das verkörpert, was Millionen ersehnen, hoffen und ahnen.«[72] Die wesentlichen Elemente des Kultes um den »Führer« waren beisammen – konkretisiert am Vorbild Mussolini.

Anlauf

Gezielte Provokation: Beim ersten Parteitag der NSDAP ignorierte Hitler demonstrativ Auflagen der Polizei.

Das neue Jahr 1923 bringt mit der Besetzung des Ruhrgebietes und dem passiven Widerstand dagegen eine ungeheure Zuspitzung der Lage. Die Krise führt zu einer breiten Solidarisierung – schlecht für die Radikalen.

Generalproben

Noch waren die Nationalsozialisten eine im Wesentlichen in Süddeutschland, vor allem in Bayern aktive Bewegung.[1] Doch das sollte sich ändern; das ganze Jahr 1922 arbeitete die NSDAP daran, im übrigen Reich Fuß zu fassen. Seit August 1922 galt Gerhard Roßbach, ehemaliger Anführer des nach ihm benannten Freikorps, als »Vertreter des Führers der Nationalsozialisten für Berlin«.[2] Persönlich beeindruckt hatte der Parteichef ihn allerdings nicht; auf Roßbach wirkte Hitler wie ein »erbärmlicher Zivilist mit schlecht sitzender Krawatte, der nichts wie Kunst im Kopf hatte und immer zu spät kam«. Dass der Offizier trotzdem für die NSDAP tätig wurde, hatte einen einfachen Grund, den Roßbach klar benannte: »Glänzender Redner von suggestiver Wirkung«.[3]

An ein offizielles Auftreten der NSDAP in der Hauptstadt tastete sich der Freikorps-Mann nur langsam heran, denn die Ortsgruppe sollte schon von Beginn an eine nennenswerte Stärke haben. Für den 19. November 1922 war der formale Gründungsakt der Berliner NSDAP geplant, doch Preußens Innenminister Carl Severing kam Roßbach um vier Tage zuvor: Gestützt auf das im größten Land des Reiches konsequent angewendete Republikschutzgesetz löste der Sozialdemokrat am 15. November alle NSDAP-Gruppen auf.[4] Zur öffentlich angekündigten Gründungsversammlung erschienen deshalb nicht nur rund 200 Interessenten aus dem Umfeld Roßbachs, sondern auch einige Kriminalpolizisten in Zivil sowie uniformierte Schutzleute, um das Verbot durchzusetzen. Doch Roßbach hatte eine Idee, auf die man nur mit einem gehörigen Schuss Dreistigkeit kommen konnte: Das Verbot der NSDAP sei zu respektieren, aber es gelte doch gar nicht für die versammelten Männer. Da ja noch gar keine Ortsgruppe in Berlin bestand, konnte die Polizei auch nichts verbieten; niemand könne Roßbach und seine Leute jedoch hindern, eine neue Gruppe zu gründen. So entstand die »Großdeutsche Arbeiterpartei«.

194 Männer trugen sich in die Mitgliedsliste der neuen Partei ein, darunter ein Freikorps-Mann namens Leo Schlageter.[5] Sie schworen einen Treueeid auf Adolf Hitler und ein Programm, das weitgehend mit den »25 Punkten« der NSDAP übereinstimmte. Trotzdem mussten die Polizeibeamten unverrichteter Dinge abziehen, denn sie hatten keine Auflösungsverfügung für die eben erst kreierte »Großdeutsche Arbeiterpartei«. Erst am 10. Januar 1923 verbot Severing auch diese offensichtliche Tarnorganisation; außer in Preußen waren die NSDAP und ihre immer wieder schnell gegründeten Ersatzvereine auch in Baden und Thüringen, Mecklenburg-Schwerin und Hamburg sowie Bremen vollständig illegal. Die Polizeidirektion München archivierte einen Bericht, in dem es hieß: »Die Partei- und Organisationsgründungen in der rechtsradikalen Bewegung sind in den letzten Monaten so schnell aufeinander gefolgt, dass es schwer geworden ist, den Überblick zu behalten.«[6] Die erlassenen Verbote der NSDAP hatten durch die zuständigen Gerichtsinstanzen Bestand – die erste Generalprobe war misslungen.

Im Land Württemberg waren nur öffentliche Veranstaltungen der Hitler-Partei untersagt, geschlossene Versammlungen jedoch blieben zulässig. Allerdings konnte die Polizei nicht kontrollieren, ob tatsächlich nur Mitglieder zu solchen Treffen kamen. Hingegen galten in Bayern noch praktisch keine Beschränkungen für die Tätigkeit der NSDAP, obwohl hier Übergriffe am häufigsten vorkamen, weil es schlicht am meisten Hitler-Anhänger gab. Die Polizeidirektion an der Löwengrube füllte Bericht um Bericht mit Hinweisen auf die republikfeindlichen Aktivitäten der »Hakenkreuzler«.[7] Allein seit Sommer 1922 hatte es 62 Strafanzeigen wegen Haus- oder Landfriedensbruch, Körperverletzung und Sachbeschädigung gegeben. Der Landtag debattierte erregt, Innenminister Schweyer fand klare Worte: »Die terroristische, faschistenmäßige Kampfweise der Nationalsozialisten bietet mit Recht den Hauptgegenstand der Kritik und Beschwerde. In der Tat ist hier der Punkt gegeben, bei dem meines Erachtens angesetzt werden muss. Es kann nicht geduldet werden, dass irgendeine Gruppe von Volksgenossen sich polizeiliche Machtbefugnisse aneignet oder gar willkürlich mit Gewalt und Misshandlung vorgeht.«[8] Doch irgendein konkretes Vorgehen, gar ein Verbot der NSDAP auch in Bayern, hätte er nicht durchgebracht.

Mit Worten allein aber war Hitler nicht aufzuhalten. Als neue spektakuläre Aktion wollte er am selben Abend in mehreren parallel stattfindenden Versammlungen sprechen. Für den 30. November buchte die NSDAP fünf große Bierlokale in München – den Festsaal des Hofbräuhauses, den Bürgerbräu- und den Löwenbräukeller sowie das Thomas- und das Schwabingerbräu. Überall hielt Hitler etwa die gleiche Rede über den »Zusammenbruch des Marxismus in der Praxis« und erreichte damit nach Schätzung der Münchner Polizei etwa 15 000 Zuhörer; alle Säle waren »dicht besetzt« bis »überfüllt«.[9] Weil die Resonanz in völkischen Kreisen positiv war, setzte Hitler noch einen drauf: Zwei Wochen später, am 13. Dezember, mietete die NSDAP sogar zehn Säle gleichzeitig. Da die bayerischen Sozialdemokraten an diesem Abend ihrerseits fünf große Bierkeller reserviert hatten, darunter das Thomas- und das Schwabingerbräu, waren nun auch etwas kleinere Lokalitäten dabei wie der Hackerkeller, der Hirschbräukeller, der Schwabinger Große Wirt und das Restaurant Zur Blüte.[10] Diesmal lautete das Thema der wieder stets ungefähr gleichen Rede »Juden und Marxisten als die einzigen Totengräber der deutschen Nation und des Deutschen Reiches«. Jeder Auftritt dauerte etwa eine Viertelstunde, dann ließ sich der NSDAP-Chef zum nächsten Lokal fahren. Die Resonanz war enorm: Rund 20 000 Menschen kamen.[11] Mit zwei Auftritten im Zirkus Krone, dem größten Veranstaltungsort Münchens, hätte Hitler zwar ähnlich viele Zuhörer erreichen können, doch die Parallelveranstaltungen machten auf das Publikum einen weitaus dynamischeren Eindruck. Die zweite Generalprobe war bravourös gelungen.

Und deshalb besorgniserregend; der Polizeireferent des bayerischen Innenministeriums fertigte eine Aktennotiz an. »Die Tendenz der nationalsozialistischen Bewegung ist auch durch diese zehn Versammlungen klar dargetan. Die Bewegung [...] geht triebartig einer revolutionären Entladung entgegen«, schrieb Ministerialrat Josef Zetlmeier: »Denn wohin soll sie sonst steuern? Parlamentarisch will sie sich nicht betätigen und das Reden allein hat keinen Wert. Die Bewegung ist daher ohne Zweifel eine Gefahr für den Staat.« Der Beamte regte an, Ministerpräsident Knilling solle von seiner bisherigen Duldsamkeit abrücken, zumal man ja »jetzt schon von den anderen Regierungen auch in dieser Richtung mehr oder minder mit Vorwürfen bedacht wird«. [12] In Berlin sorgte sich der neue Reichskanzler Wilhelm Cuno, Bayerns Kabinett könne »von der Bewegung Hitlers weggeschwemmt werden«.[13] Im zweitgrößten Land Deutschlands konnte er keinen weiteren Krisenherd gebrauchen.

Ruhrkampf

In der zweiten Januar-Woche 1923 verschlechterte sich die Lage weiter, denn Frankreichs nationalistische Regierung unter Ministerpräsident Raymond Poincaré erhöhte den Druck auf Deutschland massiv.[14] Die bis Ende 1922 geschuldeten Reparationen waren nicht ganz geleistet worden – es fehlten Sachlieferungen im Gesamtwert von 24 Millionen Goldmark, etwa 1,6 Prozent aller Forderungen; »nur« 98,4 Prozent waren bezahlt. Trotz des kleinen Fehlbetrages stellte die Reparationskommission am 9. Januar mehrheitlich fest, dass Sanktionen zulässig seien.

Sie folgten umgehend. Die Reparationskommission teilte der Reichsregierung am 10. Januar mit, französische, belgische und italienische Ingenieure sollten die deutschen Bergwerke überprüfen; sie würden dabei von den »erforderlichen Truppen« begleitet werden.[15] Schon einen Tag später erwies sich, dass die Kommission nicht weniger als sechs Divisionen, eine belgische und gleich fünf französische, als nötig für diesen Schutz erachtete. Die Soldaten rückten aus den rechtsrheinischen Brückenköpfen Düsseldorf und Duisburg ins Ruhrgebiet ein.

Die Folge im Reich war ein kollektiver Aufschrei von links bis rechts, von Gewerkschaften und Sozialdemokraten bis zu den reaktionären Deutschnationalen. Am 13. Januar rief Kanzler Cuno den passiven Widerstand aus: Überall im besetzten Ruhrgebiet und in den linksrheinischen Regionen Deutschlands traten die Menschen in den Ausstand. Beamte durften Befehle der Besatzungsoffiziere nicht ausführen, Eisenbahner fuhren ihre Lokomotiven und Waggons in unbesetzte Gebiete, Stellwerksarbeiter demontierten Bedientafeln und versteckten sie, Straßenschilder und Wegweiser wurden abgeschraubt. Die französischen und belgischen Truppen sollten eigentlich nur den Abtransport von Holz und Kohle überwachen, aber so gut wie kein Bewohner des Ruhrgebietes war bereit, für sie zu arbeiten. Nun drangen vor allem französische Soldaten in Zechen und Fabriken ein. Als Strafmaßnahme beschlagnahmten sie in Banken und Kassen öffentliche Gelder sowie Firmenguthaben. Besonders renitente Deutsche wurden bald aus dem besetzten Gebiet verwiesen. Der deutsche Staat zahlte den dauerstreikenden Arbeitern einen Großteil ihres Lohnes; dafür wurde noch einmal mehr Geld gedruckt, was die Inflation enorm anheizte. Der Ruhrkampf hatte begonnen.

Nicht immer blieb der Widerstand passiv: Kleinere Gruppen gingen mit terroristischen Methoden gegen die Besetzung des Ruhrgebietes vor. In Essen führte der frühere Freikorpskämpfer Leo Schlageter zunächst zehn, später nur noch sieben Mann an, die »im engsten Einvernehmen mit der Essener Polizeibehörde« die »Verfolgung des französischen Spitzeldienstes« übernahmen; dazu gehörte möglicherweise der Mord an einem deutschen Kommunisten, der die Besatzungstruppen angeblich mit Informationen versorgt haben sollte. Auch zwei kleinere Sprengstoffanschläge auf Gleisanlagen im Ruhrgebiet beanspruchte Schlageter für seine Gruppe.[16] Nach wenigen Wochen nahm die französische Polizei, die wegen der Arbeitsverweigerung der deutschen Behörden im besetzten Territorium für Sicherheit zuständig war, ihn fest – Schlageter war unter seinem echten Namen in einem Essener Hotel abgestiegen, obwohl er über einen gut gefälschten Pass mit einer unverdächtigen Identität verfügte.

Beiden politischen Extremen kamen die Ruhrbesetzung

und der passive Widerstand dagegen ungelegen. Das Berliner Büro Varga, eine Art Think Tank der kommunistischen Bewegung in Mitteleuropa, verfasste schon Mitte Januar 1923 eine Empfehlung, in der es hieß: »Das Entstehen der konterrevolutionären Einheitsfront, die von einer starken Massenbewegung der Nationalsozialisten begleitet werden könnte und die zu einer darauffolgenden restlosen Entrechtung der Arbeiterschaft, d. h. des endlichen Sieges der kapitalistischen Offensive führen würde, ist in Deutschland zu verhindern nur durch die Einheitsfronttaktik mit allen Konsequenzen, nicht allein als ein Mittel zur Zertrümmerung der Sozialdemokratie, sondern in erster Linie als eine Sammelparole zur Organisierung der Verteidigung der letzten Arbeiterrechte.«[17] Entsprechend lehnte die KPD eine national geeinte Abwehr der Ruhrbesetzung ab und forderte stattdessen, »den Kampf gegen die eigene Bourgeoisie zu richten«.[18] Solches Taktieren stieß die empörte Arbeiterschaft im Ruhrgebiet und darüber hinaus ab, statt irgendwen für die Kommunisten zu gewinnen.

Für die NSDAP war die Entwicklung sogar gleich doppelt problematisch. Erstens mobilisierte das französisch-belgische Vorgehen die Massen; Hitler befürchtete, dass seine Bewegung in der Welle der nationalen Empörung ihr Alleinstellungsmerkmal einbüßen könnte. So beschränkte er sich in den zwei Wochen nach der Ruhrbesetzung in einem halben Dutzend Reden darauf, mit nochmals schärferen Worten die »Novemberverbrecher« anzugreifen und sie, trotz des ausgerufenen passiven Widerstandes, verantwortlich zu machen für die Eskalation. Dabei konnte er nicht überrascht sein vom Vorgehen der Entente-Mächte, denn genau einen Monat vorher hatte er öffentlich verkündet: »Im Januar werden die Franzosen das Ruhrgebiet besetzen.«[19] Gleichzeitig verlangte er von seinen Anhängern, sich bei den Protesten gegen die Ruhrbesetzung zurückzuhalten, und kündigte die Zusammenarbeit mit anderen Wehrverbänden auf. Doch während er gegen Berlin hetzte, beeindruckten die Vaterländischen Verbände am 14. Januar 1923 mit einer antifranzösischen Großkundgebung auf dem Münchner Königsplatz; die NSDAP und die SA hielten sich weisungsgemäß von dieser Veranstaltung fern.

Zweitens waren Italiener an der Ruhrbesetzung beteiligt, wenn auch nur durch Experten in kleiner Zahl und nicht mit eigenen Truppen. Hitler aber hatte gerade erst demonstrativ den Schulterschuss mit der faschistischen Regierung in Rom gesucht. Dass Mussolini intern tatsächlich vermitteln wollte, wie der italienische Botschafter in Berlin gegenüber Kanzler Cuno ausführte (allerdings nicht um Deutschlands Interessen willen, sondern aus Sorge, Frankreich könnte zu mächtig werden), half der NSDAP bei ihrem Problem nicht: Derlei war in der erhitzten öffentlichen Stimmung im Januar kaum vermittelbar.[20]

»Die in den vergangenen Monaten zu einem überaus ernstzunehmenden Faktor vor allem in der bayerischen Politik angewachsene nationalsozialistische Bewegung hat in der jüngsten Zeit einen zweifachen Echec erlitten«, meldete Österreichs Generalkonsul in München nach Wien: »Die mannhafte, nationale und einheitliche Haltung der Arbeiterschaft im Ruhrgebiet hat zur Folge gehabt, dass zahlreiche Mitläufer der nationalsozialistischen Bewegung sich nunmehr von ihr abwenden, da die konstante Hetze gegen die internationale Sozialdemokratie bei den gegenwärtigen Zeiten ihnen ebenso unangebracht als ungerecht erscheint.«[21] Ähnlich sah es der britische Konsul: »Hitler wird nicht mehr als Bayer wahrgenommen.«[22]

Hitler musste reagieren – und entschied sich für einen Befreiungsschlag. Er wollte seine Bewegung als radikale Alternative zur Einheitsfront von Gewerkschaften bis DNVP darstellen und möglichst gleichzeitig die bayerische Regierung vorführen. Also widmete er die Ende Januar nach Vereinsgesetz anstehende Generalmitgliederversammlung der NSDAP zum ersten »Reichsparteitag« um. Als wesentliche Programmpunkte plante er einen öffentlichen Aufmarsch sowie gleich zwölf parallele Versammlungen, auf denen er nacheinander kurz sprechen wollte.

Erster Parteitag

Ministerpräsident Eugen von Knilling verstand das Kalkül Hitlers nicht. Gegen wen richtete sich der NSDAP-Chef? In Bayern regierte ein konservatives Kabinett, das im Gegensatz etwa zu Preußen der Hakenkreuz-Bewegung weit entgegengekommen war, zum Beispiel die Partei eben nicht verboten hatte. In Berlin amtierte die bürgerliche Regierung Cuno, die mit dem Aufruf zum passiven Widerstand um jeden Preis das glatte Gegenteil der »Erfüllungspolitik« umsetzte, die Hitler so oft geißelte. Da Knilling kein konkret politisches Ziel hinter dem Vorgehen der Nationalsozialisten erkennen konnte, lag die Sorge nahe, dass Innenminister Schweyer und Polizei-Referent Zetlmeier recht hatten. Beide warnten intern seit Wochen, dass bei der nächsten Großveranstaltung ein Putsch der NSDAP drohe. Angesichts des kurzfristig angekündigten »Reichsparteitages« regte Schweyer an, den Ausnahmezustand über Bayern zu verhängen. Zunächst aber beschloss der Ministerrat nur, Veranstaltungen unter freiem Himmel zu untersagen.[23]

Als dieses Verbot Hitler zugestellt wurde, fügte der sich nicht etwa, sondern »brachte in leidenschaftlichen Worten seine Entrüstung gegen die ihm mitgeteilte ministerielle Weisung zum Ausdruck«. Die Münchner Polizeidirektion hielt eine klare Drohung fest: »Herr Hitler redete sich immer weiter in die Aufregung hinein. Die Regierung könne schießen, er werde sich an die Spitze stellen und man könne ihn auch erschießen.« Zwei Stunden nach dem ersten Schuss werde die Regierung jedoch »erledigt« sein.[24]

Nach dieser vehementen Reaktion trat das bayerische Kabinett erneut zusammen. Der neue Kommandeur des Wehrkreises VII der Reichswehr, General Otto von Lossow, riet beeinflusst von seinem Mitarbeiter Hauptmann Ernst Röhm von einem harten Vorgehen ab – doch der Ratgeber war selbst überzeugter Nationalsozialist. Lossow, hochgewachsen und mit seinem kantigen Schädel fraglos respektheischend, neigte trotz oder sogar wegen seiner Klugheit zur Bequemlichkeit. Schlimmer noch: Der General »vernachlässigte seine militärischen Pflichten und Aufgaben etwas zu Gunsten seiner politischen Tätigkeit«, wie sogar sein Freund Friedrich Kreß von Kressenstein kritisch vermerkte.[25]

Tatsächlich empfahl Lossow dem Kabinett, Hitler genügend Spielraum zu lassen, damit er sein Gesicht wahren könne: »Seiner Bewegung könne nur langsam das Wasser abgegraben werden, nicht in zwölf Stunden.« Falls die NSDAP tatsächlich Ernst machen wolle, habe die Reichswehr die Lage im Griff, auch wenn es bei der Truppe Sympathien für Hitler gebe. Für Knilling ging es jedoch »um eine Prestigefrage«, um »die Aufrechterhaltung der Staatsautorität, um Recht und Ordnung«.[26] Die Polizei rechnete mit bis zu 40 000 Teilnehmern, von denen 15 000 echte Hitler-Anhänger seien. Schließlich entschied der Ministerrat sich für einen

Kompromiss: Knilling verhängte den Ausnahmezustand, er-
laubte Hitler aber nach dessen Verspechen, für einen »vollständig einwandfreien Verlauf des Parteitages« zu bürgen,
einen öffentlichen Aufmarsch auf dem Marsfeld nördlich der
Gleise des Münchner Hauptbahnhofes und sechs parallele
Versammlungen in verschiedenen Bierkellern. Doch genau
dieses Hin und Her nutzte der NSDAP-Chef: »Hitler ge-
bärdete sich über die neuerliche Maßnahme geradezu verzweifelt«, hielt Polizeipräsident Eduard Nortz fest: »Durch
den fortgesetzten Wechsel in den Entscheidungen seien seine
Leute und seine Gäste schon fast außer Rand und Band und
es sei gar nicht zu vermeiden, dass bei einer Programmände-
rung Schwierigkeiten ernstester Art entstünden.«[27]

Weil angeblich die Verteilung der Plakate nicht mehr gestoppt werden konnten, fanden am Abend des 27. Januar 1923
alle geplanten zwölf Versammlungen statt und nicht wie
genehmigt sechs. Der *Vorwärts* bilanzierte: »Hitler marschiert. Er kümmert sich den Teufel um Ausnahmezustand
und die Wünsche der bayerischen Regierung.«[28] Mindestens
20 000 Sympathisanten kamen in die zwölf Großlokale; alle
hörten nacheinander ähnliche Reden – zuerst im Bürgerbräukeller ab 20.15 Uhr und nach zehn Zwischenstationen
zuletzt ab 0.35 Uhr im Hackerbräukeller. Stets erhob der
NSDAP-Chef heftige Vorwürfe gegen die »Revolutionsver-
brecher« und den »inneren Feind«. Mit Marxisten, Juden
und anderen Gegner Deutschlands müsse man abrechnen,
bevor man sich äußerer Gegner annehmen könne. Außerdem
wies Hitler die Gerüchte über einen bevorstehenden Putsch
der NSDAP zurück: »Es sei falsch zu behaupten, dass die
Partei der Regierung gedroht habe; sie habe nur erklärt, dass,
wenn die Regierung die Abhaltung des Parteitages verhin-
dere, sie dann auch die Konsequenzen zu tragen habe.« Dass

er damit seine eigenen Worte Lügen strafte, nicht zu drohen, störte ihn nicht. Vielmehr fügte Hitler provozierend hinzu: »Eine bessere und billigere Reklame hätte es für die Partei nicht gegeben als die Verhängung des Ausnahmezustandes.«[29]

Am folgenden Vormittag versammelten sich NSDAP-Anhänger und Sympathisanten auf dem Marsfeld; Hitler nahm eine Parade von 6000 Mitgliedern verschiedener Wehrverbände ab. Anschließend zogen die Männer mit Musik und Fahnen quer durch die Stadt zum Kindlkeller in Haidhausen, begleitet von Lastwagen mit aufgesessener Polizei. Nur maximal ein Viertel der Marschierer gehörten zur SA, und selbst diese Männer waren aus ganz Bayern zusammengezogen worden. Manche Teilnehmer hatten sogar eine noch längere Reise hinter sich wie Hans Thaysen, der aus Bremen gekommen war; allerdings als »Mitglied des Hanseatischen Jungkorps«, nicht als SA-Mann.[30] Ebenfalls anwesend war Gerhard Roßbach. Er hatte zugesagt, mit 800 Mann aus Preußen zu erscheinen – und kam doch allein, weil der Zug mit seinen Leuten, vorwiegend Veteranen des Freikorps, in Thüringen angehalten worden war.[31] Obwohl also die Masse der Marschierer gar nicht erklärte Anhänger der Hitler-Bewegung waren, wirkte der Aufmarsch wie eine reine NSDAP-Veranstaltung. Das lag einerseits an der Präsenz hunderter oft selbst genähter Hakenkreuzfahnen und andererseits an der persönlichen Dominanz Hitlers.

»Es herrscht hier nun mit Recht allgemein das Gefühl, dass die Regierung sich gründlich blamiert habe, und es kursierte heute morgen schon das Gerücht vom Rücktritt des Ministers des Innern«, berichtete Moser von Filseck nach Stuttgart: »Die Abendblätter bringen ein Dementi, aber es besteht zweifelsohne eine Krise, deren Verlauf sich noch nicht voraussagen lässt.« Grund war die Unentschiedenheit

Knillings, der sich hatte vorführen lassen: »Das Ansehen der Regierung hat dadurch einen sehr bedauerlichen Stoß erlitten, und zwar sowohl auf der rechten ebenso wie auf der linken Seite.«[32] Hitler hatte es geschafft, sich mit viel Chuzpe und Rücksichtslosigkeit durchzusetzen; er war eindeutig der Sieger des Kräftemessens.

AG der Radikalen

Die Folge des aus nationalsozialistischer Sicht gelungenen ersten Reichsparteitages war die Gründung einer Arbeitsgemeinschaft der Vaterländischen Kampfverbände, durch die sich die Basis der NSDAP schlagartig erweiterte. Hauptmann Ernst Röhm, selbst Anführer der Münchner Ortsgruppe des Wehrverbandes Reichsflagge, hatte es geschafft, aus der am 14. Januar 1923 bei der antifranzösischen Kundgebung auf dem Königsplatz noch einigermaßen geschlossenen Front der Vaterländischen Verbände mehrere Gruppierungen herauszulösen und in den Dunstkreis Hitlers zu bringen. Aus ihren Reihen stammten die meisten Teilnehmer der Parade auf dem Marsfeld, und offenbar war die Inszenierung so eindrucksvoll, dass sich mehrere ihrer Anführer gegen die stark regionalpatriotische Mehrheit der vaterländischen Bewegung entschieden.

Sie konnten einer Art »Glaubensbekenntnis« zustimmen, das Röhm am 1. Februar 1923 formuliert hatte: »Meine Einstellung ist radikal national; ich will unter schroffer Ablehnung jeder Politik der Erfüllung, der Verständigung, des Ausgleichs den schärfsten Kampf mit allen Mitteln gegen den inneren und gegen den äußeren Feind«, schrieb der Hauptmann in einer Denkschrift für seinen Vorgesetzten General

Lossow: »Ich bin auch ein politischer Soldat und bin es bewusst mit Überzeugung.« Als wesentliche Feinde im Inneren galten ihm Sozialdemokraten und Kommunisten, ohne dass Röhm das direkt sagte; doch anders war dieser Satz nicht zu verstehen: »Ich habe die Überzeugung, dass der Kampf, den wir um unsere nationale Existenz führen müssen, nur gelingen kann, wenn wir den Arbeiter wieder national gemacht haben.«[33] Angesichts der für die Reichswehr geltenden politischen Neutralität – zum Beispiel durften ihre Angehörigen laut Reichswahlgesetz von 1920 weder kandidieren noch hatten sie selbst eine Stimme – dokumentierte diese Denkschrift eine eindeutige Pflichtverletzung des aktiven Berufsoffiziers. Sie hatte keine Konsequenzen.

Hitler versprach bei einer Begegnung mit Ministerpräsident Knilling am folgenden Tag, nichts gegen die Staatsregierung zu unternehmen. Jedoch kritisierte er Innenminister Schweyer scharf – vermutlich im Wissen, dass Eugen von Knilling seinen eigenen Parteifreund schon im Vorfeld des Treffens aufgefordert hatte, sich gegenüber der nationalsozialistischen Bewegung zu mäßigen. Der Ministerpräsident wollte mit der NSDAP im Gespräch bleiben, suchte Kooperation statt Konfrontation. Doch der NSDAP-Chef war schon einen Schritt weiter.

Am Abend des 4. Februar vereinbarten nämlich der Bund Oberland, Teile der Vaterländischen Bezirksvereine Münchens und des Bundes Bayern und Reich sowie Röhms Ortsgruppe der Reichsflagge, fortan mit der noch kleinen, nur gut anderthalbtausend Mitglieder starken Sturmabteilung der NSDAP zusammenzuarbeiten. Die wesentlichen Köpfe dieser Arbeitsgemeinschaft der Radikalen neben Röhm waren Friedrich Weber, Tierarzt und Oberland-Vorsitzender, sowie der Oberstleutnant a. D. Hermann Kriebel als militärischer Leiter – politisch dominierte allerdings Hitler. Nun war der rechte, vaterländische Flügel der bayerischen Politik gespalten in eine lokalpatriotische blau-weiße Mehrheit und eine völkische, aktivistische Minderheit. Die Arbeitsgemeinschaft konnte bis zu 15 000 vor allem junge und militärisch ausgebildete Anhänger auf Münchens Straßen bringen.

Ein erhebliches Drohpotenzial, das auch sofort genutzt wurde: Nur einen Tag nach der Gründung richtete die Arbeitsgemeinschaft einen Brief an Knilling, auf den Hitler offenbar im Hinblick auf sein Versprechen am 2. Februar beim Gründungstreffen gedrängt hatte: »Regierung muss die Erklärung der Arbeitsgemeinschaft haben, dass sie die Unterstützung der Arbeitsgemeinschaft hat, solange sie national bleibt.«[34] Tatsächlich erhielt der Ministerpräsident am folgenden Tag einen Brief, in dem es hieß: »Wir stehen nach wie vor hinter einer Staatsregierung, die entschlossen national ist und bleibt.« Auf den ersten Blick mochte das wie ein Entgegenkommen klingen, doch in Wirklichkeit handelte es sich um eine Kampfansage. Denn Röhm verhehlte nicht, was dahinter steckte: »Die Bezeichnung ›national‹ kann eine Staatsregierung nur dann für sich in Anspruch nehmen, wenn sie rücksichtslos allein den nationalen Interessen dient. Eine Regierung, die ›objektiv‹ ist, die den Internationalen die gleichen Rechte einräumt wie den Nationalen, die den Sowjetstern ebenso schützt wie die schwarz-weiß-rote Fahne, darf sich meinethalben bürgerlich nennen, aber nicht national.«[35] Die Arbeitsgemeinschaft forderte also faktisch die Unterwerfung des Münchner Kabinetts. Ein anonymer »Kenner der bayerischen Verhältnisse« beschrieb die neue Gruppierung als »Einpeitscher der Regierung, ja als die eigentliche Regierung schlechthin«.[36]

Doch Knilling ignorierte die offene Herausforderung. Der

Ministerpräsident und auch Innenminister Schweyer hielten unbeirrt an ihrem inzwischen illusorischen Ziel fest, auch die radikalen Teile der Wehrverbände als Massenbasis für konservative Realpolitik zu gewinnen. So trotzte die Arbeitsgemeinschaft der Regierung Zugeständnis um Zugeständnis ab: Eine für den 5. März geplante prorepublikanische Versammlung untersagte die Polizeidirektion, weil die Radikalen gedroht hatten, den Saal zu besetzen, falls die Behörden kein Verbot aussprächen. Wenig später lud der Staatsgerichtshof in Leipzig einige völkische Prominente, darunter Redakteure des *Völkischen Beobachters*, wegen Verfehlungen gegen das Republikschutzgesetz vor; die Arbeitsgemeinschaft verlangte, den Vollzug eventuell folgender Haftbefehle gegen »vaterländisch gesinnte Männer« abzulehnen.[37] Dann ließ Hermann Kriebel Ende März eine Übung im Forstenrieder Park abhalten, bei der 3000 Männer aufmarschierten – als offen militärische Ausbildung ein klarer Verstoß gegen den Versailler Vertrag.

Namens der bayerischen Regierung bekundete Schweyer im Landtag Verständnis: »Die körperliche Ertüchtigung unseres Volkes, die Pflege des Wehrgedankens in Wort und Schrift und auch in der Betätigung verdient Anerkennung«, sagte der Innenminister: »Sollen wir uns wie Sklaven und feige Hunde verkriechen oder sollen wir nicht vielmehr dahin streben, unser Haupt wieder erheben zu können, wie es freien deutschen Männern gebührt?«[38] Doch die Spaltung der Wehrverbände in Hitlers kleineren radikalen Flügel und die regierungsnahe Mehrheit war unübersehbar; Reichskanzler Wilhelm Cuno musste bei einem Besuch in München im März deren Vertreter getrennt voneinander empfangen. Bayerns Ministerpräsident wurde des Problems Hitler offensichtlich nicht mehr Herr.

Kurz vor Ostern ließ das Berliner Kabinett deshalb durchsickern, man denke über eine Notverordnung nach Artikel 48 der Reichsverfassung nach, mit der »Vereinigungen, die gewisse polizeiliche Aufgaben wahrzunehmen beabsichtigten oder in behördliche Tätigkeit eingriffen, von der Landesregierung oder bei deren Weigerung von der Reichsregierung aufgelöst werden könnten«. Das richtete sich eindeutig gegen Bayern und wurde auch so verstanden: »Herr von Knilling erhob gegen eine solche Verordnung die schwersten Bedenken.« Ein Abgesandter aus Berlin versicherte dem Ministerpräsidenten zwar, »dass Bayern eine Überraschung von der Reichsregierung nicht zu gewärtigen habe, sondern die Dinge in voller Offenheit mit Bayern vor endgültiger Entscheidung besprochen würden«.[39] Ein Dementi war das nicht.

Drohungen zur Maifeier

Die nächste Eskalation war absehbar.[40] Wie üblich hatten die Gewerkschaften für den 1. Mai eine Kundgebung auf der Theresienwiese beantragt. Seit 1890 demonstrierte die deutsche Arbeiterbewegung traditionell an diesem Datum für ihre Forderungen, auch wenn sich die Teilnehmer dafür in aller Regel freinehmen mussten; nur einmal, 1919, hatte die Weimarer Nationalversammlung den 1. Mai ausnahmsweise als reichsweiten Feiertag für arbeitsfrei erklärt. In Bayerns Städten waren solche Umzüge bereits vor 1914 genehmigt worden, auch mit roten Fahnen. Daher sah die Polizeidirektion München keine Schwierigkeiten, auch für 1923 eine Kundgebung mit anschließender Demonstration zuzulassen.

Völlig unabhängig davon setzte die SPD-Fraktion im bay-

erischen Landtag am 25. April durch, über die Auflösung aller »bestehenden Sturmabteilungen und Stoßtrupps« abzu-
stimmen. Mit 62 zu 50 Stimmen lehnte das Parlament ab,
obwohl mehrere bürgerliche Abgeordnete für den SPD-An-
trag gestimmt hatten. Anschließend nahm das Parlament
eine Vorlage der Bayerischen Volkspartei an, die der Regierung wohl Handlungsfreiheit verschaffen sollte: »Stoßtrupps,
Sicherheitsabteilungen oder sonstige parteipolitisch eingestellte Einrichtungen ähnlicher Art« sollten nach einer Ein-
zelfallprüfung dann »unterdrückt« werden, wenn sie »auf
Gewalttätigkeiten, auf Störung der öffentlichen Ordnung
und insbesondere auf Störung der Versammlungsfreiheit anderer Parteien« gerichtet seien.[41] Tatsächlich aber verlagerte
dieser Beschluss lediglich die Verantwortung vom Parlament
auf die Regierung – die BVP-Fraktion im Landtag hatte sich
aus der Verantwortung gestohlen.

Der SA waren solche Differenzierungen ohnehin gleichgültig: Am 26. April kam es in München zu heftigen Range-
leien zwischen Hitler-Anhängern und Kommunisten, bei
denen vier Menschen verletzt wurden. Der Gründer und
Ehrenvorsitzende der NSDAP, Anton Drexler, wurde von
seinem Arbeitsplatz, einer Werkstatt im Münchner Reichs-
bahnausbesserungswerk, vertrieben; ob er dabei zusammen-
geschlagen wurde oder nicht, stellten beide Seiten unterschiedlich dar.[42] Jedenfalls waren die Voraussetzungen nach
dem am selben Tag verabschiedeten BVP-Antrag gegeben,
nationalsozialistische und KPD-»Stoßtrupps« umgehend zu
»unterdrücken«.

Doch nichts geschah; im Gegenteil: Bei einer Besprechung
in der Polizeidirektion an der Löwengrube ebenfalls am
26. April gab der bayerische Justizminister Franz Gürtner die
Devise aus, selbst ein bewaffneter Aufmarsch der Arbeitsge-

meinschaft Vaterländischer Verbände am 1. Mai sei nicht strafbar.[43] Eine solche Rechtsauslegung band die dortigen Beamten zwar nicht formal, denn sie waren Innenminister Schweyer unterstellt. Doch weil die Strafverfolgung bei den Staatsanwaltschaften lag, die Gürtner beaufsichtigte, kam die Weisung einem Freibrief für die Radikalen gleich.

Gleichzeitig erhöhte die Arbeitsgemeinschaft noch einmal den Druck auf die Regierung und stellte am 27. April 1923 ein nicht einmal mehr kaschiertes Ultimatum. Man habe »in Erfahrung gebracht, dass die proletarischen Selbstschutzverbände zusammen mit der sozialistischen und kommunistischen Partei am 1. Mai ihre Feier mit Umzügen Bewaffneter durch die innere Stadt in einer Art abzuhalten gedenken, die nicht anders aufgefasst werden kann als eine bewusste und gewollte Herausforderung des gesamten Bürgertums«. Es folgte eine unmissverständliche Ankündigung: »Deshalb haben sich Arbeitsgemeinschaft und vaterländische Verbände entschlossen, die von den sozialistischen und proletarischen Kampfverbänden geplanten öffentlichen Aufzüge zu verhindern.« Damit maßten sich Hitler und seine Helfer an, »gewisse polizeiliche Aufgaben« wahrzunehmen, wie die Reichsregierung in ihrem Entwurf für eine Notverordnung nach Artikel 48 der Reichsverfassung vorausgesagt hatte. An dieser Anmaßung ändert auch nichts mehr, dass die Drohung scheinbar verbindlich schloss: »Sollte die Regierung von sich aus die als Kampfansage wirkende und gegen das nationale Empfinden weitester Kreise gerichtete sozialistische Kundgebung unterdrücken, darf sie auf die rückhaltlose Unterstützung der vaterländischen Verbände rechnen.«[44] Aber nur in diesem Fall.

Nun musste Eugen von Knilling reagieren. In der Ministerratssitzung vom folgenden Tag gab er »seiner Befremdung darüber Ausdruck, dass die Polizeidirektion den Zug aus eigener Machtvollkommenheit genehmigt habe« – er meinte die Kundgebung der Gewerkschaften. Laut Protokoll fuhr er fort: »Es handele sich doch um eine Angelegenheit von größter politischer Tragweite, die zu den schwersten Folgen führen könne«.[45] Nachdem so die Machtverhältnisse gegenüber der Polizei geklärt waren, verfügte der Ministerrat, dass einerseits die Umzüge der Arbeiterbewegung eingeschränkt würden und andererseits die Reichswehr am 1. Mai massive Präsenz zeigen sollte.

Blamage für Hitler

Der NSDAP-Chef war nicht gewillt, sich einschüchtern zu lassen – er verlangte bei einer Sitzung der Arbeitsgemeinschaft am 30. April ausdrücklich »aggressives Vorgehen mit Anwendung von Waffengewalt«. Wenig später in derselben Besprechung ruderte er zurück und sagte nun, »dass sich die Aktion nicht gegen die Regierung richtet, sondern nur eine Auseinandersetzung mit ›Rot‹ sein soll«. Die Arbeitsgemeinschaft fasste darüber einen förmlichen Beschluss: »Die Aktion wird bewaffnet gemacht, der Landeskommandant wird verständigt.« Also suchten Hitler und Kriebel den General Lossow auf und verlangten die Herausgabe von Waffen aus Militärdepots. Der Landeskommandant der Reichswehr lehnte das Ansinnen rundheraus ab: »Ich hätte ein Tor oder ein Verbrecher sein müssen, wenn ich als oberster Träger der Machtmittel des Staates in diesem Moment den Leuten, die am nächsten Tag sich gegen den Staat auflehnen wollten und das Ganze öffentlich erklärt hatten, Waffen in die Hand gegeben hätte.«[46]

Angesichts der klaren Haltung des Generals schwand bei einigen führenden Mitgliedern der Arbeitsgemeinschaft die Bereitschaft, tatsächlich wie geplant am folgenden Morgen bewaffnete Trupps überall in Münchens Innenstadt aufzustellen, um vorbeikommende Demonstrationszüge der Arbeiterbewegung einzuschüchtern oder anzugreifen. Bei einer Krisensitzung am selben Abend, zu der Hitler mit Stahlhelm erschien, entschloss sich die Arbeitsgemeinschaft, auf die ganz große Konfrontation mit der Reichswehr zu verzichten. Stattdessen sollten ihre Verbände bewaffnet auf dem Exerzierplatz Oberwiesenfeld weit nördlich der Innenstadt antreten. Die Gewehre stammten teilweise aus gehorteten Beständen, teilweise wurden sie befehlswidrig von Sympathisanten in Kasernen ausgegeben.

Morgens um drei Uhr gab Hitler der SA die entsprechende Anweisung, um sechs Uhr standen gut 2000 Männer auf dem Oberwiesenfeld, um das herum die Reichswehr allerdings einen Kordon gelegt hatte, zu dem sogar Panzerautos mit MGs gehörten. Weitere rund 3000 Mitglieder der Wehrverbände waren unbewaffnet an anderen Stellen München aufmarschiert – der Befehl, zum Oberwiesenfeld zu kommen, hatte sie offenbar nicht mehr rechtzeitig erreicht.

Gegen Mittag erschien der NSDAP-Chef selbst bei der angetretenen SA, um eine Rede zu halten – und klein beizugeben: »Hitler sagte dann noch, dass nun kein Mann den Kopf hängen lassen solle, wenn der Befehl ergehe, dass die Waffen wieder abgegeben werden müssen«, hielt ein Polizist die Ansprache fest: »In der Stadt ist jetzt alles ruhig. Zum Provozieren sind die Waffen nicht da. Sollte es aber dennoch zu Zusammenstößen kommen, dann werden wir auch so fertig werden.« Zum Abschluss versprach er: »Unser Tag wird wohl schon in allernächster Zeit kommen!«[47]

Tatsächlich war der 1. Mai ein Fiasko: Die Arbeitsgemeinschaft hatte Bayerns Regierung offen erpresst. Doch weil
Lossow standhaft geblieben war, konnte Hitler dem Staat
seinen Willen nicht aufzwingen. Außerdem hatte höchstens
ein Drittel der radikalen Wehrverbände die Weisungen der
Anführer befolgt – und diese Männer mussten vor dem Abmarsch ihre Waffen der Reichswehr übergeben. Noch am
selben Dienstag notierte Georg Escherisch, 1920/21 der Organisator der regierungsnahen Einwohnerwehren in Bayern, in
sein Tagebuch: »In München war das reinste Narrenhaus.
Die Vaterländischen Verbände haben sich in ihrer Nervosität
und Führerlosigkeit bis auf die Knochen blamiert.«[48]

Volksfront

Angetreten zum Befehlsempfang: Deutsche Kommunisten bekamen 1923
ihre Weisungen aus Moskau.

Die verzweifelte Lage in Deutschland lässt bisher unwahrscheinliche bis unmögliche Bündnisse denkbar erscheinen. Wesentliche Anstöße kommen aus Moskau, allerdings nicht zur Freude der deutschen Kommunisten.

Hoffen auf die Krise

Der Ruhrkampf einte über Parteigrenzen hinweg die meisten Deutschen – von der linken Sozialdemokratie bis zu den reaktionären Deutschnationalen.[1] Nur KPD und NSDAP stimmten nicht ein in den antifranzösischen Aufschrei, sondern versuchten, ihre Sympathisanten gegen die jeweiligen innenpolitischen Gegner zu mobilisieren. Zur Offensive gegen die »Bourgeoisie« riefen die Kommunisten auf, gegen »Novemberverbrecher« und natürlich »Juden« die Nationalsozialisten.

Die KPD war Anfang 1923 eine Partei mit ansehnlicher Mitgliedschaft: Rund eine Viertelmillion Menschen, fast neun Zehntel davon Männer, zahlten monatlich Beiträge in Höhe von meist zwei bis drei Stundenlöhnen. Verglichen mit der anderen Arbeiterpartei konnten diese Zahlen kaum beeindrucken: Die SPD hatte fünfmal so viele Mitglieder; aus sozialdemokratischen Zeitungen informierten sich 1,5 Millionen Deutsche – selbst nach Angaben der *Roten Fahne* mindestens dreimal so viele wie aus KPD-Blättern.[2] Die NSDAP freilich zählte nur etwas mehr als 20 000 Mitglieder; ihre wichtigste Zeitung, der *Völkische Beobachter*, erreichte zweimal wöchentlich eine verkaufte Auflage von 50 000 Exemplaren.

Die Hochburgen der KPD lagen nicht im Ruhrgebiet, wo der Konflikt eskalierte, sondern im mitteldeutschen Industriegebiet, vor allem in Sachsen, ferner in Hamburg und Berlin. Daher gab es im besetzten Territorium relativ wenig potenzielle Unterstützer für die KPD; hier wirkte stärker die Propaganda ihrer französischen Genossen, die sich an die einmarschierten Truppen wandten, Flugblätter verteilten und sogar eine spezielle Soldatenausgabe ihrer Zeitung *Humanité* herausgaben. Das Ziel der französischen Kommunisten war klar: Die aggressive Politik der bürgerlich-nationalistischen Pariser Regierung gegen Deutschland sollte zum Scheitern gebracht werden, um Ministerpräsident Poincaré eine Niederlage beizubringen und so einer Revolution in Frankreich näher zu kommen.

Die KPD wollte zwar Reichskanzler Cuno schwächen, doch die naheliegende Methode, den von der Reichsregierung ausgerufenen passiven Widerstand zu unterminieren und zum Scheitern zu bringen, also indirekt den französischen Besatzungskräften im Ruhrgebiet zu helfen, stand angesichts der nationalen Aufwallung in der deutschen Arbeiterschaft und des entgegengesetzten Interesses der KP Frankreichs nicht zu Gebote. So rief die Zentrale, die kommunistische Parteiführung in Berlin, in einem kryptischen Doppelappell die KPD-Anhänger auf: »Schlagt Poincaré an der Ruhr und Cuno an der Spree!«[3] Das lief auf einen Waffenstillstand zwischen Reichsregierung und KPD im Ruhrgebiet hinaus, aber nur dort, während überall sonst die Offensive gegen den deutschen Staat fortgesetzt werden sollte – eine widersprüchliche Taktik. Selbst ein Schlussredakteur der Parteizeitung *Rote Fahne* verstand sie nicht, so dass er die Parole schmissig umformulierte: »Schlagt Cuno an der Ruhr und Poincaré an der Spree.« Ungewollt verkehrte er damit den Ansatz der Zentrale ins Gegenteil; angeblich wurde dieser Redakteur deshalb entlassen.[4]

Den eigentlichen Gedanken hinter dieser Taktik beschrieb der Deutschland-Experte der Kommunistischen Internationale wenige Tage später ganz offen in der *Roten Fahne*: »Falls die Krise sich so verschärft, dass beide Seiten nicht aus und nicht ein wissen«, schrieb Karl Radek unter seinem Pseudonym »R. Fuchs«, werde »die Frage der Macht aufgerollt.«[5] Dann nämlich gerate Deutschland in eine revolutionäre Situation. Radek setzte also auf die Verschärfung der Krise.

Doch im Gegenteil zerstritten sich die Fraktionen innerhalb der KPD einmal mehr. Beim Parteitag Ende Januar 1923 warf Ruth Fischer, Kopf der Berliner Bezirksleitung und zugleich des ultralinken Flügels, der Zentrale vor, mit dem Waffenstillstand im Ruhrkampf eine Tendenz »der Passivität, des Opportunismus und des Revisionismus« geduldet zu haben. Die angegriffene Parteiführung hielt ihr scharf entgegen, das Verhalten der Parteilinken sei ein »Verhängnis«, denn es untergrabe das Vertrauen der Mitglieder in die Zentrale.[6] Fischer beeindruckte das nicht; sie forderte weiter eine aktionistische Strategie: »Die Ruhrbesetzung hat den Zersetzungsprozess der kapitalistischen Wirtschaftsordnung in Deutschland in einer für die deutsche Bourgeoisie ausweglosen Weise verschärft«, formuliert sie in einer Resolution für den Bezirksparteitag der KPD in Essen am 25. März 1923: »In dieser Situation ist es die historische Aufgabe des deutschen Proletariats, durch Erkämpfung der politischen Macht in Deutschland die arbeitende Klasse Deutschlands vor grauer und endloser Sklaverei zu retten und die Einheit des proletarischen Deutschlands gegen jeden Imperialismus aufrechtzuerhalten.«[7]

Etwa zur gleichen Zeit verbreiteten sich Gerüchte, denen zufolge die Kommunisten die mächtigste Kraft im besetzten Gebiet seien: »Nach Mitteilungen von gut unterrichteter Seite ist die Zahl der Proletarischen Hundertschaften im Ruhrrevier und auch im Rheinland ständig im Wachsen begriffen. Es hat fast den Anschein, als ob dort eine Organisation nach dem Muster der Roten Armee aufgezogen werden soll«, zitierte der *Vorwärts* aus einem völkischen Berliner Pressedienst und ordnete die Meldung gleich ein: »Auf die Lächerlichkeit solcher Fantasiemeldungen hinzuweisen ist überflüssig.«[8]

Tatsächlich zeigte ein blutiger Zwischenfall am Karsamstag 1923, dass die meisten Arbeiter zumindest vorerst kein Interesse an einer Konfrontation mit den eigenen Arbeitgebern hatten, sondern vor allem gegen die Besetzung des Ruhrgebiets antraten. Französische Soldaten hatten in Essen Lastwagen des Krupp-Konzerns beschlagnahmen wollen, doch tausende aufgebrachte Mitarbeiter blockierten die Ausfahrt. Die Franzosen gerieten in Panik und schossen sich den Weg frei; dabei wurden 13 Demonstranten getötet und Dutzende weitere verletzt. Die SPD-nahen Gewerkschaften sahen in dem Vorfall »den neuesten und furchtbarsten, aber keineswegs den einzigen Fall von Hinschlachtungen unbewaffneter Arbeiter durch den französischen Militarismus.«[9] Der Trauerzug am 10. April war riesig; mindestens 60 000 Menschen, vielleicht auch doppelt so viele beteiligten sich. Im Reichstag fand zeitgleich eine Gedenksitzung statt, die schwarz-rot-goldenen Flaggen wehten auf Halbmast.

Die Wendung der KPD gegen die antifranzösische Einheitsfront in Deutschland bei gleichzeitigem Stillhalten im Ruhrgebiet führte offensichtlich nicht in die angestrebte revolutionäre Lage. Die Hoffnung auf ein Zuspitzen der Krise hatte sich zumindest bis auf Weiteres als Irrweg erwiesen. Also musste eine andere Taktik her.

»Schlageter-Linie«

Mitte Juni 1923 tagte das Exekutivkomitee der Kommunistischen Internationale in Moskau.[10] Dabei kritisierte der Deutschlandbeauftragte Karl Radek zunächst indirekt den aktivistischen ultralinken Flügel der KPD um Ruth Fischer: »Die deutsche Regierung versuchte, einen kommunistischen Aufstand an der Ruhr zu provozieren. Aber dieser Plan scheiterte an der kaltblütigen Besonnenheit der kommunistischen Partei.«[11] So dichtete Radek die gescheiterte Taktik, der er selbst Ende Januar das Wort geredet hatte, zum Erfolg um.

In Wirklichkeit hatte das Reichskabinett die kommunistische Agitation angesichts der existenziellen Herausforderung durch die Ruhrbesetzung als zweitrangig wahrgenommen. Zwar sei »ein ungehemmter Zustrom ausländischer Kommunisten nach Deutschland zu bemerken« und würden »insbesondere aus Russland sehr erhebliche Propagandagelder nach Deutschland überwiesen«, ohne dass es bisher den Behörden der Länder gelungen sei, »hier vorbeugend oder durch Beschlagnahme einzugreifen«, stellte das Innenministerium fest.[12] Doch ansonsten spielte die aktuelle kommunistische Gefahr im ersten Halbjahr 1923 eine geringe Rolle in den Beratungen der Regierung – wie auch die Nationalsozialisten.

Nach Radek berichtete bei der Komintern-Sitzung in Moskau Clara Zetkin über den »Kampf gegen den Faschismus« und provozierte mit einer überraschenden These: »Er ist keineswegs die Rache der Bourgeoisie dafür, dass das Proletariat sich kämpfend erhob. Historisch objektiv betrachtet kommt der Faschismus vielmehr als Strafe, weil das Proletariat nicht die Revolution, die in Russland eingeleitet worden ist, weitergeführt und weitergetrieben hat«, sagte die einflussreiche Revolutionärin und fuhr direkt gegen die bis dahin gültige kommunistische Deutung gerichtet fort: »Der Träger des Faschismus ist nicht eine kleine Kaste, sondern es sind breite soziale Schichten, große Massen, die selbst bis in das Proletariat hineinreichen. Über diese wesentlichen Unterschiede müssen wir uns klar sein, wenn wir mit dem Faschismus fertig werden wollen.«[13]

Nun ergriff erneut Radek das Wort: »Wir haben das weitausgreifende und tiefeindringende Referat der Genossin Zetkin über den internationalen Faschismus angehört. Ich kann diese Rede unserer greisen Führerin weder erweitern noch ergänzen«, sagte er und überraschte dann seine Zuhörerschaft: »Ich konnte sie nicht einmal gut verfolgen, weil mir immerfort vor den Augen der Leichnam des deutschen Faschisten stand, unseres Klassengegners, der zum Tode verurteilt und erschossen wurde von den Schergen des französischen Imperialismus, dieser starken Organisation eines anderen Teils unserer Klassenfeinde. Während der ganzen Rede der Genossin Zetkin über die Widersprüche des Faschismus schwirrte mir im Kopfe der Name Schlageter herum und sein tragisches Geschick.«[14]

Der völkische Terrorist Leo Schlageter war gut vier Wochen nach seiner Festnahme in Essen von einem französischen Militärgericht wegen Spionage und Sabotage zum Tode verurteilt und am 26. Mai 1923 exekutiert worden. Ministerpräsident Poincaré hatte mehrere Gnadengesuche abgelehnt; er wollte wohl seine Wählerschaft in Frankreich durch Härte beeindrucken und zugleich Nachahmer im Ruhrgebiet abschrecken. Die deutsche Öffentlichkeit reagierte mit einem erneuten Aufschrei; selbst der *Vorwärts* schrieb: »Der Erschossene war politisch ein Widerpart unserer Partei und die

Möglichkeit ist gegeben, dass sein Tun im Ruhrgebiet gerade auch vom deutschen Standpunkt aus verurteilenswert und verderblich war. Aber diejenigen, die über ihn zu Gericht saßen, und die anderen, die ihren Spruch vollstreckten, hatten dazu kein anderes Recht als das der Gewalt.«[15]

Ausgerechnet diesem Mann widmete nun ein führender Vertreter des internationalen Kommunismus eine Trauerrede. Dabei beschrieb Radek zutreffend die eigentlichen Ziele des Hingerichteten: »Schlageter sah in der Arbeiterklasse den Pöbel, der regiert werden muss.« Doch dann machte er eine atemberaubende Volte und erklärte die bisherigen Todfeinde zu natürlichen Verbündeten: »Will Deutschland imstande sein zu kämpfen, so muss es eine Einheitsfront der Arbeitenden darstellen, so müssen die Kopfarbeiter sich mit den Handarbeitern vereinigen zu einer eisernen Phalanx. Die Lage der Kopfarbeiter erfordert diese Einigung. Nur alte Vorurteile stehen ihr im Wege.« Der bis dahin gültige Grundsatz unbedingter Feindschaft gegen die völkisch-rechtsextreme Bewegung sollte auf einmal nur noch ein »altes Vorurteil« sein. Schließlich versprach Radek im Namen der KPD und der Komintern: »Wir werden alles tun, dass Männer wie Schlageter, die bereit waren, für eine allgemeine Sache in den Tod zu gehen, nicht Wanderer ins Nichts, sondern Wanderer in eine bessere Zukunft der gesamten Menschheit werden.«[16] Die Zuhörer, allesamt eingeschworen auf unbedingte Parteiloyalität, reagierten mit langanhaltendem Beifall; wenige Tage später erschien der Text in der *Roten Fahne*, dem wichtigsten KPD-Blatt.

Gedacht war Radeks Rede wohl als Versuch, Arbeiter aus dem völkisch-rechtsextremen Milieu zu lösen und sie für die KPD zu gewinnen, um auf diese Weise die Gegner zu schwächen und vielleicht sogar zu spalten. Verstanden wurde sie jedoch als Anbiederung – vor allem, weil nach Radeks Rede die nationalistischen Intellektuellen Arthur Moeller van den Bruck und Ernst von Reventlow eine publizistische Debatte anstießen. Extreme Linke und extreme Rechte schienen sich anzunähern; eine gemeinsame Broschüre mit den wichtigsten Beiträgen dieser Debatte erschien im Sommer 1923.[17] Selbst das Reichskabinett diskutierte über den Kurswechsel und hielt die »Ansätze einer gewissen Ideenübereinstimmung von Kommunisten und Deutschvölkischen« für bedenklich; »die anderen Parteien seien demgegenüber gelähmt«.[18]

Der persönliche Referent des Reichskanzlers Max von Stockhausen hatte erfahren, dass »beide Gruppierungen interne Verhandlungen« pflegten. Der 33-jährige Jurist fasste zusammen: »Anscheinend war die Idee aufgetaucht, in Süddeutschland eine Rechts- und in Norddeutschland eine Linksdiktatur zu errichten.« Stockhausen wunderte sich darüber: »Sicherlich ein merkwürdiger Gedankengang.«[19] Könnten Kommunisten und Völkische den Staat koordiniert in die Zange nehmen?

Verschärft wurde diese Sorge, als ausgerechnet Ruth Fischer, die Anführerin des ultralinken KPD-Flügels, vor völkisch-rechtsextrem gesinnten Berliner Studenten die Kerngedanken aus Radeks Moskauer Rede wiederholte und sie, obwohl selbst aus jüdischem Elternhaus, kräftig mit Antisemitismus würzte: »Wer gegen das Judenkapital aufruft, meine Herren, ist schon Klassenkämpfer, auch wenn er es nicht weiß.« Das steigerte sie noch: »Tretet die Judenkapitalisten nieder, hängt sie an die Laterne, zertrampelt sie.«[20] Als der *Vorwärts* einen Monat nach Fischers Auftritt diese Zitate veröffentlichte, dementierten weder die Rednerin selbst noch die KPD.[21]

Adolf Hitler hatte für den Schlageter-Kurs anders als

Moeller van den Bruck und Reventlow nur Spott übrig. Am 21. August 1923 höhnte er bei einer Rede in München: »Der Jude ahnt schon, was kommt. Er unternimmt den letzten großen Täuschungsversuch: Er färbt die KPD ›national‹. Und weil er fühlt, dass das noch zu wenig ist, gründet er sogar eine deutschvölkische KPD.«[22] Das nationalbolschewistische Experiment stieß bei der NSDAP auf wenig Interesse.

Radikalisierung in Mitteldeutschland

Parallel zu den Debatten um den Kurs der deutschen Kommunisten hatte sich ganz praktisch ein Einfallstor zur politischen Macht ergeben. Nach den Landtagswahlen von 1921/22 regierten sowohl in Sachsen wie in Thüringen sozialdemokratische Minderheitsregierungen mit Duldung durch die KPD. Ohnehin galt die SPD in beiden Ländern als besonders links, was am hohen Anteil vormaliger USPD-Anhänger lag. Nirgends in Deutschland lag eine Volksfrontpolitik, also die Überwindung der Spaltung der Arbeiterbewegung in einen reformorientierten und einen revolutionären Flügel, näher als in den beiden mitteldeutschen Ländern.[23]

Das Kabinett in Berlin hielt diese Entwicklung für ebenso gefährlich wie die entgegengesetzte Lage in Bayern: »In Sachsen und Thüringen werden Proletarische Hundertschaften als ›Abwehrorganisation gegen faschistische Unterdrückungsabsichten‹ unter dem Schutze der Staatsregierung gebildet«, warnte der Staatssekretär der Reichskanzlei Eduard Hamm am 15. April 1923 seinen Chef Wilhem Cuno: »Ihre Aufgabe soll sich nach den amtlichen Kundgebungen auf Versammlungsschutz, Saalschutz und Eigentumsschutz der proletarischen Körperschaften usw. beschränken.« Hamm glaubte solchen Beteuerungen nicht und empfahl: »Die staatsfeindlichen Bestrebungen der kommunistischen Partei müssen gerade, wenn die Partei als solche nicht aufgelöst werden soll, im Einzelnen aufs Schärfste bekämpft werden. Gegen kommunistische Hundertschaften kann ohne Weiteres aufgrund des Paragrafen 7 Ziffer 4 des Republikschutzgesetzes vorgegangen werden.« Er schlug auch ein Einschreiten gegen die KPD-Presse vor. Zugleich riet der Nationalliberale, auf dem rechten Auge keineswegs blind: »Staatsfeindliche Angriffe und Beleidigungen in den rechtsradikalen Blättern werden überall, auch in Bayern, nach dem Schutzgesetz schärfer zu verfolgen sein.«[24]

Die sozialdemokratisch-liberal-katholische Koalition des größten Landes Preußen verbot am 12. Mai 1923 die Proletarischen Hundertschaften, die nichts anderes waren als linke bewaffnete Milizen. Dagegen beschloss die sächsische SPD unter Leitung des erst 37-jährigen Ministerpräsident Erich Zeigner fünf Tage später, mit der KPD »proletarische Abwehrorganisationen« einzurichten, denen das Dresdner Innenministerium zudem Befugnisse als Hilfspolizei zuwies. Die Folgen zeigten sich umgehend: Diese Trupps traten aggressiv gegen Arbeitgeber und politisch Andersdenkende auf. Der Verband sächsischer Industrieller beklagte bei einem Termin in der Reichskanzlei am 16. Juni 1923 den »Terror der Straße« durch KPD-Anhänger. Versammlungsfreiheit gebe es nicht mehr, denn Redner könnten nur »gewissermaßen mit Erlaubnis der Kommunisten« auftreten. Der Reichsinnenminister zeigte Verständnis für die Klagen, konnte jedoch keine Abhilfe versprechen. Die Zustände seien die Folge der letzten Wahlen, die er nicht korrigieren könne. Möglich sei lediglich, den Reichszuschuss zur Finanzierung der Polizei in Sachsen zu streichen – eine wenig abschreckende Drohung.

»Als *Ultima ratio* bleibe die Verhängung des Ausnahmezustandes«, doch riet der Minister »aus politischen Gründen«
davon ab.[25]

Zeigner war eine eigenwillige Figur. Die Beamten in der
Reichskanzlei sahen in ihm den »Typ des verworrenen salon-
bolschewistischen Intellektuellen«.[26] Daran war zumindest
richtig, dass der Jurist aus bildungsbürgerlichem Elternhaus
stammte und erst um 1913 als junger königlich-sächsischer
Beamter mit der Sozialdemokratie in Kontakt gekommen war.
1919 trat er der SPD bei und rückte immer weiter nach links. –
gewiss auch, weil sein Eifer, die Justiz im Freistaat Sachsen
von ihrer traditionellen Königstreue zu befreien, immer wieder ausgebremst wurde. Im privaten Umgang eher versöhn-
lich, fast konfliktscheu, entwickelte er sich politisch zum
scharfen und bewusst verletzenden Polemiker. Diese Diskrepanz trug wohl dazu bei, dass er später von einem Gerichts-
sachverständigen als »Psychopath« beurteilt wurde.[27]

Jedenfalls verstärkte Zeigner seinen Konfrontationskurs
mit der Reichsregierung weiter. Am 16. Juni 1923 griff er öffentlich Kanzler Cuno und seine Politik gegenüber Frankreich heftig an. Mit Sachsen war nun nach Bayern ein zweites
Land offen in einen Konflikt mit Berlin getreten – nur von
der politisch anderen Seite. Cuno bestellte Zeigner nach Berlin ein und drohte ihm am 10. Juli, »persönlich und sachlich
ganz klar die Konsequenzen« zu ziehen. Sachsens Ministerpräsident räumte ein, sich »wegen der Kommunisten nicht
frei« zu fühlen: Die KPD-Fraktion im Landtag hatte eine Regierungserklärung verlangt, wie sich das von ihr geduldete
Kabinett Zeigner während der bevorstehenden Sitzungs-
pause verhalten werde. Indirekt drohten die Kommunisten
damit, dem Ministerpräsidenten ihre Unterstützung zu entziehen.[28]

Nur zwei Tage nach dieser vertraulichen Besprechung attackierte Zeigner die Reichsregierung im Dresdner Landtag erneut und kündigte an, auf eigene Faust Änderungen des Boden- und des Arbeitsrechts einzuleiten – Politikfelder, die laut Verfassung ausschließlich der Kompetenz des Reiches oblagen.[29] Cuno reagierte per Pressemitteilung und drohte, gegebenenfalls »alle Machtmittel rücksichtslos« einzusetzen.[30] In seiner erregten Antwort fragte Zeigner rhetorisch, ob die Reichsregierung sagen wolle, dass Sachsen und Thüringen einer »besonderen Oberaufsicht des Reiches« bedürften, weil ausgehend aus diesen Ländern ein Bürgerkrieg drohe.[31] Das war in der Tat genau das, was Cuno sagen wollte – immerhin hatte Zeigner schon am 16. Juni von »kommenden innerpolitischen, äußerst blutigen Auseinandersetzungen« gesprochen.[32]

Nun beklagte der sächsische Ministerpräsident die »verletzende Stellungnahme« aus Berlin. Sachsen und Thüringen, hieß es in einer förmlichen, allerdings nicht persönlich unterschriebenen Note aus Dresden, verlangten nichts Anderes, als dass die Reichsregierung »in der eindeutigsten Weise einen Trennungsstrich gegenüber den bewaffneten rechtsradikalen Organisationen« ziehe. Die Kritik am Gebaren der Roten Hundertschaften ignorierte Zeigner.[33] Der Sozialdemokrat war eindeutig auf Volksfrontkurs: mit der KPD gegen Reichsregierung und Reichswehr.

Zeigners Kollege in Thüringen, Ministerpräsident August Frölich, entwickelte sich in dieselbe Richtung. Schon am 22. Februar 1923 hatte seine SPD-Minderheitsregierung eine Notverordnung erlassen, die jede politische Versammlung genehmigungspflichtig machte, was in der Praxis zur Behinderung aller nicht sozialdemokratischen und nicht kommunistischen Treffen führte. Diese Verordnung wurde zwar auf

erheblichen Druck aus Berlin nach sechs Wochen wieder
aufgehoben, doch änderte das wenig an den Kräfteverhältnisse in Thüringen. Als Grund für die Behinderung bürgerlicher Parteien führte Frölichs Regierung stets die Nähe zu
Bayern an, wo rechte und rechtsradikale Kräfte die Oberhand
hatten. Bis Anfang August wuchs die Stärke der Proletarischen Hundertschaften im Land auf 8000 bis 9000 Mann.

Zur gleichen Zeit sandte der Berufsrevolutionär Woldemar Rose, seit März 1923 illegal in Deutschland und zuständig für den »M-Apparat« der KPD, den illegalen militärischen Arm der Kommunisten, einen Bericht nach Moskau.
Seit seinem Eintreffen hatte er demnach insgesamt 900 Proletarische Hundertschaften in Deutschland organisiert. De-
tailliert beschrieb er deren Zusammensetzung: »50 Prozent
aller Mitglieder der Hundertschaften sind Kommunisten,
30 bis 35 Prozent nichtorganisierte Arbeiter, 15 bis 20 Prozent
Sozialdemokraten.« Die meisten seien 25 bis 30 Jahre alt und
ehemalige Frontsoldaten des Weltkrieges; Jugendliche würden erst ab einem Alter von 17 Jahren aufgenommen. Rose
hob hervor: »Die Leiter der Hundertschaften sind in den
meisten Fällen Kommunisten. Sie sind aktiver, sogar dort, wo
die Mehrheit den Sozialdemokraten gehört. Die Mehrheit
der Kommandeure sind ehemalige Unteroffiziere und Feld-
webel. Offiziere gibt es.« In Sachsen und Thüringen, fügte
der aus Lettland stammende Bolschewik hinzu, stehe der
Aufbau »am besten«. Neben den offen auftretenden Proletarischen Hundertschaften organisierte er auch konspirativ
tätige »Fünfergruppen«. Ihre Aufgabe sollte »die Zerstö-
rungs- und Propagandaarbeit im Hinterland des Feindes
während des bewaffneten Kampfes, die Organisierung von
Aufständen, Beschädigungen von Eisenbahnen, Sprengung
von Brücken und anderes mehr« sein. Die Fünfergruppen

bestünden nur aus KPD-Mitgliedern: »Es wurde die Aufgabe gestellt, in ganz Deutschland etwa 280 Fünfergruppen zu bilden. Bis jetzt wurden etwa 160 Fünfergruppen organisiert.«[34] Die Bürgerkriegsarmee befand sich im Aufbau.

Todesstrafe als Programm

Irgendwann im Sommer 1923 traf sich am Lenbachplatz in München eine kleine Gruppe Männer, um über die Zeit nach dem ersehnten nationalen Umsturz zu sprechen. Eingeladen hatte, zusammen mit dem ehemaligen Polizeiprasident Ernst Pohner, der Richter Theodor von der Pfordten, beide tätig am Obersten Landesgericht Bayerns. Obwohl als Jurist im höheren Staatsdienst selbstverständlich der Verfassung Bayerns vom 14. August 1919 und damit auch der drei Tage zuvor beschlossenen Reichsverfassung verpflichtet, arbeitete er an einer neuen Ordnung und wollte »einiges davon in kleinstem Kreise erörtern«. Gekommen waren unter anderen der bekannte Historiker Karl Alexander von Müller, der NSDAP-Wirtschaftspolitiker Gottfried Feder – und Adolf Hitler. »Er setzte sich allein an einen kleinen Tisch, wo er alle vor Augen hatte«, erinnerte sich Müller, den seine Tätigkeit als Mitherausgeber der völkischen *Süddeutschen Monatshefte* zum Teilnehmer an der Besprechung qualifizierte.[35]

Was im Einzelnen erörtert wurde, merkte sich der Historiker nicht. Die Grundzüge des Entwurfes von der Pfordtens aber dürften einem Text entsprochen haben, der im November 1923 sichergestellt wurde. Demnach lautet der Paragraf 1: »Die Verfassung des Deutschen Reiches vom 11. August 1919 und die nach dem 9. November 1918 erlassenen Verfassungen der Länder sind aufgehoben.« Die Ergebnisse der demokratischen Revolution von 1918/19 sollten zurückgedreht werden. Im Paragrafen 2 hieß es: »Die Staatsgewalt, die Gesetzgebung, der Vollzug der Gesetze, die gesamte Verwaltung und die militärische Befehlsgewalt sind im Reich und in den Ländern auf Verweser übergegangen. Diese übertragen sie nach dem Bedarf an nur ihnen verantwortliche Amtsinhaber.« Dieser Einrichtung einer autokratischen Regierung auf allen Ebenen des Staates entsprach die völlige Entmachtung der gewählten Institutionen, wie Paragraf 3 bestimmte: »Alle parlamentarischen Körperschaften, die aufgrund der in Paragraf 1 genannten Verfassungen in Reich und Ländern gewählt worden sind, und alle auf Wahlen beruhenden Vertretungskörper in Provinzen, Kreisen, Gemeinden und Gemeindeverbänden sind aufgelöst.« Es folgte die denkbar härteste Strafbestimmung: »Wer an einer hiernach aufgelösten Körperschaft weiterhin teilnimmt und wer zur Teilnahme auffordert, wird mit dem Tode bestraft.«

Ohnehin war die Höchststrafe Pfordtens bevorzugtes Mittel: Das Leben verwirkt haben sollten alle ehemaligen Beamten, »die ihre Berufung, Anstellung oder Beförderung einer Partei verdanken«, falls sie sich weiterhin betätigten oder gegen ihre Entlassung wehrten. Ebenfalls alle, die sich solchen ehemaligen Beamten zur Verfügung stellten oder ihre Anweisungen ausführten (Paragraf 4), ferner Arbeiter, die streikten oder zum Streik aufriefen (Paragraf 13), und Personen, die das (laut Paragraf 14 pauschal eingezogene) Vermögen von Juden oder Kriegsgewinnlern versteckten (Paragraf 15). Eine ganze Serie weiterer todeswürdiger Vergehen definierte der Paragraf 24: »Tätlichkeiten« gegen die neue Regierung, die »bewusste Schädigung der Sicherheit und Wohlfahrt des Reiches und der Länder«, die »bewusste Bereicherung an der Not des Volkes« sowie jede Form von

Falschmünzerei. Hinzu kamen Straftatbestände des weiterhin geltenden Strafgesetzbuches, für die ebenfalls die Höchststrafe verhängt werden sollte: außer für Mord nun auch für
Raub, Notzucht und vorsätzliche gemeingefährliche Vergehen, zudem für Amtsmissbrauch durch Beamte und Bestech-
lichkeit sowie ähnliche Vergehen, für die eigentlich maximal
fünf Jahre Zuchthaus verhängt werden konnten. Der Paragraf 25 bestimmte: »Alle mit dem Tode bedrohten Verbrechen und Vergehen werden standgerichtlich abgeurteilt.«
Rechtsmittel gegen ein solches Urteil waren also ausgeschlossen, die Vollstreckung hatte umgehend zu erfolgen.

Geradezu mittelalterlich war Paragraf 27, laut dem der
Reichsverweser oder die Landesverweser gegen beliebige
Personen die »Reichs- oder Landesacht« verhängen konnten.
Das sollte gleichbedeutend sein mit dem Verlust jedes Rechts-
schutzes – wer geächtet war, konnte und sollte jederzeit ohne
weitere Umstände getötet werden. Zusätzlich bestimmte der
Entwurf: »Wer einem in Acht Erklärten Hilfe leistet, wird mit
dem Tode bestraft. Zuständig ist das Standgericht.« Wie ein
Witz mutet angesichts solcher in Paragrafen gegossenen
Willkür die vorletzte Regelung an: »Im Übrigen bleiben die
bisherigen Gesetze in Kraft.«[36]

Wie sehr Hitler auf diesen Entwurf Einfluss nahm, erinnerte Karl Alexander von Müller nicht genau; rückblickend
notierte er: »Die Übereinstimmung mit dem nationalsozialistischen Programm spielte eine große Rolle; in Zweifelsfäl-
len warf Hitler eine rasche befehlshaberische Entscheidung
hin, doch war kein Wort darunter, das mir geblieben wäre.«
Tatsächlich ähnelte die Ablehnung der demokratischen Revolution von 1918/19 und die enorme Ausdehnung der Todes-
strafe den 25 Punkten der NSDAP von Februar 1920, ebenso
die antisemitische Grundhaltung; hingegen hatten die sozia-

listischen Forderungen des Parteiprogramms wie Bodenre-
form, Verstaatlichungen und der Grundsatz »Gemeinnutz
vor Eigennutz« keine Entsprechung in von der Pfordtens
Entwurf. Müller nahm diese Diskussion und weitere, ähnliche Besprechungen über den Verfassungsentwurf angeblich
»nicht ernst«. Der besprochene Text erschien ihm »utopisch
und irreal, eine Konstruktion ins Blaue hinein«.[37]

Trotzkis deutsche Revolution

Bei den Bolschewiki in Moskau war die erst im Juni 1923
kreierte »Schlageter-Linie« einer Zusammenarbeit mit den
Völkischen sogar schon früher als in der öffentlichen Wahr-
nehmung wieder obsolet.[38] Angesichts der sich zuspitzenden
Krise in Deutschland, der nun galoppierenden Inflation und
des absehbaren Auseinanderbrechens der Reichsregierung
Cuno wuchs auf der extremen Linken die Sorge vor einem
unmittelbar bevorstehenden Rechtsputsch. Ein dagegen aus-
gerufener »Aktionstag« der KPD am 29. Juli war außer in
Sachsen und Thüringen sowie in Baden in allen deutschen
Ländern verboten worden: »Der von der kommunistischen
Parteileitung seit Wochen mit allen Mitteln propagierte Anti-
faschistensonntag endete mit einer Enttäuschung«, berichtete der *Vorwärts*, warnte zugleich allerdings: »Dieses Spiel
mit dem Bürgerkrieg ist ein Verbrechen, von dem sich die
Kommunisten nie reinwaschen können werden.«[39]

In Moskau stritten Anfang August führende Funktionäre,
ob man auf eine baldige Revolution in Deutschland setzen
oder die Genossen der KPD eher bremsen solle. Dabei ging
es allerdings nicht allein um die Verhältnisse in Deutschland,
sondern ebenso sehr um das Erbe des Revolutionsführers

Wladimir Lenin, der noch lebte, sich aber nach einem besonders schweren Schlaganfall im März 1923 nicht mehr artiku-
lieren konnte. In Moskau standen sich zwei Männer in der
Führung der Bolschewiki gegenüber: Leo Trotzki, der im
Sinne einer »permanenten Revolution« für die Unterstützung eines Aufstandes in Deutschland war, und Josef Stalin,
als Generalsekretär der Organisationschef der Bolschewiki,
der am 7. August 1923 an den Komintern-Chef Grigori Sinowjew schrieb: »Wenn heute in Deutschland die Macht sozusa-
gen stürzt und die Kommunisten sie aufheben, dann werden
sie mit Pauken und Trompeten scheitern. Im besten Falle. Im
schlechtesten wird man sie in Stücke hauen und weit zurück-
werfen.«[40] Zwei Tage später berief das Politbüro der russischen KP eine Sondersitzung »zur internationalen Frage«
ein, faktisch also zu Deutschland; dafür kehrte Trotzki eigens
aus dem Urlaub zurück.

Als die Sitzung zwei Wochen später stattfand, hatte sich
die Lage in Deutschland schon wieder deutlich verändert:
Wilhelm Cuno war als Kanzler nach nicht einmal einem
Dreivierteljahr zurückgetreten, an Stelle seines bürgerlichen
Kabinetts trat am 13. August 1923 eine Große Koalition aus
Links- und Nationalliberalen sowie dem katholischen Zentrum mit der SPD, geführt von DVP-Chef Gustav Stresemann. Die Gelegenheit für die Kommunisten, größere Teile
der oppositionellen Sozialdemokratie zum Aufstand gegen
eine bürgerliche Regierung zu bewegen, war vorüber.

Trotzdem behauptete Trotzki, »dass die Revolution in
Deutschland eine Angelegenheit der nächsten Monate oder
sogar der nächsten Wochen« sei. »Die Frage lautet: Entweder
die Revolution entfachen oder sie organisieren.« Er empfahl,
einen Zeitplan aufzusetzen: »Es müssen Termine festgesetzt
werden, und diesen Terminen muss die Vorbereitung fol-

gen.« Ausführlich zitierte der bürgerkriegserfahrene Revolutionär aus dem Bericht von Woldemar Rose. »Wenn die durchschnittliche Zahl der Mitglieder einer Hundertschaft mit nur 50 angenommen wird, dann haben wir schon circa 43 500, die kämpfen werden«, rechnete Trotzki vor: »Sehr bezeichnend ist ihre Stimmung – auf politische Versammlungen gehen sie nicht, auf den Übungsplatz gehen sie (dort wo dies möglich erscheint) mit Vergnügen, die Faschisten schlagen sie mit Begeisterung.«

Stalin widersprach: »Man kann Termine für Probe-Aktionen ins Auge fassen, einen Termin für die entscheidende Aktion kann man nicht festlegen.« Der Generalsekretär warnte vor Gefahren für die Sowjetunion insgesamt: »Mir scheint, es ist klar, dass die Hauptfrage, die hier vor uns steht, die Frage der Existenz unserer Föderation ist. Entweder scheitert die Revolution in Deutschland und erschlägt uns, oder die Revolution gelingt dort, alles läuft gut und unsere Lage ist abgesichert. Eine andere Wahl gibt es nicht.« Trotzki hielt dagegen: »Man muss festlegen, welcher Termin angepeilt wird. Sie messen dem eine zu große Bedeutung bei.« Die Geldentwertung und die sich rapide verschlechternde Lage der Bevölkerung spreche für eine Aktion. »Eine größere Gefahr liegt darin, dass die deutsche Revolution zu früh kommt«, also spontan und nicht ausreichend vorbereitet. Als sich Sinowjew kurz darauf auf Trotzkis statt auf Stalins Seite stellte, war klar, dass das Politbüro für eine baldige Revolution in Deutschland stimmen würde. Den entscheidenden Beschluss formulierte natürlich Trotzki: »Aufgrund der im ZK vorhandenen Materialien, insbesondere aufgrund der Briefe von Genossen, die die KP Deutschland führen, ist das ZK zur Einschätzung gelangt, dass das deutsche Proletariat unmittelbar vor entscheidenden Kämpfen um die Macht steht.« Aus diesem Grundsatzbeschluss folgten unmittelbar weitere Aufgaben: »Die werktätigen Massen der Union der Sowjetrepubliken sind auf die kommenden Ereignisse vorzubereiten. Die Kampfeinheiten der Union sind in den Mobilisierungszustand zu versetzen. Die deutschen Arbeiter sind wirtschaftlich zu unterstützen. Es sind entsprechende diplomatische Vorkehrungen zu treffen.«[41]

Dazu berief das Politbüro gleich eine Kommission. Die Bedeutung, die man der kommenden Revolution in Deutschland beimaß, zeigte sich in deren Zusammensetzung: Trotzki sowie das Triumvirat aus Generalsekretär Stalin, Komintern-Chef Sinowjew und dem amtierenden Regierungschef Lew Kamenew gehörten dazu, ferner Radek als Deutschlandexperte sowie der Volkskommissar für auswärtige Angelegenheiten, Georgi Tschitscherin; der Chef der Geheimpolizei Feliks Dscherschinsky wurde als Experte für die militärische Vorbereitung eingebunden. Dieser Kommission oblagen fortan die streng geheimen Vorbereitungen.

Der KPD-Vorsitzende Heinrich Brandler wurde umgehend in Kenntnis gesetzt, doch er bremste die Moskauer Genossen: »Die Lebensdauer der Stresemann-Regierung wird nicht allzu groß sein. Trotzdem glaube ich nicht daran, dass die nächste Welle, die bereits im Anzug ist, schon die Machtfrage entscheidet. Weder hat die Bourgeoisie die Kraft, jetzt die Stinnes-Diktatur aufzurichten, noch wir, die Arbeiter- und Bauernregierung zu schaffen.« Trotzdem habe sich die KPD so aufgestellt, »dass wir, wenn wir nicht ausweichen können, in sechs Wochen den Kampf aufnehmen können«. Eigentlich bevorzugte Brandler jedoch, »dass wir mit soliderer Arbeit in einem Zeitraum von fünf Monaten fertig sind«. Für wahrscheinlicher hielten er »und mit mir alle anderen Genossen der Zentrale« sogar eine Frist von sechs bis

acht Monaten. Nach seinem Willen sollte die Revolution in
Deutschland also frühestens Anfang 1924 beginnen, eher im
Frühjahr.

Für unnötig hielt Brandler Eile auch, weil der zweite
Hauptfeind neben der »Bourgeoisie« gerade nicht drängte:
»Die faschistischen Organisationen sind ziemlich betöbbert,
sie reden nicht mehr davon, uns jetzt niederzuschlagen, sondern haben direkt die Losung ausgegeben abzuwarten, bis
wir abgewirtschaftet haben, weil sie das Kommunisten-
Regime nicht mehr verhindern können. Erst wenn wir – wie
die SPD – pleite sind, so lautet ihre Instruktion, ist die Zeit
für sie gekommen.« Wie Brandler diese Einsicht gewonnen
hatte, verriet er nicht; man konnte diesen Eindruck allerdings aus Hitler-Reden im Juli und August 1923 durchaus
ableiten, auch wenn der NSDAP-»Führer« sich nicht ausdrücklich so äußerte.[42] Vielleicht meinte der KPD-Chef auch
Äußerungen anderer völkischer Anführer, die allerdings oft –
wenn überhaupt – in Zeitungen nur summarisch dokumentiert wurden.

Ohnehin neigte Brandler einer anderen Taktik als dem
offenen Aufstand zu – nämlich der Volksfront: »Politisch
werden wir, je mehr das Versagen der Stresemann-Regierung
breiterer Schichten bewusst wird, die Frage der Reichstags-
auflösung, der Sachwert-Erfassung und der Produktions-
kontrolle in den Vordergrund stellen. Der Ton soll gegen die
SPD-Arbeiter ein sehr warmer, gegen die SPD-Führer ein
sehr scharfer sein.«[43] Die Basis von den sozialdemokratischen Funktionären zu trennen, soweit diese nicht mit den
Kommunisten zu deren Bedingungen zusammenarbeite-
ten – das war Brandlers Rezept für den Griff nach der Macht
über Deutschland.

Sonderweg

Verfassungswidriger Alleingang: Aus Angst vor Hitlers wachsender Popularität brach Bayerns Regierung das Recht.

Auf den Abbruch des Ruhrkampfes reagiert Bayern so überraschend wie verfassungswidrig. Die NSDAP muss sich orientieren. Die neu aufgestellte Exekutive in München bedient Judenhass, um Sympathien zu sammeln.

Hitler in der Schweiz

Während in Moskau Pläne für eine proletarische Revolution in Deutschland geschmiedet wurden, verbrachte Hitler den größten Teil des August 1923 für seine Verhältnisse ruhig meist in München. Außer zwei Reden im Zirkus Krone absolvierte er nur eine Reise zu einem Treffen völkisch-vaterländischer Vereine in Neustadt an der Aisch.[1] Hinzu kam ein kurzer Gastauftritt beim Parteitag der »deutschösterreichischen Bruderpartei« in Salzburg am 14. August; den Grenzübertritt nahm er zum Anlass für einen zweitägigen Abstecher nach Linz.

Anfang der letzten August-Woche ergab sich die Möglichkeit zu einer Reise in die Schweiz – offenbar kurzfristig, denn Hitler sagte einen geplanten Auftritt in Lindau ab, angeblich wegen »Überanstrengung«. In Wirklichkeit beantragte er im Schweizer Konsulat in München ein Visum für eine achttägige »Studienreise« und bestätigte dabei, sich jeder politischen Tätigkeit zu enthalten.[2] Das Ziel war Zürich.

Hier hatte er eine besondere Mission: Er brauchte frisches Geld für seine Partei, vor allem für die Gehälter der leitenden Angestellten, und für sich selbst. Die Inflation der deutschen Währung gewann täglich an Tempo; der Verkaufspreis des *Völkischen Beobachters* pro Ausgabe beispielsweise war von 20 Mark im Dezember 1922 auf 60 000 Mark Ende August 1923 gestiegen.[3] Nur goldgedeckte Devisen hatten noch reellen Wert, in erster Linie der Dollar und der Schweizer Franken. Die höheren Funktionäre der völkischen Bewegung bekamen ihren Lohn regelmäßig in ausländischer Währung, um ihre Loyalität zu fördern. Allein die Arbeitsgemeinschaft

der Vaterländischen Kampfverbände benötigte für die Gehälter des Chefs Hermann Kriebel sowie fünf weiterer Offiziere und einer Schreibkraft zusammen fast tausend Franken pro Monat; bei NSDAP und SA war es ähnlich.[4] Hitler
musste jede Chance nutzen, an Devisen zu kommen.

Zusammen mit seinem auch in Berlin tätigen Geldbe-
schaffter Emil Gansser, aber ohne weitere Begleiter außer
einem Fahrer, absolvierte Hitler eine Reihe von Gesprächen
und Treffen.[5] Unter anderem war er bei einem Industriellen
in Schaffhausen und empfing in seinem Hotel an der Bahn-
hofstraße in Zürich einige Herren; am wichtigsten aber war
ein Treffen mit etwa 40 Zuhörern in der Villa von Ulrich
Wille, einem wohlhabenden Offizier der Schweizer Armee.
Ein Teilnehmer fertigte, mutmaßlich nach stenografischen
Notizen, eine vierseitige Zusammenfassung von Hitlers Ausführungen an, in der sein Name nicht vorkam; stattdessen
hieß es in der Einleitung nur: »Ein bayerischer Politiker, der
in der nächsten Zeit eine größere Rolle zu spielen berufen
sein kann, äußerte sich in einer Unterredung am 30. August
1923 wie folgt.«[6] Anhand der angesprochenen Themen und
der typischen Formulierungen steht jedoch fest, dass es sich
um Hitler handelte.[7]

Zunächst nannte er »die politische Instabilität der Weimarer Republik eines der Hauptprobleme Deutschlands«. Das
Mitte August angetretene Kabinett Stresemann, so Hitler
weiter, werde ebenso wenig wie die Regierung Cuno die Inflation stoppen können und deshalb an der »Ernährungs-
frage« scheitern. Zugespitzt behauptete er, der Hunger sei
schon ausgebrochen, besonders bei der Arbeiterschaft in den
Städten, die sogar schon Äcker plünderten. »Es ist der Polizei
ganz unmöglich, überall zu sein, und zudem ist sie schon
ganz bolschewistisch angesteckt.« Hitler passte sich den Er-

wartungen seiner Zuhörer an: Während er in seinen Reden in München in der Regel den Versailler Vertrag für die Lage verantwortlich machte und das »internationale jüdische Börsenkapital« attackierte, hielt er sich in Zürich mit antisemitischen Ausfällen ganz zurück und beschränkte sich darauf, für die allernächste Zukunft den Ausbruch der kommunistischen Revolution in Deutschland vorauszusagen. Für die Zuhörer war eine »Sowjetisierung« des großen Nachbarlands eine Horrorvision. Weil jede parlamentarische Regierung aus Rücksicht auf ihre Wählerschaft stets davor zurückschrecke, ökonomische Probleme richtig anzupacken, werde sich die Lage weiter verschlechtern und ein bolschewistischer Aufstand zwangsläufig folgen. Weder von der Reichswehr noch vom Bürgertum sei hinreichender Widerstand zu erwarten. Zumindest im Norden Deutschlands werde der Kommunismus daher siegen; einzig in Bayern lägen die Dinge anders, weil das Bürgertum die Räterepublik im April 1919 erlebt hatte. Die Regierung habe die Bildung schlagkräftiger antikommunistischer Truppen ermöglicht, allen voran der NSDAP. Bei einem Ausbruch der Revolution würden sich diese Truppen den Kommunisten entgegenstellen und nach Berlin marschieren. Deswegen bestehe Hoffnung, dass die Dinge nicht so verlaufen würden »wie in Russland«, sondern »wie in Italien mit der Diktatur eines Mussolini«. Die Regierung werde aber eine »viel schwierigere Aufgabe« haben, weil »die Revolution Verhältnisse geschaffen hat, die nur mit der größten Rücksichtslosigkeit und mit der Opferung von Tausenden von Existenzen wieder auf die richtigen Gleise gebracht werden können«. Hitlers Rede endete mit einer klaren Ansage: »Ein Mittelding zwischen der Diktatur des Proletariats oder der Diktatur von rechts gibt es nicht.«[8]

Offenbar beeindruckten die Ausführungen nachhaltig.

Jedenfalls übergaben ihm einige Zuhörer Bargeld; die genaue Summe hielt niemand fest – es dürften nach Erkenntnissen der bayerischen Behörden mehr als 33 000 Schweizer Franken gewesen sein.[9] Mit dem Geld waren die Gehälter für Dutzende Angestellte der Partei und der SA, die oft rund 80 Franken pro Monat bekamen, sichergestellt, außerdem Hitlers eigene Ausgaben. Dennoch blieb die Finanzlage prekär. »Die nationalsozialistische Organisation lebte finanziell von einem Tag auf den anderen«, erinnerte sich Kurt Lüdecke: »Manchesmal, wenn Plakate für ein weltbewegendes Treffen geklebt werden sollten, fehlte uns das Geld, um den Klebstoff zu bezahlen.«[10]

Treue und Untreue

Nicht nur die Loyalität der höheren Funktionäre der völkisch-rechtsextremen Bewegung musste im Hochsommer 1923 mit Devisen gefestigt werden. Auch ganz normale Hitler-Anhänger waren Anfechtungen ausgesetzt – jedenfalls hatte die SA-Führung um den Weltkriegs-Fliegerhelden Hermann Göring diese Sorge. Die Verhältnisse im rechten Lager waren tatsächlich konfus – nicht nur, aber vor allem in Bayern. Die noch relativ einheitlichen, 1921 auf französischen Druck hin verbotenen Einwohnerwehren waren in zahlreiche Gruppen und Grüppchen zerbrochen. Alle konkurrierten um dieselbe Anhängerschaft aus national gesinnten Frontveteranen des Weltkriegs und jungen Männern, die nicht mehr zum Kampfeinsatz gekommen waren. Also warb man sich gegenseitig Anhänger ab. Das war nicht so schwer, weil alle Verbände im konservativen bis völkischen Lager sich ähnlicher Slogans bedienten. Oft bestimmten eher persönliche Beziehungen, wer in welche Gruppe ging, als wirklich politische Unterschiede.

Hermann Göring, seit kurzem oberster SA-Führer, gliederte in einem Befehl an seine Untergebenen das rechte Spektrum nach Partnern und Konkurrenten auf. Er ging aus von der Arbeitsgemeinschaft der Vaterländischen Kampfverbände, zu der vor allem die SA, der Bund Oberland und der in Franken sowie in München starke Wehrverband Reichsflagge zählten. Gemeinsam war allen, dass sie sich zu Hitler bekannten. Deshalb sollte sich die SA hier nicht um Überläufer bemühen.

Etwas ferner, nämlich nur in »losem Verhältnis« zur NSDAP, aber doch für Göring auf der richtigen Seite standen die Vereinigten Vaterländischen Verbände Münchens und das Zeitfreiwilligenkorps München. Von beiden Gruppen erwartete die SA-Führung, dass sie »unserem Verband gelegentlich« beitreten würden, weshalb unter ihren Mitgliedern auch nicht offensiv für die Hitler-Bewegung geworben werden sollte.

Dagegen sah Göring den Bund Wiking, den indirekten Nachfolger der verbotenen Organisation Consul und der Marinebrigade Ehrhardt, als Konkurrenz; er habe »zum Kampf mit allen Mitteln gegen die Partei sowie gegen die SA« aufgerufen: »Wir bedauern das umso mehr, da wir immer den Standpunkt vertreten haben, dass der Wikingbund eigentlich in unsere Reihen gehörte.«

Zum Bund Blücher, einer in Oberbayern und Teilen Frankens aktiven Organisation, fiel Göring nur ein, es handele sich um ein »verworrenes Unternehmen« von nicht »großer Bedeutung«, wenngleich »mit dem Bund Wiking eng verschwägert«.[11] Das politische Ziel des Blücherbundes allerdings unterschied sich wenig von dem der Arbeitsgemeinschaft:

»Wir wollen also einen deutschen Umsturz, eine gesamt-
deutsche völkische Revolution.«[12] Großes Potenzial für neue
SA-Mitglieder sah Göring hier offenbar nicht.

Ganz anders bei der wichtigsten Konkurrenz der Arbeitsgemeinschaft um Anhänger: dem Bund Bayern und Reich
unter dem Kommando von Otto Pittinger. Es handelte sich
um die inoffizielle Nachfolgeorganisation der Einwohnerwehren; nur ein kleiner Teil war unter Ernst Röhms Führung
in die Arbeitsgemeinschaft der Radikalen eingetreten. Mit
mehr als 50 000 Mitgliedern, davon 37 000 im wehrfähigen
Alter zwischen 18 und 45 Jahren, handelte es sich beim Bund
Bayern und Reich um den mit Abstand größten paramilitärischen Verband, der zugleich beste Verbindungen zur do-
minierenden Bayerischen Volkspartei wie zur regionalen
Reichswehr pflegte. Deshalb ordnete Göring an: »Im Bund
Bayern und Reich zu werben, bestehen keine Bedenken,
denn aktivistisch und völkisch gesinnte großdeutsche Männer gehören dort nicht hin.«[13]

Doch einen Wettbewerb um Treue und Untreue von Anhängern gab es nicht nur hin zur Hitler-Bewegung, sondern
auch in der entgegengesetzten Richtung. Da viele Mitglieder
von Wehrverbänden in den Gruppen neben der Bestätigung
ihrer grundsätzlich völkischen, oft auch antisemitischen Ansichten vor allem nach Gemeinschaft, militärischer Ausbildung und dem Umgang mit Waffen suchten, bestand auch
für die Arbeitsgemeinschaft der Vaterländischen Kampfverbände und die SA stets die Gefahr, Anhänger an andere
Gruppen zu verlieren, die bessere Kontakte zur Reichswehr
hatten.

Auf einen »Zersetzungsprozess« der NSDAP hoffte Bayerns Innenminister Franz Xaver Schweyer. Dem württem-
bergischen Gesandten in München Carl Moser von Filseck

sagte er am 1. September 1923, die Hitler-Bewegung habe »entschieden an Zugkraft verloren, seitdem die Nationalsozialisten sich bei verschiedenen Gelegenheiten« wie dem 1. Mai »ziemlich blamiert« hätten.[14]

Offenbar sah Hermann Göring das ähnlich wie der wichtigste NSDAP-Gegner in der bayerischen Regierung. Jedenfalls schickte der SA-Chef etwa zeitgleich einen weiteren Befehl an seine »Bezirksführer«; seine Weisung war vertraulich, wurde allerdings prompt an die sozialdemokratische *Schwäbische Tagwacht* in Stuttgart weitergegeben. Der Befehl des SA-Chefs las sich dramatisch: »Beim Oberkommando sind von einzelnen Stellen Meldungen eingegangen, dass die örtlichen Reichswehrbehörden direkt mit unseren Unterführern in Verbindung treten und unter allerhand sonderbaren Vorspiegelungen versuchen, einen Keil zwischen das Oberkommando der SA und die einzelnen SA-Trupps und Hundertschaften zu treiben.« Die Reichswehr wolle »auf diesem Wege die Vaterländischen Kampfverbände in die Hand bekommen, will sie örtlich an die Reichswehrstellen durch Sonderverpflichtungen binden und auf diese Weise für den Notfall bei inneren Unruhen unseren geschlossenen Aufmarsch unmöglich machen«. Göring stellte das Risiko als existenziell dar: »Man will uns praktisch zerschlagen beziehungsweise uns unselbstständig machen. Und zwar nicht nur die SA, sondern alle nationalen Kampfverbände. Augen auf und vorsichtig an allen Stellen.«[15]

Heerschau

Den wichtigsten Unterschied der Hitler-Bewegung zu ihren Konkurrenten im rechten Spektrum machte die Bereitschaft zur Radikalität aus, die der NSDAP-Chef persönlich verkörperte.[16] Schon bei der Versammlung der vaterländisch gesinnten Verbände auf dem Königsplatz am 16. August 1922, als seine Anhänger vielleicht ein Prozent der Zuhörer ausgemacht hatten, hatte er mit seiner hemmungslosen Rhetorik die Wahrnehmung dominiert; ähnlich beim »Deutschen Tag« in Coburg und beim ersten Reichsparteitag Ende Januar 1923. Am 1. und 2. September stand die nächste Gelegenheit an, diesmal in Nürnberg. Zum schon vierten derartigen Treffen der Völkisch-Nationalen kamen rund 100 000 Teilnehmer, um ihre Stärke zu demonstrieren; durch eine Art Heerschau wollten sie potenzielle Unterstützer interessieren und mutmaßliche Gegner einschüchtern. Wieder machten Mitglieder von NSDAP und SA nur den deutlich kleineren Teil aus, doch wieder gelang es Hitler, besonders viel Aufmerksamkeit auf sich zu ziehen.

Vergeblich hatte Nürnbergs liberaler Oberbürgermeister Hermann Luppe versucht, die Aufmärsche zu begrenzen und zumindest aus der Innenstadt herauszuhalten; er scheiterte an der offenen Unterstützung, die seine eigene kommunale Polizei und ihr Chef den Völkischen gewährten. In seinem offiziellen Bericht lobte der den »glanzvollen Begrüßungsabend« und die »Begeisterung, wie sie Nürnberg seit 1914 nicht mehr erlebt« habe. Über den Marsch durch die Innenstadt hielt der Polizeichef fest: »Die Straßenzüge waren in ein Meer von schwarz-weiß-roten und weiß-blauen Fahnen gehüllt. Brausende Heilrufe der Straßen, Gehsteige und Fenster in dichtgedrängten Massen füllenden Bevölkerung umtosten Ehrengäste und Zug. Zahllose Arme streckten sich ihm mit wehenden Tüchern entgegen. Ein Regen von Blumen und Kränzen schüttete sich von allen Seiten über ihn. Es war wie ein freudiger Aufschrei Hunderttausender Verzagter, Verschüchterter, Getretener, Verzweifelter, denen sich ein Hoffnungsstrahl auf Befreiung aus Knechtschaft und Not offenbarte.«[17]

Angesichts so eindeutig verteilter Sympathien bei der für Sicherheit zuständigen Behörde trat die Arbeiterbewegung, in der fränkischen Industriestadt traditionell stark, lieber nicht auf. »Nürnberg galt immer als eine ›rote‹ Stadt. Aber angesichts der erdrückenden Fülle von Hakenkreuzlern verhielten sich die ›Roten‹ still«, notierte ein Journalist, der den »Deutschen Tag« als Korrespondent verfolgte: »Nachts gab es ein paar Prügeleien, wie das in Bayern so ist. Am nächsten Morgen sah man etliche verbundene Köpfe, doch Ernstliches geschah nicht. Die Arbeiter blieben unsichtbar, das Straßenbild wurde völlig vom Hakenkreuz, der feldgrauen Kappe und den schwarz-weiß-roten Fahnen beherrscht. Wäre in dieses Pulverfass ein Funke gefallen, es hätte ein Blutbad sondergleichen gegeben.«[18]

Hitler tat viel, um genau diesen Funken zu schlagen. Am 2. September nachmittags hielt er eine Ansprache in der Nürnberger Festhalle und abends drei Reden nacheinander, die wie bei seinen Serienauftritten in München üblich alle ähnlichen Inhalts waren.[19] Sogar die *New York Times* registrierte die wesentlichen Aussagen seiner »Brandstifter-Rede« und zitierte: »Wir müssen eine neue Diktatur bekommen! Wir brauchen kein Parlament, keine Regierung wie die gegenwärtige. Wir können Deutschlands Rettung von der gegenwärtigen Koalition nicht erwarten, sondern ausschließlich durch eine Diktatur.«[20] Ganz ähnlich ordnete die liberale *Frankfurter Zeitung* den Auftritt ein, obwohl der Berichterstatter offenbar nur eine der vier Reden Hitlers mitbekommen hatte, die er allerdings »blutrünstig« nannte: »Da donnerte er, dass – wie die äußeren Zustände, so auch die inneren – nur mit Gewalt geändert werden könnten. Vor den schwersten Blutopfern dürfe man nicht zurückschrecken. Wer diese Politik nicht mitmachen wolle, der müsse mit Gewalt niedergeschlagen werden.«[21]

Am Rande des »Deutschen Tages« benannte sich die Arbeitsgemeinschaft der Vaterländischen Kampfverbände um. Der neue Name Deutscher Kampfbund betonte den Führungsanspruch im völkischen Milieu; treibende Kraft war nicht Hitler, sondern Erich Ludendorff, der eine eigene, ihm verpflichtete Massenbasis etablieren wollte. Die militärische Leitung übernahm Hermann Kriebel, zuvor in identischer Stellung bei der Arbeitsgemeinschaft tätig. Als Geschäftsführer setzte Hitler seinen Vertrauten Max Erwin von Scheubner-Richter durch; die Position des politischen Leiters blieb vorerst unbesetzt.

Nach dem Ende der Veranstaltung wurde die Heerschau der Völkischen doch noch blutig: Bei Zusammenstößen in einem Arbeiterviertel kam es zu einer Schießerei, bei der ein 50-jähriger Sozialdemokrat, Vater von fünf Kindern, getötet und ein weiterer schwer verletzt wurden. Der *Vorwärts* berichtete: »Die Polizei verhielt sich völlig passiv.«[22] Anschließend griffen linke Arbeiter in einigen Nürnberger Fabriken bekannte Teilnehmer des »Deutschen Tages« an. Die Stimmung wurde immer explosiver.

Wie viele Veranstaltungen unter Beteiligung der NSDAP 1922/23 umwaberten auch das Treffen in Nürnberg Putschgerüchte. Diesmal war die Rede davon, dass aus der Heerschau im Nordosten Bayerns ein Marsch ins benachbarte, von der SPD unter Duldung der KPD regierte Thüringen werden könnte. Die Möglichkeit galt immerhin als so wahrscheinlich, dass Bayerns Reichswehr-Kommandeur Lossow offiziell über die Möglichkeit eines »Putsches der Rechtsradikalen« informiert und ersucht wurde, während eines Manövers »auf ein mir telegrafisch oder telefonisch übermitteltes Stichwort unverzüglich nach München zu kommen«.[23] Tatsächlich gab es keine Pläne, von Nürnberg aus nach Thüringen ein- oder gar bis zur Reichshauptstadt durchzumarschieren; dafür hatte Hitler die 100 000 Teilnehmer des »Deutschen Tages« zu wenig im Griff.

Strategiewechsel

Trotzdem beschäftigte genau dieses Motiv eines »Marsches auf Berlin« Hitler in den folgenden Wochen stark. Schon bei seinem Besuch in der Schweiz hatte er davon gesprochen, und am 5. September 1923 erklärte er bei einem Auftritt im Zirkus Krone: »Es gibt nur zwei Möglichkeiten – entweder marschiert Berlin und endet in München, oder München marschiert und endet in Berlin!« Es könne »kein Nebeneinander geben eines bolschewistischen Norddeutschlands und eines nationalen Bayern.«[24] Auch gegenüber einem Vertreter der US-Agentur United Press sagte er es ähnlich – die deutsche Übersetzung des Zitats aus der auf Englisch veröffentlichten Meldung lautete: »Wenn München im gegebenen Augenblick nicht auf Berlin marschiert, wird Berlin auf München marschieren.«[25] Am 7. Oktober in Bamberg forderte er einmal mehr öffentlich, den »Marsch nach Berlin anzutreten«.[26] Eine Woche später rief er, Bayern müsse »den Kampf gegen Berlin beginnen«.[27] Am 19. Oktober malte er sich aus, das Hakenkreuz werde bald »vom Berliner Königsschloss herabwehen«[28] Vier Tage später versprach er auf einer internen Versammlung von SA-Führern, die auch im *Nachrichtenblatt der SA* erschien, das »Aufrollen der deutschen Frage in letzter Stunde von Bayern aus« und kündigte den »Aufruf einer deutschen Freiheitsarmee unter einer deutschen Regierung in München« an. Die Rede gipfelte in der Zusage, die »Hakenkreuzfahne auf dem Reichstagsgebäude in Berlin zum Zeichen der Befreiung Großdeutschlands« zu hissen.[29]

Allerdings war Hitler nicht der einzige, den im Herbst 1923 solche Vorstellungen umtrieben. Schon seit längerem erwogen Münchner Kreise um Gustav von Kahr, einen Umsturz in der Reichshauptstadt herbeizuführen. Eigentlich Regierungspräsident von Oberbayern, also Spitzenbeamter, hatte er schon 1920/21 anderthalb Jahre als Ministerpräsident amtiert. Von Statur klein und gedrungen, wirkte Kahr stets beherrscht und vorsichtig, aber zugleich kraftvoll. Ein zäher Wille zeichnete ihn aus, Verlässlichkeit – aber zugleich war sein Gemüt eher bedächtig und persönlicher Ehrgeiz fehlte ihm. »Alles eher als ein Volksmann«, beschrieb Karl Alexander von Müller den Generalstaatskommissar.[30]

Gustav von Kahrs Ziel war die Errichtung einer Diktatur, die Präsident, Parlament und Parteien ausschalten sollte. Stattdessen würde ein »Direktorium« genanntes Gremium reaktionärer Persönlichkeiten gestützt auf die Reichswehr die Macht ausüben. Als Voraussetzung dafür galt die »Ordnungszelle Bayern«, gedacht als ruhender Pol im Chaos. In einer Regierungserklärung im Bayerischen Landtag hatte Kahr am 16. Juli 1920 verkündet: »Zu den wichtigsten Grundlagen des Staates gehören Ruhe, Ordnung und Sicherheit als Voraussetzung eines gesunden sozialen Lebens und Fortschritts«, und gleich hinzugefügt, was mit Kritikern zu geschehen habe. »Wer hierin unseren staatlichen Neubau stört, ist uns ein Staatsfeind und muss sich gefallen lassen, als solcher behandelt zu werden.«[31] Teil dieses Konzeptes war es, die Vaterländischen Verbände als Unterstützer zu gewinnen – sie sollten eine Massenbasis bilden, wie sie die linken Parteien in der Arbeiterbewegung hatten.

Meist unter dem Schlagwort »Direktorium« wurde überall in Deutschland über einen konservativen Staatsstreich gesprochen – auch in Berlin im Umfeld des höchsten Soldaten der Republik, des Chefs der Heeresleitung Hans von Seeckt. Der 57-Jährige, ein »preußischer General vom Kopf bis zum Fuß«, war nach Meinung seiner Freunde wie seiner Gegner sowohl klug wie geschickt, zugleich ein »großer Schweiger« wie sein legendärer Vorgänger aus dem 19. Jahrhundert, Helmuth von Moltke der Ältere.[32] Einerseits galt Seeckt als scharfer Gegner des Parlamentarismus und besonders der seiner Ansicht nach destruktiv tätigen SPD-Abgeordneten; der »Kampf gegen die Sozialdemokraten«, fand er, werde »nicht oder noch nicht mit der wünschenswerten Schärfe« geführt. Das liege vor allem an der Machtstellung der SPD in Preußen, »die ihr im Wesentlichen von den bürgerlichen Parteien ohne Not bisher eingeräumt« worden sei. Auch meinte Seeckt, dass »die fast restlos unter sozialdemokratischer Leitung stehende preußische Regierung gefährlicher für die politische Entwicklung des Reiches« sei als die Reichsregierung.[33] Andererseits stand der Chef der Heeresleitung zum Reichspräsidenten Friedrich Ebert, obwohl der Sozialdemokrat und überzeugter Parlamentarier war. Seeckt hielt die Ablösung der von Parteien gestützten Regierung durch eine autoritär herrschende Gruppe für unbedingt wünschenswert – aber eben nur auf Weisung des Staatsoberhauptes. Sein Ziel war ein Coup d'État von oben.

Im September 1923 wurde ein mögliches »Direktorium« in Deutschlands konservativer und reaktionärer Oberschicht Dauerthema.[34] Ausweislich der wenige Monate später sicher-gestellten Korrespondenz und der Zeugenvernehmungen im Zuge der Ermittlungen für den Hitler-Prozess fanden in Bayern eine Vielzahl von Gesprächen statt, die immer um ein »Direktorium« in unterschiedlicher Zusammensetzung kreisten, das wesentlich von München aus, zumindest aber mit Unterstützung aus der Landeshauptstadt in Berlin instal-liert werden müsste. General Lossow etwa sagte aus, er sei »seit dem Sommer 1923 von befreundeter Seite aus dem Nor-den darüber orientiert, dass man dort die Rettung aus den immer unmöglicher werdenden Verhältnissen in Deutsch-land von einem Direktorium erhoffe«. Er beschrieb es als »rechts eingestelltes, rein nationales« Gremium »mit diktato-rischen Vollmachten, das unabhängig sein sollte von parla-mentarischen Einflüssen und parlamentarischen Hemmun-gen«. Bestehen sollte es »aus wenigen, vollkommen homogen eingestellten Männern«. Ihre Aufgabe sei, »die nötigen durchgreifenden Maßnahmen« zu treffen und Deutschland zu retten.[35]

In diese Überlegungen eng eingebunden war Hermann Kriebel, der militärische Leiter des Deutschen Kampfbundes. Der große, rein körperlich eindrucksvolle Mann war geistig eher unbeweglich: mehr ein Organisator vorgegebener Auf-gaben als ein eigenständiger, gar politischer Kopf; Minister-präsident Knilling nannte ihn sogar »unbelehrbar«.[36] Am 27. August 1923 hatte der Reichswehr-Oberstleutnant Hans-Georg Hofmann, immerhin Stadtkommandant von Ingol-stadt, Kriebel schriftlich angekündigt: »Die Bildung des Di-

rektoriums angesichts der wirtschaftlichen Katastrophe halte
ich für vordringlich. Ist diese Sache fertig, dann sind Sie tatsächlich der Prokurist des Unternehmens.« Hofmann gehörte gleichermaßen zur Reichswehrspitze in Bayern wie zu
den Köpfen der Wehrverbände. Kaum missverständlich
schrieb er weiter: »L. hat mit mir anderthalb Stunden lang
die Sache durchgesprochen« – damit war Lossow gemeint.
Abschließend machte Hofmanns Brief Kriebel ein direktes
Angebot: »Es liegt nur an Ihnen, die Macht zu ergreifen.«[37]

Unmittelbar nach Eintreffen dieses Briefes entfaltete der
Empfänger ausweislich seines Kalenders hektische Aktivität:
Er empfing wiederholt die Anführer verschiedener Wehr-
verbände und NSDAP-Vertreter wie Alfred Rosenberg, traf
sich mit Ludendorff, aber auch mit dem Publizisten Oswald
Spengler »betreffend Zusammenarbeiten mit Norddeutsch-
land«. Mit Münchens früherem Polizeipräsidenten Ernst
Pöhner sprach er »betreffend Führung«, mit Ministerpräsi-
dent Knilling beriet er »betreffend Reichswehr«.[38] Ihm bot
Kriebel »sogar das Ehrenpräsidium des Kampfbundes« an.[39]
Mit Hitler allerdings traf er sich außer am 2. September am
Rande des »Deutschen Tages« in Nürnberg erst wieder am
25. September 1923.

Thema war ziemlich sicher Kriebels am Tag zuvor abge-
schlossener »Vorschlag für ein Aktionsprogramm des Deutschen Kampfbundes«. In diesem Papier hieß es einleitend:
»Die bisherige Taktik des Kampfbundes in seinem Kampf
um die Erringung der politischen Macht in Bayern hat sich
nicht bewährt.« Man müsse das Falschspielen beenden,
schrieb der militärische Leiter, wobei er seine harsche Feststellung dezenterweise mit einer französischen Formel ka-
schierte: »corriger la fortune«. Ferner müssten die inneren
Kräfteverhältnisse bedacht werden: »Wichtiger ist es, der

Landespolizei sicher zu sein als der Reichswehr, deren Einsatz für die Münchner Regierung primär nicht in Frage kommt.« Bisher hatten die Armee und die Kontakte zu ihrem Offizierskorps im Vordergrund gestanden.

Realistisch beurteilte Kriebel die bisherigen Leistungen seiner eigenen Organisation: »Ich bin der Auffassung, dass sich die Kampfverbände ein zweites Mal einen 1. Mai nicht leisten können, denn im Grunde genommen stellt der 1. Mai für die Kampfverbände nichts anderes als einen geordneten Rückzug dar, und zwar einen Rückzug selbstverständlich nicht vor dem Marxismus, sondern vor den Machtmitteln des Staates.« Diese zutreffende Lagebeurteilung führte den ehemaligen Front- und Stabsoffizier, der nach dem verlorenen Weltkrieg zu den führenden Köpfen der Wehrverbände in Bayern gehörte, zu einem klaren Schluss: »Die Kampfverbände werden ihre eigentliche Aufgabe, die Niederkämpfung des Marxismus, erst dann mit Erfolg betreiben können, wenn sie in Bayern im Besitz der staatlichen Machtmittel sind. Das heißt: Das wie in jedem anderen Staat auch in Bayern wichtigste Ministerium, das Staatsministerium des Innern, muss von einem Vertrauensmann der Kampfverbände besetzt sein.«

Kriebel stellte die bisherige Taktik der völkisch-rechtsextremen Bewegung auf den Kopf: »Die Nationale Revolution darf in Bayern der Übernahme der politischen Macht nicht vorausgehen, sondern die Besitzergreifung der polizeilichen Machtmittel des Staates bildet die Voraussetzung für die Nationale Revolution.« Es müsse versucht werden, die Polizeimacht des Staates auf einem »wenigstens nach außen hin legalen Weg in die Hand zu bekommen«. Zuzugeben sei allerdings, dass »dieser legale Weg unter einem mehr oder minder illegalen Druck beschritten werden muss«. Die Gele-

genheit hielt Kriebel für günstig: »Der Beschreitung des so-
genannten legalen Weges kommt zweifellos die gegenwärtige
in der Bevölkerung herrschende Unzufriedenheit mit den
Zuständen sehr entgegen. Es besteht gegenwärtig im Volke
eine Atmosphäre, die für jede Änderung des politischen Kur-
ses empfänglich ist. Es handelt sich also darum, diese Atmosphäre für die beabsichtigte Aktion auszunützen und dafür
den psychologischen Moment richtig zu wählen.«[40]

Damit war vor allem der Verfall der Währung gemeint,
der nicht nur ungebremst weiterging, sondern sich sogar
beschleunigte. Kostete ein Pfund Margarine am 10. September 1923 noch 7,6 Millionen Papiermark, so verdoppelte sich
der Preis bis zum 17. September auf 16 Millionen. Zwei Tage
später wurden die Preise für verschiedene Fleischsorten festgehalten: Ochsen- und Rindfleisch hatten sich von 7,8 auf
23 Millionen pro Pfund verteuert, Kalbfleisch von 8,8 auf
24 Millionen und Schweinefleisch sogar von 12,8 auf 39 Millionen Papiermark.[41] Diesem Preisauftrieb konnte sich natürlich auch die NSDAP nicht entziehen: Bot eine völkische
Buchhandlung am 15. September 1923 Porträtpostkarten von
Hitler noch für 750 000 Papiermark an, so kosteten sie zwölf
Tage später schon das Zehnfache: 7,5 Millionen; der nomi-
nelle Preis in Goldmark betrug 15 Pfennig.[42]

Ende des Ruhrkampfes

Zufällig am selben 25. September 1923, an dem Kriebel Hitler
in München wohl sein »Aktionsprogramm« vorstellte, traf
die Reichsregierung unter Gustav Stresemann die weitrei-
chende, aber aus ökonomischen Gründen unvermeidliche
Entscheidung, den passiven Widerstand gegen die franzö-

sisch-belgische Besetzung des Ruhrgebietes abzubrechen. Es war das Eingeständnis einer völligen Niederlage. Um zehn Uhr morgens empfing der Kanzler zunächst die Ministerpräsidenten der Länder und bat um ihre Stellungnahme zur Frage, ob der Ruhrkampf beendet werden solle. Das sei die »wichtigste« Entscheidung, die sich »aus der deutschen Politik seit Unterschrift des Versailler Vertrages ergeben« habe. Der Sozialdemokrat Otto Braun, Regierungschef des bei weitem größten Landes Preußen, zu dem auch das Ruhrgebiet gehörte, unterstützte Stresemann. Zugleich fragte er aber, ob »nicht mit Rücksicht auf die schwere innerpolitische Rückwirkung der jetzigen Entscheidung und des dadurch geschaffenen Zustandes die Verhängung des Ausnahmezustandes über das Reichsgebiet sich empfehle«. Dagegen erkundigte sich Bayerns Ministerpräsident Eugen von Knilling zunächst, »in welcher Form mit der Entscheidung, den Widerstand aufzugeben, an die Öffentlichkeit herangetreten« werde. Der BVP-Politiker fürchtete, dass die Bekanntgabe akute Putschgefahr auslösen würde. Es komme »vor allem darauf an, den Anschein einer Kapitulation im Lande zu vermeiden«. Um das zu erreichen, solle die Reichsregierung zugleich den Versailler Vertrag für ungültig erklären. Die Reichsregierung müsse sich hüten, »Weichheit oder Nachgiebigkeit zu zeigen«.[43] Die Sorge um die Reaktion der Öffentlichkeit war berechtigt, allerdings belanglos, denn die Information über den »Abbau des passiven Widerstandes« im Ruhrgebiet und in den linksrheinischen Gebieten war längst durchgesickert und wurde anschließend sogar »amtlich mitgeteilt«.[44]

Am Abend beschloss die Ministerrunde unter Vorsitz des Reichspräsidenten Friedrich Ebert formal den Abbruch des passiven Widerstandes, konkret also die Anweisung an alle Beamten im Ruhrgebiet und den linksrheinischen Regionen, entgegen der Weisung des vorherigen Kanzlers Wilhelm Cuno vom 13. Januar 1923 die Arbeit wieder aufzunehmen. Die Zahlung von Lohnersatz für streikende Beschäftigte wurde beendet. Stresemann gab aus seinen Gesprächen als wesentliches Ergebnis bekannt: »Nicht eine einzige Stimme für passiven Widerstand. Öffentlichkeit wird sich abfinden.« Es schloss sich eine lange, teilweise erregte Diskussion über die Details der Proklamation an, die am kommenden Vormittag veröffentlicht werden sollte.[45]

Eugen von Knilling war bereits wieder auf der Heimfahrt nach München, wo für den 26. September 1923 eine Kabinettssitzung angesetzt war. Er fühlte sich in einer schwierigen Lage: Angesichts der Stimmung in München durfte er sich keine Schwäche erlauben, die potenzielle Putschisten beflügeln könnte. Es bestehe die Gefahr, »dass abenteuerliche Entschlüsse reifen« könnten, durch die zumindest »das Ansehen und die Haltung Bayerns im Reich vernichtet« würden. Um dem vorzubeugen, schlug Knilling seinem Kabinett vor, unter Berufung auf die Notstands-Regelung der Reichsverfassung in Artikel 48 die vollziehende Gewalt einem Generalstaatskommissar zu übertragen. Es empfehle sich, »einen Mann zu wählen, der wenigstens einen Teil der vaterländischen Kreise hinter sich« habe.[46] Alle Minister wussten, wer gemeint war: Gustav von Kahr.

Ein kluger Schachzug: Knilling wollte den Hoffnungsträger der Reaktionäre in die Verantwortung zwingen. Umgehend ließ der Regierungschef den Kandidaten zur Kabinettssitzung bestellen, während die wesentlichen Minister diskutierten sowie die Kommandeure von Reichswehr und Landespolizei versicherten, ihre Verbände seien loyal. Derweil war Gustav von Kahr erschienen und erklärte sich »nach längeren Ausführungen« bereit, das Amt eines Generalstaats-

kommissars »aus vaterländischem Pflichtgefühl« zu übernehmen. Er fragte nach der Ausgestaltung seiner Stellung
und erfuhr, er bleibe der Regierung unterstellt, habe aber
freie Hand, die vollziehende Gewalt auszuüben. Es solle der
Eindruck vermieden werden, er sei nur ein Vollzugsorgan
der Staatsregierung. Seine Zuständigkeiten beschränkten
sich nicht allein auf die Polizei, sondern erstreckten sich
ebenso auf Verkehr, Post, Wirtschaft, Ernährung und die
übrigen Ressorts. Knilling dankte dem damit bestellten
Generalstaatskommissar und unterbrach die Sitzung um
17.30 Uhr.[47] In den folgenden gut zwei Stunden formulierten
die Beamten der Regierung eine Proklamation, die um
20 Uhr von den Ministern abgesegnet wurde.

Gleichzeitig mit der Bestellung Kahrs zum – verfassungsrechtlich überhaupt nicht vorgesehenen – Generalstaatskommissar setzte die Proklamation wesentliche Grundrechte
der Reichsverfassung außer Kraft, darunter die Unverletz-
lichkeit der Person und der Wohnung, die Meinungs-, die
Demonstrations- und Vereinigungsfreiheit sowie das Recht
auf Eigentum, ferner die Freizügigkeit gemäß der Bayerischen Verfassungsurkunde.[48] Weder das eine noch das andere durfte eine Landesregierung anordnen, doch das störte
Knilling und seine Minister nicht: Sie handelten klar verfassungswidrig. Noch am Abend des 26. September 1923 wurde
die Proklamation veröffentlicht. Ähnliches unternahm kein
anderes Land des Reiches – Bayern beschritt bewusst und gewollt einen Sonderweg.

Stresemann und die Berliner Politik wurden von Knillings
Vorstoß kalt erwischt. Für Mitternacht berief der Kanzler
einige Minister und den Chef der Heeresleitung zur Krisensitzung. Seeckts Adjutant Hans-Harald von Selchow notierte
in sein Tagebuch: »Es blieb der Reichsregierung daraufhin

nichts übrig, als durch Verhängung des Ausnahmezustandes im ganzen Reich dem entgegenzutreten.« Tatsächlich beschloss das Kabinett, die vollziehende Gewalt gemäß Artikel 48 der Reichsverfassung dem Reichswehrminister zu übertragen; eine entsprechende Verordnung lag fertig formuliert bereit, die Friedrich Ebert umgehend in Kraft setzte. Rein formal lag die Staatsgewalt in Berlin und in München nun bei zwei Zivilisten, die sich beide auf denselben Verfassungsartikel 48 stützten. Eine »Groteske«, die Deutschlands Zerrissenheit schlaglichtartig zeigte, fand Max von Stockhausen, der persönliche Referent des Reichskanzlers: »Das Reich hatte plötzlich infolge des übereilten Vorgehens Bayerns zwei ›Ausnahmezustände‹.«[49]

Die unerwartete Lage musste ausgiebig diskutiert werden: »Seeckt kam erst in den frühen Morgenstunden nach Haus«, hielt Selchow fest. Er durchschaute die Ambivalenz natürlich: »Wenn auch der Reichswehrminister die vollziehende Gewalt hat, so weiß doch jeder, dass hinter ihr die Wehrmacht, das heißt Seeckt, steht.« Der General begrüßte die neue Rolle, wie sein Adjutant leicht verwundert feststellte: »Als ich ihn heute früh zur Wachtruppe abholen wollte, saß er freudestrahlend am Schreibtisch.« Er habe oft genug darauf hingewiesen, dass ein »Konflikt zwischen Reichswehr und Rechtsorganisationen unter allen Umständen vermieden werden« müsse.[50]

Seeckt machte sich genau zu dieser Zeit Gedanken über ein mögliches Regierungsprogramm und formulierte sogar Stichpunkte für eine an die Öffentlichkeit gerichtete Regierungserklärung; beides schrieb er eigenhändig, gewiss aus Gründen der Vertraulichkeit. Außenpolitisch sah er bis auf Weiteres wenig Spielraum: Den Versailler Vertrag müsse auch eine Regierung Seeckt einhalten, »bis eine neue außenpolitische Konstellation Änderung erlaubt«. Innenpolitisch dagegen wollte er durchgreifen: »Niederwerfung aller gegen den Bestand des Reiches und gegen die ordnungsmäßige Reichs- und Staatsautorität gerichteten Bestrebungen durch Anwendung der Machtmittel des Reiches«. Ergänzend notierte der General: »Dazu nötigenfalls Verhängung des militärischen Ausnahmezustandes.«[51] Seeckt wollte also der Reichswehr eine noch größere Machtfülle geben als sie durch die Notverordnung des Reichspräsidenten bereits hatte. Auf die Rolle der SPD im größten Land des Reiches richtete sich sein Vorhaben, die Funktionen des Reichskanzlers und des preußischen Ministerpräsidenten zu vereinigen, wie es im Kaiserreich bis 1918 üblich gewesen war. Es handelte sich um ein scharf antiparlamentarisches, gegen die Sozialdemokratie und die Kommunisten gerichtetes Programm. Doch ein »Direktorium« kam darin nicht vor.

Knillings Sonderweg sorgte für erheblichen Abstimmungsbedarf. Stresemann schickte seinen Vertreter in München gleich morgens zum Ministerpräsidenten, während Bayerns Vertreter in Berlin mit der Reichskanzlei telefonierte. Weil die Verstimmung so nicht zu beheben war, ließ sich Knilling direkt mit Stresemann verbinden. In allen drei Gesprächen ähnelte sich die Argumentation der Staatsregierung. Zwar werde Kahr von rechtsgerichteten Kreisen als künftiger Diktator favorisiert, dennoch bestehe keine Gefahr, dass er sich in seiner neuen Funktion »zum alleinigen Machthaber« aufschwingen werde, denn er sei »nicht der Mann, der schnell verzweifelte Entschlüsse fasse und durchführe, seine Stärke bestehe mehr in der Hartnäckigkeit des Neinsagens«. Gewiss sei Kahrs Berufung ein »Wagestück«. Doch es gebe keinen Grund, seine Loyalität gegenüber der weiterbestehenden Regierung anzuzweifeln.[52]

Stresemann erwiderte, er sei »einigermaßen unangenehm« überrascht worden. Der Kanzler erinnerte daran, dass beim »Deutschen Tag« in Nürnberg die Rechtsradikalen erklärt hatten, »die bayerischen Fäuste« müssten »in Berlin Ordnung schaffen«. Durch die Übergabe der vollziehenden Gewalt an Kahr könnten sie sich gestärkt fühlen und »den Moment zum Losschlagen für gekommen erachten«. Immerhin sei die Reichsregierung bereit, München entgegenzukommen und auf die Entsendung eines Reichskommissars vorerst zu verzichten, was Ministerpräsident Knilling »sichtlich befriedigte«.[53] Denn eine solche Konfrontation zwischen dem bayerischen Generalstaatskommissar und einem Berlin verantwortlichen Beauftragten konnte in den Bürgerkrieg führen.

Allerdings erfuhr Stresemann nie, wie die Umgebung des Ministerpräsidenten die Lage beurteilte. Schon Anfang September 1923 hatte Württembergs Gesandter in München, Carl Moser von Filseck, über sein Gespräch mit einem Funktionär der Bayerischen Volkspartei nach Stuttgart berichtet: »Der Reichswagen rolle immer mehr dem Abgrund zu, man sei aber in Bayern nicht gesonnen, diese Fahrt bis ans Ende mitzumachen. Wenn man diesen Entschluss gefasst habe, so sei das noch lange kein Separatismus. Bayern wolle nicht vom Reich los, aber wenn in Berlin das Chaos komme, dann müsse Bayern bemüht sein, vom Reich zu retten, was noch davon zu retten sei.« Zwei Wochen später wusste Moser von Filseck mitzuteilen: »Man kann sich das nur so denken, dass Herr von Kahr Staatspräsident oder eine Art Diktator werden soll, und zwar ohne dass das Ministerium Knilling zurückzutreten hätte.«[54] Der Ministerpräsident hatte nur auf einen Anlass gewartet, seinen Coup zu starten – eine Art Staatsstreich, als dessen Ergebnis sein Kabinett nicht mehr, sondern weniger Macht hatte.

Kahr gegen Hitler

Knilling war von Stresemanns Entscheidung, den passiven Widerstand schlagartig zu beenden, überrascht worden, und der Kanzler von der Reaktion des bayerischen Ministerpräsidenten darauf: der verfassungswidrigen Berufung eines Generalstaatskommissars. Von beiden Entscheidungen konsterniert war Adolf Hitler. Der Staat erwies sich als handlungsfähig. Offenbar hatten seine Verbündeten Hermann Kriebel und Friedrich Weber, der Chef des Bundes Oberland, die ihnen zu Ohren gekommenen Andeutungen nicht richtig gedeutet.[55] Nun blieb Hitler nichts anderes als offiziell die politische Leitung des Kampfbundes zu übernehmen.

In der Parteizentrale der NSDAP verfasste ein unbekannter Nationalsozialist den Entwurf für eine Flugschrift, die offenbar nie veröffentlicht wurde und in der es hieß: »Die über Nacht gekommene Diktatur Kahrs ist für alle Völkischen ein schwerer Schlag.« Selbst wenn er durchgreifen wollte, sei er »nicht der Mann, dem man in dieser entscheidungsschweren Zeit das nötige Vertrauen schenken« könne. Die Hitler-Anhänger fühlten sich ausgespielt: »Da der Name Kahr leider Gottes in vaterländischen Kreisen auch jetzt noch einen guten Klang hat, ist die Ausrufung der Diktatur Kahr geeignet, im völkischen Lager verwirrend und lähmend zu wirken.« Widerwillig lobte der Verfasser das »kluge Zuvorkommen der Gegner«.[56]

Kahr wiederum flößten Hitler und seine Bewegung »als vulkanisches Element Misstrauen« ein. Mit so etwas konnte der streng staatstreue Spitzenbeamte schlecht umgehen. »Aber fast noch mehr Misstrauen hegte er gegen das rote Berlin«, hielt Max von Stockhausen in der Reichskanzlei fest.

Die politische Atmosphäre in München war Ende September 1923 fast unheimlich angespannt, eine Entladung erschien jederzeit möglich. »Wer dann das Prävenire hatte, Kahr, Ludendorff oder Hitler, war von Berlin aus nicht ohne Weiteres zu übersehen«, erinnerte sich der persönliche Referent des Kanzlers.[57]

Der neue starke Mann in München wurde umgehend tätig. Einerseits verbot er die »Sicherheitsabteilungen«, eine Art sozialistische SA, und den Vertrieb linksgerichteter außerbayerischer Blätter. Andererseits verhinderte er das nächste große Propaganda-Ereignis der Nationalsozialisten. Für den Abend des 27. September waren 14 NSDAP-Versammlungen in Bierkellern mit jeweils einer kurzen Rede Hitlers angesetzt – doch Gustav von Kahr untersagte diese Veranstaltungen gestützt auf die ihm verliehenen Sondervollmachten. Einem seiner ersten Besucher in der neuen Funktion, dem päpstlichen Nuntius in Bayern Eugenio Pacelli, erläuterte der Generalstaatskommissar, er habe diese Versammlungen »wenn auch widerstrebend« verbieten müssen: »Allerdings will er sich nach und nach mit ihm und den erwähnten rechten Elementen zusammenschließen, die seiner Meinung nach, wenn sie auch den Fehler haben, übereifrig zu sein, im Wesentlichen die richtige Sache vertreten.« Später, so gab Pacelli Kahrs Darstellung wieder, würden »rechte Versammlungen erlaubt und linke verboten«.[58]

Dieses Kalkül kannte der NSDAP-Chef natürlich nicht. Er schäumte, wie seine am folgenden Tag im *Völkischen Beobachter* unter der Überschrift »Die erste Großtat« abgedruckte Beschwerde über das Verbot zeigte: »Ich lege als Führer der NSDAP und als politischer Leiter des Deutschen Kampfbundes gegen die erste gegen die völkische Freiheitsbewegung gerichtete Tat Eurer Exzellenz als Generalstaatskommissar schärfsten Protest ein. Mit dem Ausdruck vorzüglicher Hochachtung – Adolf Hitler.«[59]

Diesmal traute sich der NSDAP-Chef nicht, das Verbot so dreist zu umgehen wie Ende Januar 1923, als er behauptet hatte, die Verteilung der Plakate habe nicht mehr gestoppt werden können, weshalb alle geplanten zwölf statt der seinerzeit von der Regierung Knilling genehmigten sechs Veranstaltung stattfanden. Vielmehr trat eine einzige Versammlung an die Stelle der 14 verbotenen Treffen. Dabei sprach Hitler in seiner formal neuen Rolle als politischer Leiter des Kampfbundes. Für jeden anderen Redner wären die Ankündigungen, die er machte, bemerkenswert drohend gewesen, doch für seine Verhältnisse blieben sie fast zurückhaltend: »Der Deutsche Kampfbund ist keine Kegelgesellschaft, sondern ein Verband von Männern, der, wenn es aufs Ganze geht, rücksichtslos – das große Ziel im Auge – jeden Widerstand brechen wird.«[60]

Zwei Tage später schob die NSDAP einen Aufruf nach, der Kahr direkt anging. Seine »Diktatur« sei das »Ergebnis eines Kompromisses parlamentarischer und außerparlamentarischer Kreise, die der völkischen Freiheitsbewegung bisher kühl, wenn nicht ablehnend, gegenüberstanden«. Das hielt Hitler für einen Betrug: »Eine Diktatur, die aber von unkontrollierbaren Bindungen abhängig ist, ist ein Widerspruch in sich selbst.«[61] Einem ausländischen Journalisten erklärte er sogar, er sei stärker als der Generalstaatskommissar: »Die bayerische Volksmenge wird zu mir halten, wenn ich mit Herrn von Kahr in Konflikt geraten sollte.«[62]

Ausweisung von »Ostjuden«

Einfach wollte es ihm sein Gegner nicht machen – Kahr versuchte, einigen Kernforderungen der NSDAP, die er selbst teilte, entgegenzukommen und Hitler so Wind aus den Segeln zu nehmen. Er weigerte sich, ein in Berlin erlassenes Verbot des *Völkischen Beobachters* wegen Attacken auf die Reichswehr und speziell den Chef der Heeresleitung umzusetzen; ferner hob er bis auf Weiteres die bayerische Fassung des Republikschutzgesetzes auf.[63] Carl Moser von Filseck fasste am 2. Oktober 1923 den Artikel eines der Bayerischen Volkspartei nahestehenden Blatts zusammen, der »ziemlich eindringlich« die Aufgaben des Staatskommissars beschrieb, »besonders die Bekämpfung der Hitler-Bewegung«. Moser fügte hinzu: »Gerade auf diesem Gebiet hat Herr von Kahr bis jetzt noch am wenigsten getan.«[64]

Das war wenig erstaunlich, denn der Generalstaatskommissar setzte weiter darauf, die Vaterländischen Verbände auf seine Seite zu ziehen – und das hieß zumindest bis auf Weiteres: auch Hitler und die Nationalsozialisten. Gegenüber Pacelli betonte Kahr, »wie schwer es auf ihm lastet und wie schmerzlich es für ihn ist, gegen die radikalen Elemente der Rechten, die Nationalsozialisten kämpfen zu müssen, mit denen er sich trotz ihrer Maßlosigkeit im Grunde durch gemeinsame Ideale verbunden fühlt«. Er hoffe weiter, berichtete der Nuntius nach Rom, »sich mit Hitler und seinen Anhängern verständigen zu können«.[65]

Dafür opferte der Generalstaatskommissar gern eine Gruppe, die er selbst ablehnte: die aus Polen stammenden »Ostjuden« – an die assimilierten deutschen Juden traute er sich »nicht heran«, wie der Rechtsanwalt Philipp Loewenfeld

vermerkte, selbst ein seit Generationen in Bayern verwurzel-
ter Jude.[66] Schon als Ministerpräsident hatte Kahr im Frühjahr 1920 versucht, mit Maßnahmen gegen »Ostjuden« die
antisemitische Rechte für sich zu gewinnen. Doch die damalige »Fremdenverordnung«, die es ermöglichen sollte, Juden
ohne deutsche Staatsbürgerschaft auszuweisen, hatte sich als
rechtlich schlecht durchdacht erwiesen und war weitgehend
folgenlos geblieben.

Als Generalstaatskommissar hatte Kahr bedeutend bessere Möglichkeiten, sein Ziel von Frühjahr 1920 doch noch
umzusetzen, denn kein Parlament konnte ihn in seinem Eifer
nun noch bremsen. Er sah sich in einer Art Zugzwang: Die
Öffentlichkeit erwartete vor allem die Lösung ihrer wirtschaftlichen Probleme, doch gegen die alles beherrschende
Inflation konnte er mit seinen Mitteln gar nichts tun – seine
Pläne eines »Bayern-Gulden« als Ersatz für die Papiermark
waren völlig unausgegoren. Aber wenn er sichtbar gegen
die »Ostjuden« vorging, konnte er die absehbar wachsende
Unzufriedenheit weiter Kreise auf Sündenböcke lenken, die
schon traditionell für alle Nöte der Zeit verantwortlich gemacht wurden.

Am 13. Oktober 1923 erließ Kahr Bestimmungen über
»Schutzhaft und Aufenthaltsbeschränkungen für ausländi-
sche Staatsangehörige« in Bayern; diese Anordnung zielte
ausschließlich auf »Ostjuden«. In den folgenden Tagen
durchsuchten Polizeibeamte Häuser und Wohnungen. Rund
70 jüdische Familien, die seit Jahrzehnten in Bayern lebten,
erhielten von Kahr persönlich unterzeichnete Ausweisungs-
befehle, die zum Teil schon vor den Hausdurchsuchungen
datiert, also unabhängig von deren Ergebnissen erlassen
worden waren. »Die häufigste Begründung war, dass die
Betroffenen in ärmlichen Verhältnissen eingewandert, nun

aber reich seien, dass sie es also verstanden hätten, sich während der tiefsten Not des deutschen Volkes zu bereichern«, schrieb ein Augenzeuge an die Reichskanzlei in Berlin. Als sich Betroffene beschwerten, erhielten sie die Antwort, sie sollten »dankbar dafür sein, dass die Sache auf diese Weise« erfolge. Bei Ausschreitungen wäre die Polizei »vielleicht nicht imstande, die Juden zu schützen«.[67]

Die nicht völkisch-antisemitische Öffentlichkeit verstand, dass der Generalstaatskommissar die Hitler-Anhänger auf seine Seite ziehen oder wenigstens von ihrem Konfrontationskurs abbringen wollte. Ein Autor der Zeitschrift *Die Weltbühne* schrieb: »Herr von Kahr tut, was Hitler auf seinem Programm als Generalnenner hat. Er weist die Juden aus.«[68] Ein jüdischer Rechtsanwalt aus Karlsruhe befand: »In München hat Kahr seinen nationalsozialistischen Freunden (oder Feinden, dies weiß man nicht genau) einen Brocken hingeworfen, indem er ganz systematisch eine Massenausweisung nichtdeutscher Juden anordnete.«[69] Frankreichs Gesandter in München berichtete, Kahr habe seit seinem Amtsantritt als Generalstaatskommissar »einen Punkt in Hitlers Programm einer vordringlichen und schnellen Realisierung für würdig befunden: den Antisemitismus«.[70]

Kahrs Hoffnung, mit seinem Vorgehen gegen »Ostjuden« Unterstützung bei den Nationalsozialisten zu gewinnen, erfüllte sich nicht. Hitler war die ganze Aktion längst nicht rigoros genug, betraf sie doch am Ende »nur« 57 Familien mit 101 Personen.[71] Rückblickend zog Hitler diese versuchte Anbiederung ins Lächerliche, denn die »Judenfrage« sei nicht das »Problem der Ausweisung von 60 oder 70 alten Ostjudenfamilien«.[72] Hatte der Generalstaatskommissar also schon das eigentliche Ziel nicht erreicht, so erzeugte sein antisemitisches Vorgehen zudem Widerstand sowohl bei der immer noch amtierenden Regierung Knilling wie in Berlin. Beides störte Kahr wenig, denn obwohl er mit der Funktion des Generalstaatskommissars in München mehr als ausgelastet war, hing er weiter der Vorstellung an, von der »Ordnungszelle Bayern« aus einen Umsturz im Reich anstreben zu können – mit dem Ziel, ein »Direktorium« einzusetzen.

»Grenzschutz«

Das brauchte Vorbereitung, vor allem eine entschlossene Truppe, die dem Willen zum Umsturz das nötige Gewicht verleihen konnte. Die geeignete Person, die militärische Seite zu organisieren, war Hermann Ehrhardt. Nach seiner Festnahme in München Ende November 1922 war ihm im Juli 1923 die Flucht aus der Untersuchungshaft beim Reichsgericht in Leipzig geglückt. Zunächst hatte er sich in die Schweiz abgesetzt, kam aber nach der Ernennung Kahrs über Österreich wieder nach München. Hier stellte der Chef der Landespolizei und enge Kahr-Vertraute Hans von Seißer einen Passierschein aus, der ihm trotz des gegen ihn geltenden Haftbefehls Bewegungsfreiheit in Bayern garantierte. Im Gegenzug sagte Ehrhardt dem Generalstaatskommissar seine Loyalität und die des Bundes Wiking zu. In Bayern verfügte er über mehrere hundert militante Anhänger, im ganzen Reich über einige tausend, und das Mobilisierungpotenzial seiner Truppe lag noch höher.

»Am Samstag, dem 29. September 1923, nachmittags suchte Ehrhardt mich in meiner Wohnung auf«, sagte Ernst Pöhner neun Wochen später in seiner Vernehmung aus: »Er war sehr erfreut darüber, dass nun endlich mit dem militärischen Vormarsch gegen Berlin ernst gemacht wird. Er teilte mir mit, dass er sich mit seiner Organisation Herrn von Kahr unterstellt habe und daher jetzt in der Lage sei, seine hauptsächlich in Norddeutschland stark vertretene Organisation in Nordbayern aufzustellen und als Truppe militärisch auszurüsten. Nach außen hin trete seine Organisation als bayerische Notpolizei zum Schutz der bayerischen Grenzen gegen kommunistische Bandenüberfälle aus Thüringen in Erscheinung.«

Pöhner, der sich selbst für ein potenzielles Mitglied eines »Direktoriums« in Berlin hielt, sah die Gelegenheit, Kontakt mit Kahr aufzunehmen. Ein Treffen kam schon am folgenden Sonntagmorgen um 8.30 Uhr zustande – der Generalstaatskommissar sah offenbar größeren Redebedarf mit dem für seine Nähe zu Hitler bekannten Richter. Doch Pöhner wurde enttäuscht: Statt wie erhofft von Kahr als Stellvertreter in Nordbayern eingesetzt zu werden, bot der Generalstaatskommissar ihm nur die Funktion eines »Zivilgouverneurs« in Thüringen und Sachsen an. Angesichts dieser Abfuhr blieb das Treffen am 30. September 1923 die einzige Besprechung der beiden in diesem Herbst.[73]

Nachdem Kahr den Vorstoß seines Besuchers abgelehnt hatte, kümmerte er sich weiter darum, Truppen für seine Pläne verfügbar zu machen. Die völkischen Verbände gierten danach, aktiv zu werden. Laut Hermann Kriebel verstanden Kahr und seine Umgebung den von Ehrhardt benutzten Begriff »Grenzschutz« in doppelter Weise, nämlich einerseits als »Abwehrorganisation gegen Einwirkung von roter Seite aus Norden«, also aus Thüringen, und andererseits als Sicherung für einen folgenden Vorstoß auf die Reichshauptstadt. Deshalb bereitete Kriebel Anfang Oktober 1923 einen detaillierten Plan vor, in dem die »Aufmarschräume für den ganzen Norden, für die Nordgrenze, die Vormarschstreifen bis Richtung Berlin« genau eingezeichnet waren. Diese Karte übergab er Landespolizei-Chef Seißer, der sich dafür bedankte.[74]

So sicher fühlte sich Kriebel, dass er am 16. Oktober einen zwar als »streng geheim« gekennzeichneten, aber an die verschiedenen Befehlshaber seiner Organisation gerichteten Befehl herausgab. Darin war ganz offen die »Deckung des Aufmarsches gegen Norden« als Ziel des »Grenzschutzes« beschrieben: »Störungen dieses Aufmarsches und der im Aufmarschgebiet noch nötigen Organisations- und Ausbildungsarbeiten müssen verhindert werden.« In der diesem Befehl beigefügten Deutschlandkarte waren als »Vormarschrichtungen Leipzig, Magdeburg und Berlin« eingezeichnet. Für Kriebel gab es »gar kein Zweifel, dass wir nach Berlin marschieren«.[75]

Doch ungefähr zur selben Zeit kam das Unternehmen ins Stocken. Ehrhardt hatte durch Mobilisierungen bis zu 5000 Mann in Oberfranken aufgeboten, die von der paramilitärischen Landespolizei mit Waffen ausgerüstet und aus der Staatskasse besoldet wurden; weitere bis zu 6000 Mann anderer Verbände standen um Coburg in Bereitschaft. Nun aber suchte der Freikorps-Führer erneut Ernst Pöhner auf. Es war etwa Mitte Oktober; das Datum konnte er »wirklich nicht mehr genau angeben, ich habe mir keine Aufzeichnungen von den Dingen gemacht«. Der Gastgeber fragte, wie es Ehrhardt in München gefalle, und der Besucher antwortete: »Äußerst beschissen«. Pöhner wunderte sich: »Na, ich war über diese Redewendung etwas überrascht, denn ich hatte gerade das Gegenteil erwartet!« Ehrhardt erklärte ihm den Grund: »Es gehe ja gar nichts vorwärts und mit dem Marsch auf Berlin sei es nicht möglich, Kahr weiterzubringen.«[76]

Konfrontation

Folge eines Ultimatums: In Dresden begrüßten zahlreiche Menschen
das Durchgreifen der Reichswehr gegen die KPD.

Im Oktober 1923 spitzt sich die Lage noch weiter zu. Die Kommunisten setzen auf Bürgerkrieg und scheitern. Der Reichskanzler stellt Ultimaten an Sachsen und Bayern. In München bereiten Kahr und Lossow die Eskalation vor.

Neue Fronten

Der Abbruch des Ruhrkampfes hatte für das Kabinett Stresemann nur eines der Probleme gelöst. Der tägliche Wertverlust der Papiermark beschleunigte sich Ende September 1923 weiter; über eine aussichtsreiche Gegenstrategie stritten sich die Experten, während die Not der Bevölkerung zunahm. Der Druck aus Paris blieb beständig hoch. Das Kräftemessen mit den Linksregierungen in Thüringen und Sachsen setzte sich fort, denn auch nach Verhängung des Ausnahmezustandes am 27. September setzten die Minister-präsidenten August Frölich und Erich Zeigner ihren Kurs einer Beteiligung der KPD fort. Bayerns verfassungswidriger Sonderweg mit der »Diktatur« Gustav von Kahrs hatte eine weitere Front eröffnet. Um all dieser Probleme Herr werden zu können, verlangte der Reichskanzler von den Parteien sei-ner Großen Koalition ein Ermächtigungsgesetz – also die Zustimmung des Parlaments, auf Zeit ohne Mitwirkung der Abgeordneten regieren zu dürfen.[1] Doch dieses Begehren ge-fährdete seine Mehrheit im Reichstag, weil die beteiligten Fraktionen für ihre Zustimmung unvereinbare Bedingungen stellten.

Als wäre das alles nicht genug, taten sich zum Monats-wechsel weitere neue Fronten auf. Am 30. September, einem Sonntag, machten in Düsseldorf antipreußische Separatisten mobil. Bis zu 20 000 Anhänger marschierten mit Genehmi-gung der Besatzungsbehörden anlässlich des »Rheinischen Tages« durch die Stadt. »Manche Leute befürchten, dass es bei dieser Gelegenheit zu einem Putsch kommen und die Rheinische Republik ausgerufen werden könnte«, blickte der

Vorwärts voraus und beruhigte gleich: »Uns scheinen solche Befürchtungen übertrieben. Die separatistische Bewegung stützt sich auf eine verschwindende Minderheit. Sie kann daher nur durch die aktive Unterstützung Frankreichs entscheidende Erfolge erzielen; das bloße Gewährenlassen allein genügt nicht.«[2]

Ein Irrtum, denn es blieb nicht beim »bloßen Gewährenlassen«: Einige radikale Separatisten griffen nachmittags auf der Königsallee kommunale Polizisten an und entwaffneten sie; anschließend umstellten sie das Polizeipräsidium. Als die Beamten Unterstützung anforderten und erhielten, riefen die Demonstranten französische Truppen zu Hilfe; es gab zahlreiche Schießereien. Am Ende waren mindestens elf, vielleicht auch 17 Menschen tot, darunter drei Polizisten; mehr als 140 Menschen mussten mit teilweise lebensgefährlichen Verletzungen in Krankenhäusern behandelt werden. Die weitaus meisten Düsseldorfer waren an diesem Tag demonstrativ daheim geblieben, hatten oft sogar die Vorhänge zugezogen, um ihren Protest gegen den Separatismus zu bekunden.

Fast zur gleichen Zeit eskalierte die Lage in einem ganz anderen Teil Deutschlands. Ein illegaler Verband, die inoffiziell »Schwarze Reichswehr« genannten Arbeitskommandos beim Wehrkreiskommando III, unternahm nach dem Ende des Ruhrkampfes einen Putschversuch. Ihr Anführer Major a. D. Bruno Buchrucker hatte die Truppe binnen zwei Jahren auf nominell 2000 Mann ausgebaut, zu denen ein Mehrfaches an mobilisierbaren Rekruten kam. Eigentlich sollten sie sich um die illegalen, also »schwarz« gelagerten Waffenvorräte kümmern, die vor den Kontrollkommissionen der Siegermächte verborgen werden mussten. Am 30. September nachmittags erfuhr Buchrucker, dass er verhaftet werden sollte, weil er seine Kompetenzen erheblich überschritten hatte. Das wurde zum Auslöser eines seit längerem vorbereiteten Plans. Schlagartig wollte die »Schwarze Reichswehr« am Morgen des 1. Oktober wichtige Gebäude in der Reichshauptstadt übernehmen, das Regierungsviertel besetzen und anstelle des Kabinetts ein »Direktorium« mit diktatorischen Vollmachten installieren.

Das Vorhaben misslang schon im Ansatz: Am wichtigsten Standort seiner Arbeitskommandos, der Festungsstadt Küstrin an der Oder, gelang es rund 400 Männern Buchruckers nicht, die reguläre Garnison der Reichswehr zu überrumpeln – es reichte, dass ein jüngerer, an diesem Morgen unbewaffneter Offizier der Kommandantur einem der Putschisten dessen Maschinenpistole entriss, um sie zu vertreiben.[3] In Berlin scheiterte die Turnerschaft Olympia, eine paramilitärische Tarnorganisation, bei der Besetzung wichtiger Gebäude im Regierungsviertel.[4] Auf dem Truppenübungsplatz Döberitz westlich Berlins entwaffneten reguläre Einheiten die für den Marsch in die Reichshauptstadt bereitstehende Gruppe der »Schwarzen Reichswehr«, statt sie wie erwartet zu unterstützen.[5] Die Zitadelle Spandau konnten Buchruckers Anhänger zwar kurzfristig besetzen, sie mussten jedoch bald aufgeben. Eine weitere Abteilung Putschisten im Fort Hahneberg am Westrand Berlins kapitulierte, nachdem ihnen Straffreiheit zugesichert worden war.

Die Konfrontation zwischen regulären Verbänden und Putschisten kam auch manchem loyalen Offizier »beschämend« vor, denn »gesinnungsmäßig« waren beide Gruppen »einander zugetan«.[6] Trotzdem herrschten am 1. Oktober im Regierungsviertel erhebliche Erregung und Unruhe. In der Reichskanzlei vermochten die Beamten die Vorgänge in Küstrin nicht einzuschätzen, lag die Festung doch keine hundert

Kilometer östlich der Wilhelmstraße. »Was wäre geschehen, wenn die Buchrucker'schen Bataillone tatsächlich auf Berlin marschiert wären?«, fragte sich Max von Stockhausen.[7]

Insgesamt 14 beteiligte Ex-Offiziere wurden umgehend angeklagt, weil sie »einen Augenblick höchster innen- und außenpolitischer Not des Reiches benutzt« hätten, um »das Vaterland mit ihrem Unternehmen an den Rand des Abgrundes zu bringen«. Doch nach einem nur vier Tage langen Prozess erhielten sie noch im Oktober 1923 meist geringe Strafen oder sogar Freisprüche; lediglich der Anführer sollte zehn Jahre in ehrenvoller Festungshaft wegen vollendeten Hochverrats sitzen. Das war ein deutliches Zeichen der Sympathie, denn das Gericht hätte auch auf lebenslängliches, alles andere als ehrenvolles Zuchthaus erkennen können.[8]

Trotzkis Plan und Stalins Verrat

So gut wie nichts erfuhren Politik und Öffentlichkeit von einem anderen, deutlich größer angelegten Plan für einen gewaltsamen Umsturz.[9] Er sollte symbolträchtig am Tag genau fünf Jahre nach Karl Liebknechts erfolgloser Proklamation der »Sozialistischen Republik Deutschland« am Berliner Schloss stattfinden; diesen Termin setzte Leo Trotzki in Moskau durch. Am 4. Oktober 1923 beschloss das Politbüro der russischen Bolschewiki nach Konsultationen mit den deutschen Genossen, aber ohne deren Zustimmung die »Festsetzung des Termins für 9. November dieses Jahres«.[10] Anwesend waren neben Trotzki auch Georgi Sinowjew sowie Stalins Vertrauter Wjatscheslaw Molotow, während der Generalsekretär selbst nicht teilnahm. Für den Umsturz sollte die immense Summe von 500 000 Goldrubeln bereitgestellt werden, also 250 000 US-Dollar – und das bei einem offiziellen Kurs von 520 Millionen Papiermark pro Dollar an diesem Tag.[11] Natürlich zusätzlich zu den regulären Zahlungen aus Moskau an die KPD, die zum Beispiel für das dritte Quartal, also von Anfang Juli bis Ende September 1923, genau 44 594 US-Dollar betragen hatten.[12]

Nur wenige Tage zuvor hatte Trotzki einem Besucher aus den USA versichert, das bolschewistische Russland stehe »dem Gedanken einer Einmischung« in Deutschland fern. Russland verheimliche nicht seine Sympathien für das deutsche Volk bei seinem Kampf gegen den Imperialismus, werde sich aber »im Falle einer Revolution« nicht einmischen, sondern bleibe bei seiner »Friedenspolitik«. Der Umbau der bolschewistischen Streitkräfte in eine »defensive Miliz« belege das: »Russland werde keinen Mann der Roten Armee über die Grenze schicken, wenn es von auswärts nicht dazu gezwungen werde«, fasste die russische Telegraphenagentur zusammen.[13]

Die Wirklichkeit sah anders aus: Das Politbüro beschloss zwar, dass es wegen der Gefahr einer Verhaftung »absolut unmöglich« sei, Trotzki und Sinowjew selbst nach Deutschland zu entsenden. Aber vier andere Spitzenrevolutionäre bekamen diese Aufgabe übertragen, darunter Karl Radek; sie wurden dafür umgehend von ihrer sonstigen Arbeit befreit. Tatsächlich hatten sie viel zu tun, denn laut Politbüro lag die »Hauptgefahr« für den Plan »augenblicklich in der Diskrepanz zwischen der revolutionären Orientierung der Spitze der KP Deutschlands einerseits und der objektiven Lage und den Stimmungen der Arbeitermassen andererseits«. Das war, leicht kaschiert, das Eingeständnis, dass die Zentrale und namentlich Heinrich Brandler den Plan aus Moskau ablehnten. Deshalb sei, so der Beschluss weiter, »die Spitze der KPD mit einem bestimmten Zeitpunkt zu konfrontieren und sie im Sinne der Vorbereitung des Aufstandes auf diesen Termin zu orientieren«.[14] Mit anderen Worten: Radek sollte den Befehl zum Aufstand durchsetzen.

Für denselben Abend um 22 Uhr hatten Trotzki und Sinowjew die in Moskau anwesenden KPD-Spitzenfunktionäre einbestellt, darunter neben Brandler auch Ruth Fischer und Ernst Thälmann. Tatsächlich begann die Besprechung erst um 23.15 Uhr und schleppte sich zunächst mit Geschäftsordnungsfragen hin, einschließlich einer 20-minütigen Unterbrechung, um auf noch abwesende KPD-Vertreter zu warten, vor allem auf Fischers Lebensgefährten Arkadij Maslow, dessen Anwesenheit sie verlangte. Dann aber, vermutlich gegen Mitternacht, verkündete Sinowjew den deutschen Kommunisten, was das Politbüro Stunden zuvor beschlossen hatte: »Wir alle sind zu der Schlussfolgerung gekommen, dass die revolutionäre Krise in Deutschland herangereift ist und dass jetzt die Frage des bewaffneten Aufstandes und entscheidenden Kampfes eine Tagesfrage geworden ist fast im buchstäblichen Sinne des Wortes.« Das Politbüro sei der Meinung, es genüge, »wenn alle objektiven Vorbedingungen herangereift sind«, eine Frist »zur Vorbereitung aller notwendigen Vorarbeiten« zu setzen. Dann teilte der als Chef der Komintern faktische Vorgesetzte den KPD-Funktionären mit: »Als eine solche provisorische Frist vorgesehen ist der 9. November.«

Das Protokoll verzeichnete weder Erstaunen noch Fragen und erst recht keinen Protest; lediglich Ruth Fischer merkte demnach an, sie kenne die »Thesen« des Politbüros zur Lage in Deutschland »nicht in vollem Umfang«. Sinowjew verlas daraufhin den Beschluss, doch zu einer Diskussion über den Befehl kam es offenbar nicht. Denn was die Komintern auf

Weisung der russischen Parteiführung anordnete, war Gesetz im Weltkommunismus.[15]

Während Sinowjew und Trotzki im Politbüro ihren Plan für einen Umsturz in Deutschland durchbrachten und die KPD-Führung einschworen, schickte Josef Stalin einen handschriftlichen Brief an August Thalheimer, den neben dem gerade in Moskau weilenden Brandler anderen Vorsitzenden der KPD und zugleich deren Chefideologen. Der Brief wurde am 10. Oktober 1923 als Faksimile mit deutscher Übersetzung in der *Roten Fahne* abgedruckt. »Die kommende Revolution in Deutschland ist das wichtigste Weltereignis unserer Tage«, schrieb Stalin: »Der Sieg der Revolution in Deutschland wird für das Proletariat in Europa und in Amerika eine größere Bedeutung haben als der Sieg der russischen Revolution vor sechs Jahren. Der Sieg des deutschen Proletariats wird ohne Zweifel das Zentrum der Weltrevolution aus Moskau nach Berlin versetzen.« Als ginge das noch nicht weit genug, fügte der Generalsekretär hinzu: »Von ganzem Herzen wünsche ich der *Roten Fahne* neue entscheidende Erfolge in den bevorstehenden Kämpfen für die Eroberung der Macht durch das Proletariat.«[16]

In Moskau wusste außerhalb des engsten Kreises um Stalin offenbar niemand davon, denn Außenminister Georgij Tschitscherin schickte eine ungewohnt kritische Nachfrage an Molotow: »Das Radio von Nauen teilte am 10. Oktober mit, dass Stalin angeblich einen Brief an die deutschen Kommunisten gerichtet habe mit der Aussage, dass der Triumph der deutschen Revolution für das europäische und amerikanische Proletariat bedeutender sein werde als die Oktoberrevolution.« Da die Großfunkstelle Nauen, ein Versuchssender, nur wenige Hörer hatte, verbreitete sich Stalins Brief wenigstens auf diesem Weg nicht sehr. Trotzdem forderte

Tschitscherin offensichtlich irritiert: »Bitte teilen Sie mir mit, ob diese Mitteilung pure Erfindung ist oder sich dahinter tatsächlich etwas verbirgt.«[17] Denn natürlich lief dieser Brief dem Beschluss des Politbüros für einen Umsturz-Versuch am 9. November 1923 zuwider. Zwar übernahm Stalin die Wortwahl von Sinowjew und Trotzki, aber zugleich machte er die Gegner der KPD in Deutschland aufmerksam und warnte sie vor den »bevorstehenden Kämpfen für die Eroberung der Macht«. Das war schon keine Indiskretion mehr, sondern Verrat an den eigenen Leuten.

Letzte Frist für Sachsen

Neben den Vorwürfen, die Ministerpräsident Zeigner schon seit Monaten erst Kanzler Cuno gemacht hatte, anschließend dessen Nachfolger Stresemann, belastete ein weiterer Konflikt das Verhältnis zwischen Dresden und Berlin. Denn der SPD-Linksaußen attackierte in Reden, vor allem aber mittels durchgestochener Informationen die Reichswehr und den liberalen Reichswehrminister Otto Geßler. Im Oktober 1923 eskalierte dieser Streit zur Reichskrise.

Seit der Ausrufung des Ausnahmezustandes im Reich wegen Bayerns Alleingang übte Geßler die vollziehende Gewalt aus. Wesentliche Grundrechte waren auf Zeit suspendiert, die Befehlshaber der Wehrkreise durften Weisungen aus Berlin notfalls mit militärischer Gewalt durchsetzen. Dazu kam es nicht, aber Zeigner attackierte den in Sachsen zuständigen General Alfred Müller trotzdem. Gleich in der ersten Sitzung des neu formierten Kabinetts Stresemann am 6. Oktober 1923 drängte Geßler, dem Treiben in Dresden Einhalt zu gebieten. Bei der nächsten regulären Sitzung des Sächsischen Landtages in fünf Tagen, berichtete der Minister, solle es um verschiedene die Reichswehr und ihn betreffende Angelegenheiten gehen. Es sei aber »unvereinbar mit seiner Stellung als Inhaber der vollziehenden Gewalt unter dem Ausnahmezustand«, dass die Reichswehr im Allgemeinen und er selbst im Besonderen im Parlament eines Landes angegriffen würden. General Müller hatte kaum kaschiert gefragt, ob er die Landtagssitzung notfalls mit Gewalt verhindern solle. Geßler forderte das Kabinett auf, Stellung zu nehmen.

Die drei SPD-Minister, Vizekanzler Robert Schmidt, Justizminister Gustav Radbruch und Innenminister Wilhelm Sollmann, erklärten jedes Einschreiten gegen den Dresdner Landtag für ausgeschlossen. Einerseits rechtlich, denn die Immunität der Abgeordneten gelte auch im Ausnahmezustand. Andererseits politisch, weil es höchst bedenklich sei, gegen Kritik an der Reichswehr in Sachsen vorzugehen, während man gleichzeitig ein solches Einschreiten in Bayern vermeide. Das Argument war nicht zu widerlegen, denn Geßler hatte hingenommen, dass Kahr das verhängte Verbot des *Völkischen Beobachters* wegen massiver Hetze gegen die Reichswehr ignorierte. Daraufhin drohte der Reichswehrminister mit Rücktritt, falls die Erörterung im Landtag wie vorgesehen stattfinde – und wies darauf hin, dass ohne ihn die Loyalität der Reichswehr nicht mehr gewährleistet sei. Darauf musste Kanzler Stresemann reagieren: Er konnte nicht gleich in der ersten Sitzung des neuen Kabinetts einen Rücktritt hinnehmen, von einer Insubordination der bewaffneten Macht ganz zu schweigen. Erst einmal aber unterbrach er die Aussprache wegen einer bevorstehenden Abstimmung im Reichstag.[18]

Um 18 Uhr kamen die Minister wieder zusammen, und nun unterfütterte Geßler seine Vorwürfe. Er persönlich war im Mai 1923 zu Zeigner gereist, um Kritik an der Reichswehr aufzuklären. Doch obwohl der sächsische Ministerpräsident danach den Konflikt für beigelegt erklärt hatte, gingen die Angriffe weiter. Zum offenen Bruch kam es, weil die von der KPD geduldete SPD-Regierung verlangt hatte, die Proletarischen Hundertschaften aus Reichswehrdepots zu bewaffnen. Seit Ende Juni attackierte Zeigner die Armee fortwährend. Geßler verlangte, eine offizielle Mitteilung der Reichsregierung herauszugeben, dass die Vorwürfe nicht zuträfen; Sachsen habe sich geweigert, seine angeblichen Beweise der Reichsregierung im Einzelnen vorzulegen. Eigentlich wollte Geßler aber etwas anderes: Zeigner und seine Minister müssten abgesetzt, ein Reichskommissar ernannt werden. Er verlangte also die Reichsexekution gegen Sachsen.

Doch der Reichswehrminister hatte nicht mit Stresemanns taktischem Geschick gerechnet. Der Kanzler räumte ein: Falls Zeigner wie befürchtet Details über den paramilitärischen, Deutschland laut Versailler Vertrag verbotenen »Grenzschutz« preisgebe, sei das Landesverrat. Trotzdem sprach sich der Regierungschef gegen ein Eingreifen vor der Landtagssitzung aus und bekam dafür die Unterstützung der SPD-Minister. Geßler stand mit seiner Forderung im Kabinett allein. Angesichts dessen akzeptierte er, abzuwarten. Falls sich die Befürchtungen aber bestätigten, müsse man »die letzten Konsequenzen ziehen«.[19] Stresemann hatte Sachsen eine letzte Frist verschafft.

»Roter Oktober«

Noch bevor Stalins Brief in der Redaktion der *Roten Fahne* eintraf, kehrte der Verbindungsmann der Komintern Hugo Eberlein aus Moskau zurück nach Berlin. Seine selbstverständlich illegale Reise bestand aus einem »halsbrecherischen Flug mit zwei Notlandungen auf freiem Feld«. Kaum war er »mit eintägiger Verspätung« in der Reichshauptstadt eingetroffen, informierte Eberlein die verbliebenen Mitglieder der KPD-Führung. Natürlich akzeptierten die Genossen den »Vorschlag« aus Moskau, den er mitgebracht hatte.

Der Plan sah vor, zunächst die Situation in Mitteldeutschland möglichst stark zuzuspitzen, indem die KPD die bis dahin lediglich informell geduldeten Landesregierungen in Dresden und Weimar offiziell unterstützen sollte. »Unsere Bereitschaft zum Eintritt in die sächsische und thüringische Regierung wird hoffentlich der Faustschlag auf den Tisch sein, der den Massen zeigt, dass wir bereit sind zum Kampf«, teilte Eberlein mit. Doch er wusste, wie riskant das war: »Jetzt ist aber die größte Sorge, wie wir die übrigen Massen des Reiches in Bewegung setzen. Wenn Mitteldeutschland auf sich selbst angewiesen bleibt, werden wir in Kürze niedergeschlagen.«

Die Situation in Bayern beurteilte Eberlein falsch, weil er die Reaktionäre um den Generalstaatskommissar nicht von Völkischen um Hitler unterschied. »Der Vormarsch auf Thüringen und Sachsen von Bayern aus ist stündlich zu erwarten«, meinte der Komintern-Emissär. Soweit aber waren am 5. Oktober 1923, als Eberlein seinen Bericht an Moskau verfasste, weder die Anhänger von Hermann Ehrhardt noch jene des Kampfbundes in Oberfranken – erst elf Tage später schickte Hermann Kriebel einen entsprechenden Plan aus München an seine Kommandeure vor Ort.

Vom Einmarsch gegnerischer Verbände in den beiden mitteldeutschen Ländern aber hing der ganze Plan des »Roten Oktobers« ab, der zur bolschewistischen Machtübernahme pünktlich am 9. November 1923 führen sollte: »Wir hoffen in einigen Tagen, aber insbesondere sicher in dem Moment, in dem es in Sachsen zu Kämpfen kommt, den Generalstreik in Berlin und allen wichtigen Orten des Reiches durchführen zu können, und zwar mit einem großen Teil der Arbeiterschaft.« Der Streik sollte nach Trotzkis Vorstellung den gewaltsamen Umsturz auslösen. Abschließend teilte Eberlein mit, die Stimmung sei »noch nicht begeistert, aber ernst und zuversichtlich«. Im Apparat gab es »keinerlei Widerspruch«: Die KPD-Funktionäre in Berlin fügten sich dem Plan aus Moskau.[20]

Vermutlich hielt Chefideologe August Thalheim den Brief von Stalin irrtümlich für einen Teil dieses Planes und gab ihn deshalb zur Veröffentlichung an die *Rote Fahne* weiter. Er erkannte nicht, dass es sich um Verrat handelte, der den unwahrscheinlichen, aber zumindest nicht völlig ausgeschlossenen Erfolg von Trotzkis Strategie hintertreiben sollte. Allerdings blieb der Abdruck folgenlos, denn bis auf den Versuchssender Nauen und Außenminister Tschitscherin in Moskau nahm kaum jemand das Schreiben wahr: In Berlin ging Gustav Stresemann mit einem neu formierten Kabinett, wieder als Koalition aus den Links- und seinen eigenen Nationalliberalen, dem katholischen Zentrum und der SPD, gerade an die Bewältigung der allerdringendsten Aufgaben. Außerdem bildete in Sachsen Ministerpräsident Zeigner am selben 10. Oktober 1923, an dem Stalins Brief erschien, das erste Koalitionskabinett aus SPD und KPD – obwohl bekannt war, dass Reichspräsident Ebert jede Zusammenarbeit der Sozialdemokratie mit den Kommunisten kategorisch ablehnte. Auch Stresemann sagte, die Regierungsbeteiligung erfülle ihn »mit großer Sorge«: Sachsen hatte die letzte Frist, die der Kanzler der Landesregierung nur vier Tage zuvor verschafft hatte, nicht wie erhofft genutzt.[21] Im Gegenteil saß nun KPD-Chef Heinrich Brandler als Chef der sächsischen Staatskanzlei in einer Schlüsselposition.

Immerhin verzichtete Zeigner auf zusätzliche Eskalation: In seiner Regierungserklärung am 12. Oktober vermied er es, Geßler persönlich anzugreifen. Ansonsten jedoch teilte der linke Sozialdemokrat kräftig aus, und zwar in einer Tonlage, die von jener der KPD nicht mehr zu unterscheiden war: »Das Großkapital in Industrie, Finanz und Landwirtschaft ist zur Offensive übergegangen. Viele Tausende von Arbeitern und Angestellten sind auf die Straße geworfen worden. Sie sollen durch eine radikale Hungerkur willfährig gemacht werden gegenüber jedem Ausbeutungsfeldzug.« Für die neue Landesregierung versprach Zeigner: »Gestützt auf die Arbeiter und Angestellten, die Beamten, die Angehörigen der freien Berufe, Kleinbauern und die sinkenden Mittelschichten will sie die Gefahr einer großkapitalistischen Militärdiktatur bannen, welche greifbar vor uns steht. Sie wird alles versuchen, um eine solche Diktatur zu verhindern und den Bürgerkrieg zu vermeiden.«[22]

Was von diesem Versprechen zu halten war, demonstrierte gleich am folgenden Tag Zeigners neuer kommunistischer Finanzminister Paul Böttcher. In einer KPD-Versammlung in Leipzig forderte er die Bewaffnung der gesamten Arbeiterschaft. »Ahnungsvoll« erklärte er, »die proletarische Einheitsfront werde sehr bald ihre Feuerprobe zu bestehen haben, wenn es zu schweren Kämpfen der proletarischen Verteidigung gegen die politischen und ökonomischen Angriffe der Gegenrevolution« komme.[23]

Zeitgleich verbot General Alfred Müller die Proletarischen Hundertschaften in Sachsen und forderte die Abgabe aller vorhandenen Waffen. Daraufhin legte Böttcher nach und sagte gegenüber Journalisten, »eine Reichsexekution in Sachsen« werde in Deutschland »das Signal zum Bürgerkrieg sein«. Er war sich sicher: »Die Basis der sächsischen Regierung in der Arbeiterschaft ist so breit, dass die Reichsregierung solche Schritte nur tun kann, wenn sie die Absicht hat, die Arbeiterorganisationen im Reiche zu zertrümmern und damit den Bürgerkrieg auszulösen.«[24]

Mitte Oktober kehrte Ruth Fischer nach Berlin zurück – und wunderte sich. Denn sie fand die bei ihrer Abreise nach Moskau Anfang September noch unentschlossene KP-Organisation nun voll konzentriert auf einen unmittelbar anstehenden Umsturz vor. Um den legalen Parteiapparat vor Verhaftungen zu schützen, erhielten zehntausende niedrige und mittlere Funktionäre den Befehl, ihre Wohnungen zu verlassen, in Verstecke umzuziehen und ihre Familien nur noch gelegentlich zu besuchen. Alle Parteimitglieder, die für einen bewaffneten Einsatz in Frage kamen, hatte der illegale »M-Apparat« bei ihren Ortsgruppen registrieren lassen. Die Proletarischen Hundertschaften wurden teilweise in improvisierten Schlafsälen kaserniert. Aus zentralen Geheimlagern brachte man Waffen in örtliche Keller und Lauben, von denen aus sie schnell zu verteilen waren. Kommunisten arbeiteten Pläne für Überraschungsangriffe auf Polizeistandorte und Reichswehrkasernen aus. In Sachsen, Thüringen und Berlin, den Orten der vorgesehenen ersten Eskalation, legte die »Leitung«, bestehend aus Abgesandten der russischen KP und deutschen Kommunisten, Sammelpunkte für

die Hundertschaften fest. »Diese Vorbereitungen waren natürlich nicht im ganzen Reich von gleicher Intensität«, hielt
die Ultralinke Fischer fest. »In den Industriezentren und
Hochburgen der kommunistischen Organisationen«, so
freute sie sich aber, »hatten sie wirkliche Kraft und zogen auch manchen Sozialdemokraten an«. Viele Mitglieder
setzten ihre Hoffnung auf diese militärische Vorbereitung:
»Niemals vorher war der Wille zur Aktion der deutschen
Kommunisten so allgemein gewesen.«[25]

Das geheime, in KPD-Kreisen aber wohlbekannte Versprechen aus Moskau, den deutschen Aufstand zu unterstützen, schuf Vertrauen. Die bolschewistischen Berater und
ihre offenbar unbegrenzten Mittel, meist in US-Dollar, schienen das zu bestätigen – immerhin waren die vom Politbüro
am 4. Oktober freigegebenen 250 000 US-Dollar erst um
100 000 und dann noch einmal 95 700 Dollar aufgestockt
worden.[26] Was genau mit diesen enormen Summen geschah,
blieb offen; wahrscheinlich wurden einerseits untergetauchte
KP-Funktionäre bezahlt, andererseits Waffen »organisiert«
und Quartiere für die Hundertschaften bezahlt. Angesichts
der Unterstützung sei diesmal, meinte Ruth Fischer, ein Umsturz möglich.

Nicht annähernd so positiv gestimmt war einer dieser
russischen Berater.[27] Iwan Maiski, ein 39-jähriger Mitarbeiter
des Volkskommissariats für Internationales, verfasste am
17. Oktober einen als »Persönlich / Geheim« gekennzeichneten Bericht für Wjatscheslaw Molotow in Moskau. Maiski,
der 1908 bis 1912 als Exilant in München studiert hatte, beschrieb, welchen Wegen die deutsche Revolution nun folgen
könne. Natürlich begann er mit der positiven Alternative:
»Die erste, weitaus günstigere Möglichkeit besteht darin,
dass es dem Proletariat aufgrund der aktuellen Verschärfung

der Klassenkonflikte gelingen wird, die Macht in Berlin und in ganz Zentraldeutschland an sich zu nehmen. Dies bedeutet den Sturz der Reichsregierung Stresemanns oder desjenigen, der ihn bis dahin auf seinem Posten ablösen wird, und die Bildung einer gesamtdeutschen Arbeiterregierung nach sowjetischem oder sächsischem Vorbild.« Als Konsequenz, analysierte Maiski, werde sich Bayern vom Reich abspalten, ebenso das Rheinland; Ostpreußen werde ein Rückzugsraum für »weiße«, also konterrevolutionäre Kräfte, ebenso möglicherweise Schlesien. Großbritannien werde umgehend die Häfen, besonders jene an der Nordsee, besetzen. Das von einer revolutionären Regierung beherrschte Deutschland werde also deutlich kleiner sein als bisher und zudem blockiert, denn Polen und Frankreich würden ebenfalls gegen Grenzgebiete vorgehen. »Russland wird immense Kräfte und Mittel zur Hilfe für die Arbeiterregierung Deutschlands aufwenden müssen«, schloss Maiski diesen positiven Fall.

Die schlechte Alternative könne eintreten, wenn die Reichsregierung unter Mitwirkung der SPD, also vor allem Eberts, gegen die Volksfront-Kabinette in Sachsen und Thüringen vorgehe: »In diesem Fall wird der Kampf geführt werden zwischen dem revolutionärsten, jedoch zahlenmäßig recht kleinen Teil des deutschen Proletariats einerseits und den vereinten Kräften der gesamtdeutschen rechten Reaktion andererseits, die sich zudem auf die legitime Reichsregierung und die Reichswehr stützt.« Die Aussichten seien dann düster für die sowjetische Regierung: »Entweder sie ließe die sächsischen Arbeiter im Stich und verlöre im weiteren Verlauf in ihren Augen an Autorität, oder sie stürzte sich trotz allem in den Kampf, würde dabei jedoch die sächsischen Arbeiter nicht retten, und noch dazu dem Arbeiter-Bauern-Staat Russland selbst einen schweren Schlag versetzen.«

Maiski empfahl daher: »Die Sowjetregierung darf sich in keinem Fall auf eine überflüssige, unvorsichtige Kompromittierung einlassen.«[28]

Heinrich Brandler beurteilte die Lage ähnlich dieser zweiten Alternative. Nach seiner Rückkehr aus Moskau hatte der KPD-Chef zwar problemlos die neue Position als Staatskanzleichef in Dresden übernommen, doch zufrieden war er nicht – auch wenn er seinen Brief an die Komintern-Führung selbstverständlich wie Maiski mit einer positiven Feststellung begann: »Nachdem ich mich hier wieder orientiert habe, steht die Lage so gut, wie sie den Umständen nach sein kann. Organisatorisch ist alles in Angriff genommen; fertig ist natürlich noch gar nichts, aber alles ist im Werden.« Brandlers folgende Sätze straften diese Einleitung Lügen: »Katastrophal schlecht steht es mit der Bewaffnung; nur für Sachsen, Thüringen und Mitteldeutschland ist in den letzten Tagen eine kleine Besserung eingetreten. In Berlin steht es gleichfalls katastrophal. Vor allem fehlen auch die Geldmittel.« Der Betrag, der für drei Monate reichen sollte, genüge kaum »für einen Monat nach den aufgestellten Berechnungen«. Fast schon verzweifelt klang seine Aufforderung: »Wir bitten euch, alles zu beschleunigen. Vor allem das Herüberkommen der Genossen, wenn ihr nicht wollt, dass sie zu spät kommen.« Brandler, der Trotzkis Plan immer für voreilig gehalten hatte, schloss: »Ich bitte euch aber dringend, uns nicht im Stich zu lassen.«[29]

Wie verzweifelt die Kommunisten in der sächsischen Regierung liquide Mittel brauchten, illustriert eine Anekdote, die Arkadij Maslow fast zwei Jahrzehnte später Ruth Fischer erzählte. Der erst wenige Tage amtierende kommunistische Wirtschaftsminister Fritz Heckert versuchte demnach, das berühmte Grüne Gewölbe zu plündern, einst die Schatzkam-

mer der sächsischen Könige. »Aber die unteren Beamten haben ihn gar nicht hingelassen«, schrieb Maslow voll Schadenfreude.[30] Ob das stimmte oder nicht – jedenfalls wurden
die Schätze nicht entwendet.

Laut einem Aufstandsplan für Berlin vom 20. Oktober
1923 hielten sich in der Vier-Millionen-Metropole 86 Proletarische Hundertschaften mit zusammen etwa 8000 Mann
bereit. Doch obwohl deren Ausrüstung mit Waffen »jetzt
ebenfalls große Fortschritte zu machen« beginne, standen in
Wirklichkeit nur elf Maschinengewehre, 120 Maschinenpistolen und 450 Gewehre zur Verfügung, zudem wenig Munition. Zwar erwartete der Verfasser, der Bolschewist und ehemals österreich-ungarische Offizier Otto Steinfest, »größere
Mengen, z. B. 1000 Gewehre, 30 Maschinengewehre und vie-
les andere«, aber »erst morgen bzw. in den nächsten Tagen«.
Der stolze Hinweis auf gerade einmal 120 selbstgebastelte
Handgranaten belegte die dramatisch schlechte Bewaffnung.

Dazu passte immerhin Steinfests »Plan zum Kampf um
Berlin«. In der ersten Phase sollten Proletarische Hundertschaften Überfälle auf schwache Polizeikräfte verüben und
kommunistische Parolen verbreiten. In einer zweiten Phase
sollte es große Versammlungen und Demonstrationen im
wohlhabenden Westen der Reichshauptstadt geben, ferner
einen »Partisanenkrieg«, dessen »Zweck die Irreführung und
Bindung von gegnerischen Kräften« sei. Die Demonstrationszüge sollten erst während des Marsches in Richtung
Reichstag und Wilhelmsstraße gelenkt werden. »Zur Einleitung dieses wuchtigen konzentrischen Stoßes auf das Regierungsviertel wird durch gruppierte Kampfgruppen der in der
Umgebung befindlichen Bezirke knapp vor dem Eintreffen
der Spitzen der Kolonnenkampf provoziert (Dachschützen).«
Für Gefechte würde die »Hauptkraft der bewaffneten und

mittlerweile sich noch auffüllenden Hundertschaften zu einheitlichen Verbänden formiert«. Die dritte Phase, so Steinfest, begänne nach der Einnahme des Regierungsviertels. Denn nur die für die Sicherung der Ministerien absolut notwendigen Verbände sollten vor Ort bleiben, die übrigen Bewaffneten jedoch in den Westen zu den dortigen Auseinandersetzungen geschickt werden. Die vierte Phase wäre dann die »Verteidigung Berlins«.[31]

Angesichts der mehrfachen zahlenmäßigen Überlegenheit allein der regulären Polizei in der Reichshauptstadt, die zudem durchweg mit Pistolen und Karabinern ausgestattet war, sowie zusätzlich der um Berlin stationierten drei Infanterieregimenter der Reichswehr war Steinfests Plan praktisch kollektiver Selbstmord. Eine kleiner angelegte, ansonsten ähnliche Aktion in Berlin-Lichtenberg hatte im März 1919 mindestens 1200, vielleicht auch mehr als 2000 Todesopfer gefordert, vor allem auf Seiten der kommunistischen Aufständischen.

Unruhe vor dem Sturm

Iwan Maiski hatte in seinem Bericht an Molotow versprochen: »Ich werde versuchen, in einigen Tagen erneut zu schreiben.«[32] Dazu kam er offenbar nicht mehr, denn in der dritten Oktoberwoche 1923 spitzten sich die Ereignisse in Sachsen dramatisch zu – mit Folgen für Bayern und Berlin. Am 15. Oktober forderte Generalleutnant Müller nach Rücksprache mit Reichspräsident Ebert Sachsens Regierung ultimativ auf, zur Bewaffnungsforderung des Finanzministers Paul Böttcher Stellung zu beziehen. Der Reichswehr-Kommandeur hatte das Staatsoberhaupt direkt eingeschaltet, denn nur

Ebert stand laut Verfassung zu, die Reichsexekution anzu-
ordnen. Dieser Brief sorgte im Berliner Kabinett für Streit,
weil die SPD-Minister Schmidt, Radbruch und Sollmann ihn
für »nicht tragbar« hielten; er stelle »eine Provokation der gesamten Sozialdemokratie« dar. Der Kanzler reagierte scharf,
verwies auf Eberts Einverständnis und erklärte, dass er Zeigner »für einen nicht voll zurechnungsfähigen Menschen«
halte.[33]

Das bestätigte Sachsens Ministerpräsident mit einer ziemlich wirren Rede im Landtag am folgenden Tag. Übergriffe
von kommunistischer Seite und die Proletarischen Hundertschaften in seinem eigenen Land kamen darin nur am Rande
vor, dafür übertrieb Zeigner die Bedeutung der rechten Organisationen weit. Denn außerhalb Bayerns stellten sie keine
nennenswerte Gefahr dar, wie das Scheitern des Küstriner
Putsches gezeigt hatte. Die Einzelheiten wolle er gar nicht
mitteilen, verkündete Zeigner und antworte auf den Zwischenruf eines kommunistischen Abgeordneten »Warum
denn nicht?« mit der Behauptung: »Die deutsche Öffentlichkeit weiß von diesen Dingen, und einem Volk, welches
diese Dinge doch zulässt, ist nicht zu helfen.« Es sei »schon
unerträglich, wenn es sich um ein paar Hunderte oder Tausende von Menschen handelt«, die zu solchen illegalen staatsfeindlichen rechten Verbänden zählten, aber »nach unseren
Unterlagen handelt es sich nicht um einige Tausend, sondern
um viele Tausende von Menschen«. Ein anderer kommunistischer Abgeordneter rief: »Sagen Sie – wenigstens 400000
bis 500000!«[34]

An solche Behauptungen konnten die KPD-Vertreter
selbst nicht wirklich glauben. Denn dann hätte ihnen klar
sein müssen, dass ihre Proletarischen Hundertschaften nicht
die geringste Chance hatten. Im ganzen Reich umfassten die

kommunistischen Milizen theoretisch 130 000 Anhänger –
die aber zu großen Teilen nur auf dem Papier existierten:
Gezählt wurden dafür alle Freiwillige, die sich bei Versammlungen in »besondere Listen eingetragen« hatten. »Bestenfalls erschöpfte sich ihre Tätigkeit in Versammlungsschutz
und gelegentlichen Aufmärschen«, erinnerte sich Erich Wollenberg, der selbst in Westdeutschland den »M-Apparat« der
KPD leitete.[35] Und selbst wo es einigermaßen organisierte
Trupps gab, waren diese miserabel ausgerüstet. Angesichts
der scharf antikommunistisch gesinnten rechten Milizen, die
im Falle eines Aufstandes zweifellos die reguläre Polizei und
Reichswehr verstärkt hätten, wäre die Gegenseite vielfach
überlegen gewesen und zudem besser bewaffnet. Angesichts
dessen musste jeder Versuch eines gewaltsamen Umsturzes
zur Katastrophe für die Hundertschaften, den »M-Apparat«
und die KPD führen.

Entgegen Zeigners Vorwürfen versuchte die Reichsregierung weiter, die Eigenmächtigkeiten Bayerns zu beenden.
Am 12. Oktober war durchgesickert, dass Hans von Seeckt
drei Tage zuvor General Lossow zum Rücktritt aufgefordert
hatte. In München schlug diese Meldung »wie eine Bombe«
ein, notierte Carl Moser von Filseck: »Der General ist eine
sehr beliebte Persönlichkeit und genießt das volle Vertrauen
nicht nur der Regierung, sondern besonders auch der vaterländischen Verbände und des größten Teils der Bevölkerung.« Der württembergische Gesandte berichtete über ein
Gespräch mit Ministerpräsident Knilling: »Man sei doch in
Berlin geradezu mit Blindheit geschlagen, dass man absolut
kein Verständnis für die hiesige Lage aufbringen könne.« Die
Entfernung Lossows werde alles in Frage stellen, was man bis
jetzt erzielt habe. Die Wehrverbände triebe man so »in die
Arme Hitlers«.[36]

Noch ein Versuch, zu einer Einigung mit Bayern zu kommen, folgte: Am selben 18. Oktober, an dem Ministerpräsident Zeigner seine irritierende Rede im Sächsischen Landtag hielt, traf sich der Reichswehrminister in Augsburg mit Lossows Stellvertreter General Friedrich Kreß von Kressenstein. Der Minister teilte mit, Berlin sei »festens entschlossen, seine Autorität Bayern gegenüber durchzusetzen«, und verlangte, Lossow möge um seinen Abschied ersuchen, der ihm ehrenvoll gewährt würde. Wenn Lossow und Kahr sich dem nicht fügten, sei man »zum Äußersten entschlossen«, denn der Reichspräsident werde Bayern und Sachsen nicht »mit verschiedenem Maße« messen. Er könne nicht »Sachsen gegenüber die Reichsautorität durchsetzen, solange dies Bayern gegenüber« ausbleibe.[37] Das war Klartext.

Doch Bayern widersetzte sich – ebenso wie Sachsen – den Forderungen aus Berlin: Kahr und das Kabinett Knilling beauftragten den formal am 20. Oktober per Erlass des Oberkommandieren Friedrich Ebert entlassenen Otto von Lossow mit der Führung der Reichswehr-Truppen im Wehrkreis VII, im Wesentlichen der 7. Division. Das war der nächste offene Verfassungsbruch: Auf Befehl einer dafür gar nicht zuständigen Landesregierung blieb ein förmlich abgesetzter General auf seinem Posten.[38] Ferner brachen der Generalstaatskommissar und die Landesregierung die »dienstlichen Beziehungen« zu Reichswehrminister Geßler ab, weil sie »kein Vertrauen« mehr zu ihm hätten.[39] Dafür gab es verfassungsrechtlich ebenso wenig ein Vorbild wie für Kahrs Ernennung. Schließlich wurde die 7. Division formell auf das Land Bayern eingeschworen; die Formel lautete: »Aufgrund des mir eben vorgelesenen Aufrufs der Bayerischen Staatsregierung bekenne ich, dass ich von der Bayerischen Staatsregierung als der Treuhänderin des deutschen Volkes bis zur Wiederherstellung des Einvernehmens zwischen Bayern und Reich in Pflicht genommen bin, und erneuere meine Verpflichtung zum Gehorsam gegenüber meinen Vorgesetzten.«[40] Das war, mochte es auch anders klingen, formal wie inhaltlich Hochverrat. »Wir machten uns der Meuterei und des Eidbruchs schuldig in einer Sache, an die wir nicht glaubten und die wir nach jeder Richtung für verfehlt und unglücklich hielten«, notierte General Kreß, der aber auch keine Chance erkannte, dem zu entgehen: »Andererseits würde unser Abgang einen Riss in der Einheitsfront der Division bedeutet und unter Umständen zu sehr verhängnisvollen Weiterungen geführt haben.«[41]

Für den 21. Oktober war eine Konferenz sächsischer Betriebsräte in das Volkshaus der Industriestadt Chemnitz einberufen, und von hier sollte nach dem Willen der KPD-Führung das Signal zum Generalstreik ausgehen, also zum Beginn des Aufstandes. Nach den Referaten dreier sächsischer Minister, neben SPD-Arbeitsminister Georg Graupe die beiden Kommunisten Paul Böttcher und Fritz Heckert, folgte eine »Aussprache«. Fast alle Redner betonten »die Notwendigkeit des sofortigen Kampfes, insbesondere gegen die Militärdiktatur«. Der Korrespondent des *Vorwärts* berichtete: »Ein Redner nach dem anderen forderte offenes Auftreten der Regierung und die Ausrufung des Generalstreiks.«[42]

Hinter den Kulissen zogen Abgesandte aus Moskau die Fäden. Da die Reichswehr der Landesregierung den Einmarsch von Verstärkungen aus Norddeutschland in Sachsen für den 23. Oktober angekündigt hatte, drängte die Zeit. Komintern-Chef Sinowjew hatte aus Moskau ein Telegramm geschickt: »Sofort Bewaffnung von 50 000 bis 60 000 Werktätigen wirklich durchführen, den General Müller ignorieren.«[43] Zu dieser Zeit verfügte die KPD nach eigenen Angaben in ganz

Deutschland über lediglich »11 075 Gewehre, 141 Maschinengewehre, 130 Maschinenpistolen, 1811 Revolver und 1131 Handgranaten«.[44]

Obwohl KPD-Chef Heinrich Brandler um die völlig unge-
nügende Bewaffnung wusste, schaltete er sich in Chemnitz
kraft seiner Funktion als Staatskanzleichef in die Aussprache
ein und schlug vor, die Konferenz solle sofort über die Ausrufung des Generalstreiks entscheiden. Allerdings hatte er
noch am Tag zuvor bei einer anderen Versammlung öffentlich das Gegenteil gefordert. Um den moralischen Druck auf
die Anwesenden zu erhöhen, sagte Brandler, ein solcher Beschluss könne selbstverständlich nur dann einen Sinn haben,
wenn er »einstimmig gefasst« werde.[45]

Trotz der Regie im Hintergrund fiel die Reaktion der versammelten Betriebsräte und Gewerkschafter völlig anders
aus als erwartet. »Auf Brandlers Rede folgte eisiges Schweigen«, berichtete Ruth Fischer: »Jeder Einzelne wusste, dass
ein Generalstreik gegen Müller eine neue Phase des Bürgerkrieges einleiten würde.« Als dann Georg Graupe und weitere Sozialdemokraten sich erhoben und das Chemnitzer
Volkshaus zu verlassen drohten, kippte die Stimmung. »Es
war töricht, die Verantwortung für einen Zusammenstoß mit
der Reichswehr ausschließlich auf die Schultern der sächsischen Arbeiter legen zu wollen«, analysierte Fischer, die erklärte innerparteiliche Gegnerin Brandlers. Selbst wenn eine
Mehrheit für den Generalstreik möglich gewesen wäre, hätte
der Beschluss anschließend in jeder SPD-Ortsgruppe Sachsens durchgesetzt werden müssen. »Nicht gerade die beste
Vorausbedingung für einen Bürgerkrieg«, spottete sie.[46] Um
der Entscheidung aus dem Weg zu gehen, wählte die Betriebsrätekonferenz eine Kommission aus je drei Kommunisten und
Sozialdemokraten; sie empfahl, einen zehnköpfigen, eben-

falls paritätischen Aktionsausschuss zu bestimmen. Brandlers Antrag war damit am Spätnachmittag des 21. Oktober 1923 sang- und klanglos begraben. Die Kommunisten gaben ihren Plan eines gewaltsamen Umsturzes, eines »Roten Oktobers« auf, bevor er begonnen hatte.

Aufstand in Hamburg

Trotzdem brach der Aufstand keine 36 Stunden später los – zumindest in Hamburg.[47] Gegen zwei Uhr morgens am Dienstag, dem 23. Oktober 1923, blockierten Stoßtrupps der Proletarischen Hundertschaften hier mehrere Hauptverkehrsstraßen; drei Stunden später attackierten sie 26 Polizeiwachen, die gegen sieben Uhr etwa zur Hälfte erobert waren. Der Plan lautete, zunächst die äußeren Wachen anzugreifen und dann die Innenstadt nördlich der Elbe zu übernehmen. So sollte der Nachschub aus den kommunistischen Hochburgen in den Arbeitervierteln gesichert werden. Gleichzeitig hoffte man, in den Werften südlich des Hafens möglichst viele Unterstützer zu mobilisieren. Als Fanal sollte der Hamburger Aufstand einen Generalstreik im Norden auslösen, der dann zur bolschewistischen Revolution im ganzen Reich führen würde. Norddeutschland war ausgewählt worden, weil die dortigen Reichswehrtruppen zum großen Teil Richtung Sachsen und Thüringen unterwegs waren.

Die Polizeireviere wurden zum ersten Ziel, weil die Aufständischen dringend an die dortigen Waffenkammern herankommen mussten, denn ansonsten war ihre Ausrüstung miserabel: Auf jeweils zehn bis 15 Mann kamen ein bis zwei Pistolen oder Revolver, berichtete der sowjetische Konsul in Hamburg Grigorij Sklowski nach Moskau. Teilweise eroberten die Aufständischen deshalb die Reviere »mit bloßen Händen«. Doch sie erbeuteten dabei nur »geringe Mengen der dort vorhandenen Waffen«. Anschließend errichteten sie Barrikaden. »Ich schreibe das nicht um der schönen Worte willen, aber ihre Haltung rief die Bewunderung eines jeden hervor, ob Freund oder Feind«, meldete Sklowski. Tatsächlich ging es ihm aber darum, die offensichtliche Katastrophe zu kaschieren, denn er musste einräumen: »Die Zahl der an den Kämpfen Beteiligten war vergleichsweise gering; sie betrug etwa 200 bis 300 Menschen, die zudem nicht gleichzeitig kämpften. Die Kämpfe fanden in zwei bis drei Stadtvierteln statt. Sie hatten nicht die Tendenz, sich auszuweiten, es gab keine Waffen und Munition, vor allem aber gab es keinerlei Nachrichten von außerhalb Hamburgs und einigen nahegelegten Ortschaften, ob dort wenigstens Streiks begonnen hatten.«[48]

Noch näher an der Wirklichkeit war der Bericht des *Vorwärts* in der Abendausgabe am 23. Oktober 1923: »In der Nacht zum Dienstag wurden von den Hundertschaften der Kommunisten Überfälle auf die in der äußeren Stadt gelegenen Polizeiwachen verübt. Es gelang den Kommunisten, durch Überrumpelung 13 Wachen in Besitz zu nehmen. Sofort eingesetzte Polizeimannschaften konnten zehn Wachen gleich wieder besetzen; um drei Wachen wurde in den Morgenstunden noch gekämpft.« Zu den wesentlichen Erfolgen der Aufständischen gehörte, ein »Panzerauto der Polizei« fahruntüchtig zu machen und die darin sitzenden Beamten schwer zu verwunden. Abseits der umkämpften Wachen in Elmsbüttel und Barmbek aber blieb der Aufstand weitgehend unbemerkt. Die weitaus meisten der etwa 14 000 KPD-Mitglieder in der Stadt beteiligten sich nicht und erst recht nicht die zuletzt bei den Bürgerschaftswahlen 1921 gut 59 000 KPD-

Wähler. Außer in den Werften und einem Teil des Hafens, wo die Kommunisten relativ viele Anhänger hatten, lief in den meisten Betrieben die Arbeit wie gewohnt weiter. Die Züge der Straßen- und der Hochbahn verkehrten normal, nachdem sie in den frühen Morgenstunden kurze Zeit den Betrieb hatten unterbrechen müssen. »In der inneren Stadt herrschten Ruhe und ein geregelter Geschäftsbetrieb«, hob der *Vorwärts* hervor.[49]

Zwar war es einigen KPD-Anhängern gelungen, die Bahnstrecke nach Lübeck mit Baumstämmen zu blockieren; auf diesen Gleisen hätten von der nächstgelegenen Reichswehrgarnison schnell Truppen nach Hamburg verlegt werden können. Doch Polizei und Mitarbeiter der Reichsbahn konnten die Sperren nach kurzer Zeit beseitigen; die zu ihrer Verteidigung abgestellten gerade 30 Aufständischen wurden festgenommen. Sorgen machte man sich im Rathaus um den Freihafen, in dem große Mengen unverzollter Waren lagerten. Gerechnet wurde mit Plünderungen, weshalb die Hamburger Polizei, zu Wasser unterstützt durch einen eiligst herbeibeorderten Kreuzer mit mehreren Torpedobooten, die Lagerhäuser gegen mögliche Überfälle abschirmte. Bald kam eine Miliz von etwa 800 bewaffneten Sozialdemokraten hinzu, für die eine größere Zahl regulärer Polizisten an andere Brennpunkte abgezogen werden konnte. Mit einer nennenswerten politischen Gefahr rechnete angesichts der äußerst beschränkten Aktionen der Aufständischen bei der Stadtregierung bald niemand mehr.

Unvereinbar mit dieser tatsächlichen Lage war der Aufruf, den ein »Provisorischer Vollzugsausschuss« in dem östlich gelegenen Vorort Schiffbek am Morgen desselben 23. Oktober 1923 verbreitete: »In ganz Deutschland ist die Arbeiterschaft in den Kampf um die Macht eingetreten. In großen

Teilen Deutschlands ist die Macht in den Händen der Arbeiter. Auch in Schiffbek befindet sich die Macht in den Händen der Arbeiterschaft.« Dem »Ausschuss vor Ort« sei »die Vollstreckungsgewalt« übertragen. Plünderer, so drohten auch die Aufständischen an, sollten mit dem Tode bestraft werden. Im Übrigen ging es wieder vor allem um Waffen: »Um weitere Zwischenfälle zu vermeiden, fordert der Vollzugsrat alle diejenigen, welche im Besitze von Schuss-, Stoß- und Hiebwaffen und Munition sind, auf, sich bis heute Abend fünf Uhr bei dem Vollzugsausschuss unter Angabe der Zahl und Art der Waffen zu melden. Nichtbefolgung dieser Anordnung zieht schwere Strafen nach sich.« Nun gelte es, »das Errungene zu verteidigen und auszubauen«. Alle »wehrfähigen Arbeiter« sollten sich daher umgehend melden, um in den »proletarischen Selbstschutz« eingegliedert zu werden.[50]

In dem rechtlich bereits zu Preußen gehörenden Arbeiterviertel dauerte der Aufstand am längsten: »Die Kommunisten kämpfen in geschlossenen, größeren Trupps im Augenblick nur noch im Vorort Schiffbek an der Hamburg-Berliner Strecke, die von den Aufrührern zu sperren versucht wird«, meldete die *Norddeutsche Allgemeine Zeitung* in ihrer Abendausgabe vom 24. Oktober 1923. In der Innenstadt hatte es an diesem Mittwoch im Gegensatz zum Vortag kleinere Zusammenstöße gegeben; Hungernde hatten die Gelegenheit genutzt, dass die Polizei anderweitig beschäftigt war, um Lebensmittelgeschäfte und Warenhäuser auszuräumen. Binnen weniger Stunden wurden diese Krawalle unter Kontrolle gebracht.

In Barmbek hatten die Aufrührer ihre am Marktplatz und dem zur Festung ausgebauten Bahnhofsgebäude gelegenen Verteidigungsstellungen im Verlauf des Vormittags aufgegeben, in Elmsbüttel bereits in den Morgenstunden. Am Abend des zweiten Tages saßen mehrere hundert tatsächliche und angebliche Unterstützer in Polizeigewahrsam, und nach ziemlich genau 47 Stunden, in der Nacht vom 24. auf den 25. Oktober gegen ein Uhr, erklärte Hamburgs KPD-Führung auf Druck der Zentrale um Heinrich Brandler den Aufstand für beendet.

In nicht einmal zwei Tagen waren mehr als hundert Menschen durch die Kämpfe gestorben, darunter 24 Aufrührer und 17 Polizisten, vor allem aber 61 unbeteiligte Zivilisten. Hunderte weitere Hamburger waren mehr oder minder schwer verletzt, mehr als tausend insgesamt wurden festgesetzt, fast jeder fünfte schließlich angeklagt.

Das SPD-Blatt *Vorwärts* analysierte: »Was die Kommunisten in Hamburg, die bekanntlich wie die Berliner zum radikalsten Flügel ihrer Partei gehören, sich bei diesem abenteuerlichen Putschversuch eigentlich gedacht haben oder denken, das wird außer ihren Führern kaum jemand wissen oder begreifen. Ihr unsinniges Vorgehen ist jedenfalls eine verbrecherische Dummheit.«[51] Derselben Ansicht war auch die KPD-Zentrale; in einem geheimen Rundschreiben an Spitzenfunktionäre vom 24. Oktober hieß es: »Hamburg ist für die kommunistische Partei ein Beispiel, wie man es nicht machen soll.«[52]

Die Reichsregierung befasste sich nicht weiter mit den Hamburger Ereignissen, nachdem ein Regierungsrat der Reichskanzlei Erkundigungen eingezogen und am Mittag des 23. Oktober 1923 berichtet hatte: »Zwei Polizeiwachen befinden sich zurzeit (zwölf Uhr mittags) noch in den Händen der Kommunisten. In vier Straßen eines Vorortbezirkes haben die Kommunisten Barrikaden errichtet. Im Innern der Stadt ist alles ruhig. Auch die Lage im Hafen gibt zu Besorg-

nissen vorerst keinen Anlass.«[53] In den Ministerrunden am
23. und 24. Oktober spielte der Aufstand keine Rolle.[54]

Nach dem schnellen Scheitern eilte Konsul Grigorij Sklowski in die Reichshauptstadt, um die dortige Lage zu sondieren. Doch seine Erkenntnisse waren für die Moskauer Revo-
lutionsplaner noch niederschmetternder als die Niederlage
im Norden: »In Berlin fand ich eine ganz andere Stimmung
als in Hamburg vor. Während die verbitterten und empörten
Hamburger wenigstens die Genugtuung haben, gekämpft zu
haben, erleben die Berliner das Gefühl äußerster Frustration.
Alle speien Gift und Galle.« Eine »gewisse Kälte« spürte
Sklowski auch im »Verhältnis zu Moskau«. Es gäre heftig und
bei unteren und mittleren Parteifunktionären werde »ernsthaft von Spaltung gesprochen«. Den einzigen Ausweg aus
dieser Lage sah der Konsul in einem Parteitag, auf dem die
kommunistische Parteiführung die Anhängerschaft wieder
auf Kurs bringen müsse. »Was die Perspektive unmittelbar
bevorstehender entscheidender Ereignisse in Berlin angeht,
so sollte sie derzeit zu den Akten gelegt werden«, befand
Sklowski erstaunlich offen: »Die Gelegenheit ist verpasst, der
Zug ist abgefahren, und er ist nicht mehr einzuholen.« Etwas
Hoffnung machte dem Emissär allerdings die Resonanz linker Intellektueller auf den gescheiterten Aufstand: »Die Sympathie seitens der Intelligenz ist sehr groß. Wir erhalten eine
Menge Hilfsangebote von Seiten der Ärzte und Angehörigen
der Intelligenzberufe. Es gab Vorschläge, Spenden für die
Opfer zu sammeln.«[55]

»Herbstübung«

Als in Hamburg das Scheitern des Aufstandes längst absehbar und auch in den entfernteren Teilen des Reiches schon bekannt war, am 24. Oktober 1923 nachmittags, versammelte Lossow im Wehrkreiskommando München außer zahlreichen seiner Offiziere die Anführer der verschiedenen Wehrverbände und des Kampfbundes sowie Vertreter des Generalstaatskommissars Kahr und des Landespolizeichefs Seißer. Verschiedene der insgesamt 34 Teilnehmer erinnerten sich unterschiedlich an den Verlauf, aber einig waren sie sich alle in einem Punkt – nämlich dass Otto von Lossow zu Beginn drei denkbare Entwicklungen skizzierte: »Erstens es würde in Berlin eine Rechtsdiktatur gebildet. Zweitens es käme zu Lebensmittelkrawallen, dann entstünde ein Chaos und wir müssten dem Norden zu Hilfe kommen. Drittens es würde weiter gewurstelt.« So fasste ein Wehrverbands-Anführer die Ansprache Lossows zusammen.[56]

Der General selbst berichtete knapp vier Monate später in nichtöffentlicher Sitzung dem Volksgericht München I und berief sich auf Aufzeichnungen, die sein Stab gemacht hatte. »Drei Fälle könnten eintreten«, habe er demnach gesagt. Erstens, »dass sich in Berlin eine ausgesprochene Rechtsregierung« bilde. Also das seit Monaten in nationalistischen Kreisen immer wieder diskutierte »Direktorium«, das »letzten Endes das gleiche Programm hat wie wir in Bayern«. Für so eine Regierung sollten »die in Bayern vorhandenen Machtfaktoren« wesentlich sein, also neben der 7. Division und der paramilitärisch ausgerüsteten Landespolizei die Vaterländischen Verbände einschließlich des Kampfbundes, zu dem Hitlers SA gehörte. Als zweite Möglichkeit verwies Lossow auf einen weiteren »Verfall der Währung, Nahrungsmittel-krawalle« und ähnliches, was »ein gewisses Chaos im Reiche zur Folge« hätte. In so einem Fall könnte sich »die Notwendigkeit ergeben«, dass Bayern dem Norden zu Hilfe kommen müsse, so »wie der Norden uns in München zur Zeit der Räteherrschaft im April 1919 zu Hilfe gekommen« war. In diesem Falle könne sich am Ende die Einsetzung »des erwünschten Direktoriums ergeben«, stellte Otto von Lossow fest: »Auch für dieses wollten wir möglichst starke Machtmittel bereitstellen.« Der dritte, unwillkommene Fall, »an den man aber auch denken müsse«, sei, dass »die Wurschtelei noch eine Zeitlang weitergehe, dass sich das Kabinett Stresemann noch eine Zeitlang hielte«. Dann müsse man in Bayern den nationalen Flügel geschlossen halten und weiter Druck auf Berlin ausüben. Auch in dieser Situation sei die Verstärkung »unserer Machtmittel« wünschenswert.[57] Dem stimmte die Mehrheit der Teilnehmer zu: Sie würden ihre Wehrverbände der bayerischen Reichswehr unterstellen. Einige Verbände jedoch wollten eher Freikorps unter eigenem Kommando wie 1919/20 bilden, was der General ablehnte.

Ausdrücklich bestritt Lossow, von einem »Marsch nach Berlin« gesprochen zu haben.[58] Genau das aber erinnerten andere Teilnehmer der Sitzung, etwa der militärische Leiter des Kampfbundes Hermann Kriebel.[59] Ebenso stand es in einem namentlich nicht gezeichneten, aber zeitnah entstandenen Bericht über die Sitzung.[60] Paradoxerweise lagen womöglich beide Seiten richtig. Denn selbst wenn Lossow genau diese Worte nicht in den Mund genommen haben sollte, so entsprach doch die Schilderung seines ersten Falls exakt dem, was in München bereits seit Mussolinis Erfolg in Italien immer wieder besprochen wurde. »Dieser ›Marsch nach Berlin‹ ist überhaupt in ganz München in allen Vaterländischen

Verbänden vollständiges Gemeingut aller gewesen«, erinnerte sich beispielsweise der Komponist und Rittmeister a. D.
Friedrich von Schirach. Das Schlagwort hatte sich entwickelt
aus der Ablehnung des separatistischen Schlachtrufes »Los
von Berlin!« im Sinne von »Los auf Berlin!«. Dem im bürger-
lich-völkischen Milieu bestens vernetzten Schirach zufolge
wurde »allgemein immer gesprochen vom ›Marsch nach
Berlin‹«. Selbst wenn genau diese Worte nicht fielen, so war
doch die Idee stets zur Hand, wenn es um Kritik an der
Reichsregierung oder einer notwendigen Veränderung an
der Staatsspitze ging: »Also in diesem Zusammenhang mussten wir alle der Überzeugung sein, dass es sich um einen tatsächlichen ›Marsch nach Berlin‹, jedenfalls nach Norden
handelte.«[61]

Zwei Tage nach dieser Sitzung im Wehrkreiskommando
erließ Lossows Chef des Stabs den vertraulichen Befehl Ia
800/23, der die Besprechung in militärische Weisungen
fasste. Es handelte sich um einen Vorsorge-Befehl, der im
Falle eines Bürgerkriegs greifen sollte – aber auch einen solchen Konflikt auslösen konnte. Der entscheidende Satz eröffnete die Weisung: »Für den Fall innerer Unruhen ist eine
Verstärkung der Division in Aussicht genommen.« Dazu
sollten dem Kommandeur der bayerischen Reichswehr alle
Wehrverbände unterstellt werden, die sich seinen Forderungen unterwarfen. Dazu hatte sich namens des Kampfbundes
auch dessen militärischer Leiter Hermann Kriebel bereit-
erklärt. Die Vorbereitungen sollten unter dem Kennwort
»Herbstübung 1923« laufen und rasch abgeschlossen sein –
bis zum 3. November hatten »die Arbeitsstäbe und die unmittelbar unterstellten Stellen« zu berichten.[62] Danach sollten die Verbände innerhalb von drei Tagen in der Lage sein,
die reguläre Reichswehr-Division zu verdreifachen, indem

jedes einzelne Bataillon auf drei entsprechende Einheiten aufgestockt wurde, »zwei Feldbataillone und ein Garnisons-bataillon«. So würden allein in Bayern deutlich mehr als 20 000 Bewaffnete unter Lossows Kommando stehen.[63]

Als möglichen Ablauf hielt ein Stabsoffizier in München fest, bei Einberufung am 8. November 1923 für den 11. November könnte die bayerische Reichswehr bis zum 15. November auf den vorgesehenen Umfang verstärkt sein. Gleich-zeitig sollte eine »Anfrage bei norddeutscher Reichswehr« erfolgen, »wie diese sich verhalten werde, wenn Diktator Seeckt am 12. November ausgerufen würde«. Für den 15. November sah der Plan vor: »Fertig zum Schlagen. Eisenbahn-transporte sind vorbereitet.« Der Offizier rechnete mit ei-nem schnellen Erfolg: Bis zum 16. oder 17. November sollte die Republik gestürzt sein; Kahr würde zum »Statthalter der Monarchie« ausgerufen werden.[64]

Reichsexekution gegen Sachsen

Ohne etwas von den Planungen in München zu erfahren, zog Reichspräsident Friedrich Ebert in Berlin aus dem Scheitern des Hamburger Aufstandes den Schluss, dass die KPD sich selbst massiv überschätzte; ein kommunistischer Umsturz schien ihm nahezu unmöglich. Andererseits bewies das Los-schlagen in der Hansestadt, dass jederzeit von den Kommu-nisten gewalttätige Unruhen ausgehen konnten, also eine Schwächung der Republik. Nach Hamburg konnte niemand mehr die Absichten der KPD bezweifeln. Damit stand fest, wie mit den SPD-KPD-Koalitionen in Sachsen und Thürin-gen umzugehen sei. Schon am 22. Oktober waren Reichs-wehrtruppen unter dem Kommando von General Müller in die größeren sächsischen Städte einmarschiert; nennenswerte Gegenwehr hatte es nicht gegeben, dafür etwa in Dresden einen begeisterten Empfang. Fünf Tage später musste nun entschieden werden, wie die Truppen weiter vorgehen sollten: Würde die offizielle Reichsexekution gemäß Artikel 48 der Reichsverfassung kommen? Das bedeutete, dass Ebert das Dresdner Kabinett absetzen und von Soldaten aus den Regierungsgebäuden entfernen ließ – notfalls mit Gewalt, falls sich die Minister und ihre Mitarbeiter weigern sollten.

Um 18 Uhr an diesem Sonnabend versammelte Stresemann in der Reichskanzlei die Leiter der Ressorts um sich. Reichswehrminister Geßler, der stets am stärksten auf ein hartes Vorgehen gegen Zeigner gedrängt hatte, schlug vor, einen zivilen Reichskommissar für Sachsen zu berufen; er nannte dafür den mit den regionalen Verhältnissen bestens vertrauten Spitzenbeamten und ehemaligen Chef der Staatskanzlei Alfred Schulze, den Ministerpräsident Zeigner erst am 10. Oktober entlassen hatte, um an seiner Stelle KPD-Chef Brandler mit dieser wichtigen Funktion zu betrauen. Geßler wollte »durch die Wahl eines parteilosen Beamten zum Ausdruck bringen, dass es sich bei der Aktion um ein völlig unparteiisches Vorgehen« handle.[65] Der SPD-Justizminister Radbruch äußerte Bedenken, weil er »Zeigners Gebaren für die Spielerei eines törichten Kindes hielt«.[66] Stresemann maßregelte seinen Justizminister, zumal Eberts Vertreter in der Kabinettssitzung mitteilte, dass der Reichspräsident mit Geßler einverstanden sei. Der Kanzler verwies darauf, dass ein klares Vorgehen gegen die Links-Koalition in Dresden die »Stellung des Reichs Bayern gegenüber erheblich verstärken und somit einen Konflikt vermeiden« könne, dessen Folgen nicht abzusehen seien. Ein Argument, das man schwerlich bestreiten konnte.

Trotzdem versuchten die drei SPD-Minister, die Entscheidung noch hinauszuzögern. Deshalb unternahm Stresemann noch einen allerletzten Versuch zur friedlichen Klärung der Lage. Er schickte einen Brief nach Dresden und forderte den Ministerpräsidenten auf, von sich aus zurückzutreten: »Die Propaganda der kommunistischen Partei in Sachsen hat unter Führung der Ihrem Kabinett angehörenden kommunistischen Mitglieder Formen angenommen, die den gewaltsamen Umsturz der Reichsverfassung und ihre Zertrümmerung zum Ziele haben.« Ausdrücklich verwies der Reichskanzler auf Brandlers Äußerungen bei der Betriebsrätekonferenz in Chemnitz. »Die Ansage des offenen Kampfes an die Reichsregierung muss notwendig das Ziel der Regierung, Ruhe, Ordnung und Sicherheit im Lande aufrechtzuerhalten, stören«, schrieb Stresemann weiter: »Die Beseitigung dieses Zustandes ist unerlässlich.« Er verlangte den Rücktritt des Landeskabinetts und die Neubildung einer Regierung »ohne Mitwirkung kommunistischer Mitglieder« noch am 28. Oktober 1923. Sonst werde ein Reichskommissar ernannt, »der die Verwaltung des Landes bis zur Wiederherstellung verfassungsmäßiger Zustände in die Hand nimmt«.[67]

Erich Zeigner freilich schickte postwendend eine herablassende Antwort: »Herr Reichskanzler! Ich bestätige den Empfang Ihres Schreibens vom 27. Oktober 1923. Das in ihm enthaltene Ansinnen, zurückzutreten, lehnt die sächsische Regierung entschieden ab. Ein politischer Anlass zu Ihrer Forderung liegt nicht vor und rechtlich ist das Verlangen der Reichsregierung nach der Reichsverfassung unzulässig. Nur der Sächsische Landtag ist legitimiert, die sächsische Regierung abzuberufen. Solange das nicht geschieht, wird die sächsische Regierung auf ihrem Posten ausharren. Sie wird aber im Landtag umgehend eine Entschließung über diese

Vertrauensfrage herbeiführen.«[68] Zudem veröffentlichte der Ministerpräsident seine Antwort, was den Konflikt auf die Spitze trieb.[69]

Noch bevor Stresemann am Morgen des 29. Oktober 1923 Eberts nun unausweichliche förmliche Anordnung der Reichsexekution in Händen hielt, teilte er Geßler die Ernennung des Nationalliberalen Rudolf Heinze zum zivilen Reichskommissar für Sachsen mit; das Dokument mit der Unterschrift des Reichspräsidenten traf erst eine halbe Stunde nach dem entscheidenden Telefonat in der Reichskanzlei ein.[70] Die Eile Stresemanns sorgte für eine heftige Verstimmung zwischen Staatsoberhaupt und Regierungschef, doch letztlich konnte sich Ebert nicht beschweren: Stresemann hatte gehandelt, wie es die Lage erforderte – das sah auch Carl Severing so, Preußens SPD-Innenminister. Er hatte »schlaflose Nächte« mit der Frage verbracht, ob man die Reichswehr in Sachsen einsetzen dürfe. Schließlich rang er sich dazu durch: »Die Situation 1923 war ebenso verzweifelt wie 1920«, befand er und meinte den Märzaufstand der Kommunisten im Ruhrgebiet, bei dem fast 1300 Menschen gestorben waren.[71]

So schlimm wurde es in Sachsen nicht. Am 29. Oktober 1923 endete die linke Koalition in Dresden, als Reichswehrsoldaten mehrere Ministerien und den Landtag besetzten. Nur vereinzelt gab es Gegenwehr bewaffneter Kommunisten, die umgehend gebrochen wurde, was allerdings vor allem in Freiberg und in Pirna mehr als 30 Menschen das Leben kostete. In Berlin kritisierten die drei SPD-Reichsminister im Kabinett, Robert Schmidt, Gustav Radbruch und Wilhelm Sollmann, die angeblich »bewusste Provokation« der Reichswehr bei der Besetzung der Regierungsgebäude. So seien die Truppen mit Musik aufgezogen und hätten Ministerpräsident Zeigner und den kommunistischen Finanzminister Paul Böttcher »durch Militärpersonen« aus ihren Amtsräumen führen lassen. Stresemann hielt dagegen, dass Zeigner öffentlich angekündigt hatte, nur dem Zwang weichen zu wollen. Trotzdem habe sich die Amtsentsetzung ohne jede Gewalt vollzogen. Er fand, die Lage in Sachsen erstaunlich problemlos entschärft zu haben. Das machte Hoffnung für Thüringen, dessen Ministerpräsident August Frölich etwas weniger aggressiv war als Zeigner. Blieb noch das Problem Bayern.

Ultimatum an Bayern

Parallel mit den Ereignissen in Hamburg und der Reichsexekution gegen die sächsische Landesregierung schwelte der Konflikt mit München weiter. Am selben 24. Oktober, an dem Otto von Lossow in München die Wehrverbands-Anführer auf seine Linie einschwor, fand auf Anregung Württembergs in der Reichskanzlei eine Aussprache mit den Ländern über diesen Konflikt statt. Bayerns Vertreter, der eigentlich für den formell amtierenden, aber nicht mehr aktiv die Politik bestimmenden Ministerpräsidenten Eugen von Knilling sprach, musste um Verständnis für Kahr werben und hatte einen schweren Stand. Die »nationale Gesinnung« des Generalstaatskommissars sei »über alle Zweifel erhaben«, befand er. Das Münchner Kabinett habe daher hoffen dürfen, dass, »wenn er sich gegen die Hitlerbewegung einsetzte, dann doch ein großer Teil der Bevölkerung wieder zur Ruhe und zur Besinnung« zurückkehre. Dem fügte der Gesandte hinzu: »Diese Hoffnung hat auch nicht getrogen. Kahr verbot die Hitler-Versammlungen. Die Rechtsputsche wurden abgeblasen, und ein Teil der Vaterländischen Verbände, die bisher zu Hitler standen, unterstellte sich Kahr. Damit war die Gefahr, die von rechts her drohte, in Bayern abgewendet.«

Das freilich sah der Reichskanzler ganz anders. Angesichts der »Beziehungen des Herrn von Kahr zu den rechts gerichteten Organisationen im Lande« wirke seine inoffizielle Berufung zum »Diktator von Bayern« keineswegs mäßigend auf die Rechtsradikalen im übrigen Deutschland. Selbst wenn das, wie Stresemann konzedierte, »wahrscheinlich gar nicht gewollt« gewesen sei. Immer noch versuchte er, Bayern eine Brücke zu bauen – genau wie er es seit Wochen gegenüber Sachsen mit seinen Briefen an Zeigner tat. Der Dresdner Ministerpräsident war übrigens trotz seiner zahlreichen Attacken auf die Reichsregierung zu dieser Sitzung über den Konflikt mit Bayern selbstverständlich geladen und laut der handschriftlich geführten Anwesenheitsliste auch erschienen.[72]

Unter Württembergs Leitung stellten sich die Länder (Bayern ausgenommen) auf die Seite der Reichsregierung und forderten den sofortigen Rückzug des Generals Lossow. Gleichwohl regten sie an, möglichst bald »in direkte Verhandlungen mit Bayern« einzutreten, um »den Konflikt aus der Welt zu schaffen«. Stresemann schloss die Sitzung betont kompromissorientiert: »Ich vertraue auf die Reichstreue Bayerns und ich vertraue auf die staatsmännische Einsicht seiner politischen Führer, dass sie den Weg, der hier gegangen werden soll und den die Reichsregierung zu gehen bereit ist, auch ihrerseits sich anschließen.«[73]

Doch die Situation war schon zu verfahren. Bayerns Ministerpräsident musste dem Gesandten der Reichsregierung, der ihn »rein informatorisch« am folgenden Tag aufsuchte, mitteilen, seine Regierung könne, »selbst wenn sie wollte, mit Rücksicht auf die öffentliche Meinung ihren Standpunkt nicht aufgeben, sondern müsse auf ihren Forderungen bestehen«.[74] Knilling war zum Gefangenen seiner eigenen Entscheidung geworden, ausgerechnet dem bekennenden Demokratie-Gegner Kahr die vollziehende Gewalt zu übergeben. Wie als Bestätigung teilte der Generalstaatskommissar etwa zeitgleich öffentlich mit, dass er »jedes Verhandeln in dieser Sache mit der gegenwärtigen Regierung« ablehne.[75]

Der Vermittlungsversuch Württembergs war gescheitert – nun musste das Problem Bayern anders gelöst werden: mit einem Ultimatum wie am selben Tag an Zeigner. Stresemann selbst spitzte den Entwurf seiner Beamten zu und ließ das Ergebnis telegrafisch dem Vertreter der Reichsregierung in München zukommen, der es schnellstmöglich dem Ministerpräsidenten als verfassungsmäßigem Ansprechpartner vortragen sollte; den Generalstaatskommissar überging Stresemann ostentativ. Der Inhalt war nicht weniger harsch als der des Ultimatums an Zeigner. Namens der Reichsregierung richtete der Kanzler nämlich »die Frage an die bayerische Staatsregierung, ob diese bereit ist, in kürzester Zeit die verfassungsmäßige Befehlsgewalt im bayerischen Teil des Reichsheeres wiederherzustellen«. Und Stresemann formulierte, was er von München erwartete: »Die Reichsregierung würde dankbar sein, wenn in der Rückäußerung der Bayerischen Staatsregierung über die Wiederherstellung der verfassungsmäßigen Befehlsgewalt im bayerischen Teile des Reichsheeres generell zum Ausdruck käme, dass sich die bayerische Staatsregierung vorbehaltlos auf den Boden der Reichsverfassung stellt.«[76]

In München wurde die Botschaft genau verstanden. Der Ministerpräsident erwiderte dem Gesandten, der ihm das

Ultimatum überbracht hatte, das sei »ja geradezu eine Kampfansage«. Knilling fühlte sich »in eine völlig unmögliche Lage gebracht«. Er wolle seine Entschlüsse nicht aus der Pistole schießen und daher erst am Montag, wenn seine Kabinettskollegen zurück wären, Stellung nehmen. Jedoch warnte er »dringend«, denn: »Die Folgen würden unabsehbar sein.«[77]

Konkreter wurde einer seiner Beamten im vertraulichen Gespräch mit Carl Moser von Filseck. Die Gefahr Hitlers sei »neuerdings wieder besonders groß«. Wenn Kahr an Ansehen verliere, würden seine Anhänger bei der NSDAP Anschluss suchen. Mosers Bericht gipfelte in der Erwartung seines Gesprächspartners: »Hitlers Marsch nach Berlin ist dann nicht mehr aufzuhalten.«[78]

Entscheidung

*Gepokert und verzockt: Gustav von Kahr träumte vom Umsturz,
lieβ sich dann aber benutzen.*

*Nach dem Durchgreifen gegen Sachsen zerbricht
die Regierungskoalition in Berlin. Doch gerade diese
vermeintliche Schwächung öffnet einen Weg aus der
Krise. Binnen drei Tagen kehrt sich die Lage weitgehend um.*

Münchner Verhältnisse

Ende Oktober 1923 gab es über die Stimmung auf den Straßen der bayerischen Landeshauptstadt keine Zweifel. Die Anhänger Hitlers dominierten; Kahr und Lossow waren zumindest, was die öffentliche Präsenz anging, ins Hintertreffen geraten. Seit erst sechs Wochen wohnte Major Hermann Starke in München und unterrichtete als Taktiklehrer an der Infanterieschule in der Blutenburgstraße, der reichsweit einzigen Ausbildungsstätte für den Offiziersnachwuchs des Heeres. Hier erhielten alle Fähnriche ihre Grundausbildung – also nicht nur die aus Bayern, sondern aus allen Wehrkreisen. Als Zugezogenem fiel Starke auf, wie »überaus populär« Hitler bei der Bevölkerung war: »Die Versammlungen im Zirkus Krone, bei denen er sprach, waren stets von einer begeisterten Menschenmenge überfüllt.« Die bayerische Regierung, so sein Eindruck, duldete die NS-Bewegung: »Sie hoffte wohl, sie in der Hand zu haben. Alltäglich zogen Trupps vaterländische und Kampflieder singend durch die Straßen der Stadt.« Die Reichswehr in der Stadt machte keine Ausnahme, und erst recht nicht deren Nachwuchs: »An der Infanterieschule war die Stimmung zweifellos für die Vaterländische Bewegung und für Hitler. Namentlich die jungen Offiziere und Fähnriche waren sehr durch die Bewegung beeindruckt.« Viele von ihnen, registrierte der mit 42 Jahren schon erfahrene Starke, verkehrten abends gerne im Bratwurstglöckle an der Frauenkirche, einem bekannten Treffpunkt der Hitler-Anhänger. Allgemein empfand man in München die Hitler-Bewegung »kaum als revolutionär«, sondern sah sie »als Zeichen des Wiedererwachens vaterländischer Gefühle« und als »innere Auflehnung gegen die stumpfe Hinnahme des drückenden Nachkriegszustandes, der auf Deutschland lastete«.[1]

Genaue Erhebungen gab es nicht, aber mindestens die Hälfte der knapp 300 Angehörigen der drei Lehrgänge der Schule tendierten zur Hitlerbewegung, zudem einige der etwa 50 Ausbilder und Mitglieder der Schulleitung.[2] Deshalb hatte Hans von Seeckt dem Kabinett in Berlin am 20. Oktober 1923 vorgeschlagen, diese Ausbildungsstätte zu schließen; Reichswehrminister Otto Geßler hielt »mindestens für notwendig, dass, wenn auch die Offiziersschule nicht de jure aufgelöst wird, doch die kommandierten Fähnriche zurückberufen werden«.[3] Eine Entscheidung darüber war aber nicht gefallen.

Ähnlich angespannt wie Major Starke empfand die Lage ein Potsdamer Reichswehr-Hauptmann, der im Oktober 1923 zwei seiner Offiziersanwärter an der Münchner Schule besuchte und verändert vorfand: »Meine Fähnriche (…) trugen schwarz-weiß-rote Kokarden und erklärten mir, indem sie mir volles Vertrauen schenkten, dass sie sich Hitler verschworen hätten. In nächster Zeit würden sie die Macht ergreifen und von München aus Deutschland befreien.«[4]

Direkte Folge dieser Stimmung war, dass der Antisemitismus inzwischen allgegenwärtig war. »Die bayerischen Juden befinden sich in einem Zustand unaussprechlicher Panik«, hatte die Jewish Telegraphic Agency direkt nach den Ausweisungen von Ostjuden durch Kahr in die USA gemeldet und hinzugefügt: »Der Geist Hitlers beherrscht nicht nur die Regierung, sondern auch die gesamte öffentliche Meinung.«[5] So sehr nahm die antisemitische Stimmung in München zu, dass sich sogar die katholische Amtskirche mit Michael Kardinal Faulhaber an der Spitze genötigt sah, zur Mäßigung aufzurufen: »Mit blindem Hass gegen Juden und Katholiken, gegen Bauern und Bayern werden keine Wunden geheilt.«[6]

Seit dem 20. Oktober war Adolf Hitler nicht mehr öffentlich aufgetreten, obwohl er in München weilte. Stattdessen führte er Tag für Tag Gespräche – auch mit den engsten Verbündeten des Generalstaatskommissars, um sie auf seine Seite zu ziehen. Am 25. Oktober traf er Landespolizei-Chef Seißer und erklärte ihm ausschweifend seinen Plan: »Die Rettung müsse von München kommen. Hitler, Ludendorff, Lossow, Seißer müssten das Reichsdirektorium bilden.« Ludendorff sei nötig, um die Reichswehr zu gewinnen, denn kein Soldat werde auf den legendären Weltkriegsgeneral schießen. Als der Polizeichef das bezweifelte, gestand Hitler zu, die Generäle seien »natürlich gegen Ludendorff, aber die Truppe vom Major abwärts würde diesen Generälen nicht gehorchen«.[7] Das überzeugte Seißer nicht.

Ebenso wenig Lossow, den Hitler in der zweiten Oktoberhälfte 1923 gleich mehrfach aufsuchte. Allerdings ging der NSDAP-Chef seine Versuche, den General für sich zu gewinnen, völlig falsch an, indem er ihm zunächst eine »längere Leichenrede« hielt. Als »meuternder General« sei Lossow »ein toter Mann« und könne sich nur retten, wenn er sich auf Hitlers Seite stelle. Offenbar setzte er bei Lossow »einen großen persönlichen Ehrgeiz« voraus; dass der General »in der Versenkung« verschwinden könnte, schien ihm unmöglich. Und wieder betonte Hitler: »Ludendorff, der mit ihm übereinstimme, biete die Sicherheit, dass die Reichswehr sich ohne Weiteres hinter ihn stellen würde.«[8] Das war inzwischen eine fixe Idee. Irgendwie kompromissbereit war der NSDAP-Chef nicht.

Gustav von Kahr ebenso wenig: Für den Abend des 30. Ok-

tober 1923 verbot er kurzerhand eine Serie paralleler NSDAP-
Massenversammlungen und gestattete stattdessen nur einen
einzigen Auftritt im Zirkus Krone. Den nutzte Hitler für eine
seiner typischen Tiraden gegen den »Marxismus«, das parlamentarische System und die Reichsregierung. Aber auch den
Generalstaatskommissar ging er direkt an, obwohl er dessen
engste Verbündete gleichzeitig für sich gewinnen wollte –
eine zumindest eigenwillige Taktik. »Wenn nicht in letzter
Minute der große Wurf geschieht, wird weder Bayern noch
Deutschland frei«, gipfelte die Rede: »Den Weg, den ich ein-
schlug, gehe ich zu Ende, auch allein und verlassen.« Seine
Anhänger im Zirkus Krone quittierten dieses Versprechen
mit donnernden »Heil«-Rufen, berichtete zumindest der
Völkische Beobachter – im Bericht der Kahr nahestehenden
Münchener Zeitung fand sich davon kein Wort. Abschlie-
ßend gab Hitler einen Einblick in seine Selbstwahrnehmung:
»Mit nichts hat unsere Bewegung begonnen. Wir haben eine
Millionenarmee daraus gemacht von gläubigen Deutschen,
die auf uns blicken.«[9] In Wirklichkeit zählte die NSDAP
Ende Oktober 1923 rund 50 000 offizielle Mitglieder in ganz
Deutschland.[10]

Zu dieser Zeit bemühte Hitler sich um symbolisch besonders wichtige Verbündete: den Offiziersnachwuchs. An der
für alle Wehrkreise zuständigen Infanterieschule hatte die
Neuvereidigung der bayerischen Reichswehr starke Verwer-
fungen erzeugt, zumal der Kommandeur ein preußischer
Generalmajor war. Er war nach dem 22. Oktober zu Konsultationen nach Berlin gereist, um den Konflikt durch schiere
Abwesenheit zu entschärfen. Gleichzeitig hatte der ehemalige Freikorps-Anführer Gerhard Roßbach Kontakte zu Angehörigen der Infanterieschule geknüpft, die bereits natio-
nalsozialistisch dachten. Er hatte ihnen empfohlen, Hitler

anzuhören, und sogar in den Räumen eines studentischen Korps eine Versammlung arrangiert. Doch im letzten Moment hatte die Führung der Infanterieschule davon erfahren und ihren Zöglingen die Teilnahme verboten: Angehörige der Reichswehr hatten sich politisch streng neutral zu verhalten; zum Beispiel ruhte ihr Wahlrecht für die Zeit des aktiven Dienstes als Soldaten.[11] Erst bei einem informellen Treffen im Bratwurstglöckle an der Marienkirche gelang es Roßbach, den Vorgesetzten die Zustimmung abzuringen – wohl auch, weil der Kommandeur sich gerade in Berlin aufhielt. Diese Versammlung fand in den »allerersten Novembertagen« statt. 100 bis 120 Teilnehmer erschienen – und wurden erst einmal enttäuscht: »Hitler verspätete sich um eine Stunde.« Dann aber verlief der Auftritt wie erhofft, berichtete Roßbach: »Nach meinen Einführungsworten hielt er eine Rede, die in der Forderung gipfelte, dass die Fähnriche ihren Fahneneid jetzt dadurch halten müssten, dass sie ihn brechen. Er werde die Gewalt in die Hand nehmen und habe sich mit General Lossow geeinigt.«[12]

Koalitionsbruch

In Berlin verschärften die drei SPD-Minister des Kabinetts Stresemann auf Druck ihrer Partei die Spannungen in der Koalition. Ihre Argumente gegen das Vorgehen in Sachsen waren durchaus spitzfindig: Mit dem Ultimatum an Zeigner hatten Schmidt, Radbruch und Sollmann sich einverstanden erklärt, angeblich jedoch nicht mit der Form des entsprechenden Briefes. Genauso wenig konnte ihre Klage überzeugen, dass Stresemann nach Ablauf der gesetzten Frist die Dinge vorangetrieben hatte, ohne das Kabinett nochmals zu konsultieren – denn genau das machte ein einvernehmlich beschlossenes Ultimatum aus.[13]

Grund zu Beschwerden gab es umso weniger, als die Reichsexekution abgesehen von den kommunistischen Attacken vor allem in Freiberg und Plauen weitgehend problemlos verlaufen war, der von Berlin eingesetzte Reichskommissar Rudolf Heinze seine Aufgabe streng beschränkte und zusammen mit dem neuen (und alten) Chef der Staatskanzlei Alfred Schulze vor allem »Ordnung und Sicherheit im Lande wiederherzustellen« suchte: »Meine Hauptsorge wird sein, für die Ernährung der Bevölkerung das Möglichste zu tun, ein Hauptziel, so rasch wie möglich unter Zusammenfassung aller verfassungstreuen Kräfte die Bildung einer neuen Regierung auf parlamentarischer Grundlage zu fördern.«[14] Tatsächlich hatten in Dresden umgehend nach der Absetzung Zeigners Verhandlungen begonnen, um ein neues, wieder von einem Sozialdemokraten geleitetes Kabinett zu bilden, was auch am 31. Oktober 1923 gelang.

Doch der SPD auf Reichsebene, namentlich der Fraktion im Reichstag, ging es nicht mehr um konkrete Politik, sondern um Prinzipielles. Dagegen wandten sich dann auch die eigenen Vertreter im Reichskabinett – zumindest parteiintern. Beispielsweise argumentierte Reichsinnenminister Sollmann durchaus realistisch: »Man kann sich nicht nur mit bürgerlichen Partnern, sondern auch mit Kommunisten kompromittieren.« Er erinnerte seine Genossen an den KPD-Aufstand in Hamburg und befand: »Die Illusionen der sächsischen Phraseure sind zerflattert, als einige Reichswehrsoldaten aufmarschierten.«[15] In der deutlich weiter links angesiedelten Fraktion vermochte er sich damit nicht durchzusetzen; vielmehr stellten deren Mitglieder Stresemann nun ihrerseits ein Ultimatum. Die SPD könne in der Koalition

»nur verbleiben, wenn folgende Voraussetzungen erfüllt werden: Erstens Aufhebung des militärischen Ausnahmezustandes. Zweitens die Reichsregierung behandelt das Verhalten der bayerischen Machthaber offen als Verfassungsbruch und unternimmt im Einklang mit der Reichsverfassung sofort die gebotenen Schritte gegen Bayern. Drittens: Aufrechterhaltung von Ruhe und Ordnung in Sachsen ist Aufgabe der Schutzpolizei. Reichswehrhilfe ist nur auf Anforderung des Inhabers der Zivilgewalt heranzuziehen.«[16]

Keine dieser Forderungen war politisch sinnvoll oder realistisch; sie widersprachen sich sogar. Den formal zivilen, nicht militärischen Ausnahmezustand, durch den Reichswehrminister Geßler die vollziehende Gewalt zufiel, konnte die Regierung nicht aufheben, solange das Problem mit Bayern ungelöst war. Das unmissverständliche Ultimatum an Bayern war schon am 27. Oktober 1923 abgegangen, am selben Tag wie der entsprechende Brief an Zeigner. Die indirekte Forderung nach einer Reichsexekution gegen Bayern war angesichts der unterschiedlichen Lagen unrealistisch – immerhin hatte sich in München der Wehrkreiskommandeur auf die Seite der Gegner Berlins gestellt, was natürlich beachtet werden musste. Die Rückkehr zu normalen Verhältnissen in Sachsen war sogar das erklärte Ziel des Reichskommissars und der neuen Dresdner Regierung, die am selben Tag einen wesentlichen Schritt vorankam, an dem die Reichstagsfraktion der SPD ihre Forderungen beschloss.

Es geschah, was wohl beabsichtigt war: Gustav Stresemann lehnte das Ultimatum ab, woraufhin die SPD am 2. November ihre drei Minister aus dem Kabinett abzog und damit den Bruch der Großen Koalition vollzog. Stresemann bedauerte das, »gerade nachdem die Dinge in Sachsen in Ordnung« kämen und versicherte, er hätte derartig »prononcierte Forderungen«, wie sie die SPD-Fraktion gestellt hatte, auch dann ablehnen müssen, wenn sie aus seiner eigenen Partei gekommen wären.[17]

Regierungserfahrene Abgeordnete der SPD kritisierten die Folgen der Entscheidung – so der bisherige Vizekanzler Robert Schmidt: »Für die Partei wird die Sache nicht so schlimm. Die politischen Folgen sind schwer, die Geschichte wird uns anklagen.« Ein anderer ehemaliger Minister befand: »Wir müssen natürlich große Verschlechterung in Aussicht nehmen. Ich sehe schwarz, aber es gibt keinen Ausweg.« Hingegen erkannte der ehemalige Reichskanzler, nun Partei- und Fraktionsvorsitzende Hermann Müller, warum das Ausscheiden der SPD von Vorteil sein könne: Eine »Lösung des bayerischen Konflikts« sei durch eine Reichsregierung mit Sozialdemokraten schlicht »nicht möglich«.[18]

In der Reichskanzlei herrschte »geradezu Katastrophenstimmung«, erinnerte sich Max von Stockhausen: »Man sprach von einem bevorstehenden Rechtsputsch.«[19] Dazu führte vor allem die Konzentration bewaffneter Milizen unter Hermann Ehrhardt an der bayerisch-thüringischen Grenze, die offenbar erst jetzt ins Blickfeld der Regierungszentrale rückte. Bereiteten sie möglicherweise einen »Marsch auf Berlin« vor?

Seeckts Votum

Durch den Koalitionsbruch ergab sich eine grundsätzlich neue Lage, zumindest was Hans von Seeckt und damit die Reichswehr anging. Der Chef der Heeresleitung lehnte den Parlamentarismus ab, vor allem die Einflussnahme durch die Parteien, womit er insbesondere die SPD meinte – die Kommunisten waren in jedem Fall Staatsfeinde, was gerade erst wieder Hamburg bewiesen hatte, während er die beiden liberalen Parteien widerwillig als staatstragend akzeptierte. Als die drei SPD-Minister im Reichskabinett am 26. Oktober 1923 die bevorstehende Reichsexekution gegen Sachsen einmal mehr zu hintertreiben versuchten, hielt einer seiner engsten Vertrauten fest: »Seeckt ist jetzt bereit, selbst ein Kabinett zu bilden.«[20] Schon seit mehreren Tagen gingen bei Seeckts Adjutant Hans-Harald von Selchow und sicher auch an ihm vorbei Aufforderungen ein, der General möge endlich die »Zügel der Macht ergreifen, legal oder illegal«.[21] Zu diesen Briefen gehörte ein Schreiben des Mecklenburg-Strelitzer Landbundes, das Seeckt am 31. Oktober las: »Mit zahlreichen Deutschen aller Gaue wissen wir, dass Euer Exzellenz der Mann sind, uns aus Not und Elend zu führen, sobald Euer Exzellenz die Zeit für gekommen erachten«, hieß es darin. Die Verfasser plädierten für die »Vereinigung von Seeckt und Kahr«, denn das sei »der glühendste Wunsch aller deutschen Patrioten!«[22] Seeckt selbst ging am 1. November davon aus, dass sich der Streit zwischen München und Berlin »durch die Bildung einer nationalen Regierung ohne Sozialdemokraten« von selbst regeln werde.[23] Genau das rückte am Abend des 2. November durch den Austritt der SPD in greifbare Nähe.

Der Chef der Heeresleitung war weiter fest entschlossen, keinesfalls am verfassungsmäßigen Staatsoberhaupt Friedrich Ebert vorbei oder gar gegen ihn zu handeln – und dabei blieb er, selbst als der Reichspräsident und der Reichswehr-Chef am 3. November über Bayern heftig aneinandergerieten. Nur Stunden später empfing er als Abgesandten aus München den Landespolizeichef Seißer und teilte ihm mit, er habe »einen scharfen Zusammenstoß« mit Ebert gehabt.

Eine Information, die Seeckt niemals einem Außenstehenden hätte weitergeben dürfen. Gleichwohl betonte der General: »Legaler Weg muss gegangen werden« – also mit dem Reichspräsidenten, nicht gegen ihn. Für den Fall, dass die Reichswehr gegen Bayern vorgehen solle, deutete er seine Konsequenz an: »Ich gebe mich auf keinen Fall dazu her.« Aber er sagte eben nicht, er werde bei einem solchen Verlangen die Regierung oder den Präsidenten stürzen.

Für Hans von Seißer war das offenbar eine Enttäuschung. Er schilderte die Situation in München: »Starker Druck aller vaterländischen Kräfte in Bayern auf Kahr zum Eingreifen gegen Berlin für Schaffung einer nationalen Diktatur.« Der Polizeichef legte noch nach und verwies auf wachsendes »Misstrauen gegen Seeckt in den vaterländischen Kreisen«. Eine baldige Lösung sei nötig: »Man darf die Stärke der Bewegung in Bayern nicht unterschätzen.« Doch der Reichswehr-Chef kam ihm nicht entgegen. Zwar trug er dem Besucher auf, Kahr »beste Empfehlungen« auszurichten, und kündigte an, bald einen Brief an ihn folgen zu lassen. In der Sache aber blieb sein Votum unmissverständlich.[24]

Also konnte Hans von Seißer bei seinem nächsten und letzten dienstlichen Termin in der Reichshauptstadt an diesem Samstag mehreren Verbündeten nur Unbefriedigendes über Seeckts Haltung berichten. Er habe »das gleiche Ziel wie wir«, wolle es aber »möglichst auf legalem Wege erreichen und möchte das Tempo danach einrichten«. Die Reaktion der Zuhörer war trotzdem eindeutig: »Allgemein wird Misstrauen gegen Seeckt geäußert, aber doch der Anschauung Ausdruck gegeben, dass man mit Seeckt gehen solle.« Der General solle unter Druck gesetzt werden, um ihn »zum Absprung zu bringen«. Für den Fall allerdings, »dass Seeckt endgültig versagt«, sollte mit dem zweithöchsten General der

Reichswehr eine Einigung herbeigeführt werden. Seißer und seine Gesprächspartner planten also nicht nur einen Staatsstreich, sondern zugleich einen Streich gegen die Militärführung. Freilich bestand über die »Zusammensetzung des nationalen Direktoriums noch völlige Unklarheit«. Gesetzt für das etwa siebenköpfige Gremium waren lediglich Gustav von Kahr als Reichspräsident, Bayerns reaktionärer Justizminister Franz Gürtner sowie ein führender Militär. Von Hitler oder einem anderen Vertreter der Wehrverbände war nicht die Rede.[25]

Provokation

Während Seißer am Vormittag des 4. November gerade mit dem Nachtzug aus Berlin ankam, stand in Bayerns Landeshauptstadt am Sonntag nach Allerseelen das Totengedenken an. Zu diesem Anlass sollte die Grundsteinlegung für das neue Kriegerdenkmal im Hofgarten vor dem Armeemuseum stattfinden, das an die etwa 13 000 gefallenen Soldaten aus München 1914 bis 1918 erinnern sollte. Dazu hatte sich fast das gesamte Kabinett Knilling angesagt, ferner der Generalstaatskommissar, die bayerische Reichswehr-Führung und Rupprecht, der ehemalige Kronprinz Bayerns – bei »unfreundlichem Wetter«, wie Hedwig Pringsheim festhielt.[26] Der einstige Thronfolger hatte verhindert, dass sich rechte und linke Wehrverbände prominent an der Zeremonie beteiligten: Weder der Bund Reichskriegsflagge als Teil des Kampfbundes noch die ohnehin verbotenen republikanischen Auergarden (benannt nach Bayerns SPD-Chef Erhard Auer) waren erwünscht. Diese öffentliche Zurückweisung ließ die Gerüchteküche brodeln.

In der Redaktion des *Völkischen Beobachters* wurde offenbar recht klar besprochen, was am 4. November geschehen könnte – jedenfalls teilte Hermann Esser seinem Besucher Ernst Hanfstaengl den Plan mit, den der Geschäftsführer des Kampfbundes Max Erwin von Scheubner-Richter und Alfred Rosenberg »ausgeheckt« hätten: »Mitten in der Feier sollen die SA und andere zuverlässige Kampfbund-Einheiten über die Regierung samt Kahr und Kronprinz Rupprecht herfallen, vielleicht auch noch über die Generalität, und alle festsetzen, worauf Hitler und Ludendorff die nationale Revolution ausrufen wollen.« Angeblich sprach sich Esser dagegen aus, weil schon am frühen Morgen Reichswehr und Landespolizei in beachtlicher Stärke den Hofgarten besetzt hatten. Nach einer solchen »Gewaltaktion«, wie sie Scheubner-Richter und Rosenberg Hitler eingeredet hätten, würde die Staatsmacht »im Handumdrehen aus der ganzen Putschbewegung Kleinholz machen«, befürchtete Esser.[27]

Jedenfalls wurde der Putsch an diesem Sonntag, wenn er denn tatsächlich geplant gewesen war, abgesagt. Scheubner-Richter war deswegen »ganz gebrochen«, erinnerte sich seine Witwe.[28] Sein Diener hielt fest, wegen der »Abwesenheit einiger Minister und sonstiger hochgestellter Persönlichkeiten« sei das Unternehmen einige Tage verschoben worden. Die Enttäuschung währte nur kurz: »Wir wenigen Nationalsozialisten, die davon wussten, dass am 4. November 1923 die nationale Erhebung geplant war, gingen eben die nächsten Tage fieberhaft an unserer Arbeit mit dem Bewusstsein, dass der Tag in aller Kürze da sein wird, wo der Führer mit der Waffe in der Hand das deutsche Volk einer besseren Zukunft entgegenführt.«[29]

Die Grundsteinlegung fand unter starkem Schutz statt und entwickelte sich zur Huldigung für Rupprecht. Nur eini-

gen Anhängern des Kampfbundes, vor allem SA-Leuten, war
es gelungen, in weiterer Entfernung von der Zeremonie im
Hofgarten trotz der formalen Ausladung ihre Flaggen zu zeigen. Direkt nach seinem Eintreffen am Hauptbahnhof plan-
mäßig um 10.40 Uhr hatte Seißer eine Nachricht an Kahr geschickt, der seine Teilnahme bei der Feier abbrach, um sich
mit seinem heimgekehrten Emissär zu beraten – so wichtig
schien, was der Landespolizeichef aus Berlin mitbrachte.[30]
Man traf sich bald nach elf Uhr im Gebäude des Regierungspräsidiums von Oberbayern in der Maximilianstraße, in dem
Kahr auch in seiner zusätzlichen Funktion als Generalstaatskommissar weiter amtierte.

Von dem Gespräch zwischen Kahr und Seißer erfuhr Hitler an diesem Sonntagvormittag wahrscheinlich nichts. Wohl
sein Wille zur Provokation bewegte ihn zu einer Demonstration der Stärke: Da der Kampfbund bei der Grundsteinlegung im Hofgarten für sein Gefühl zu wenig präsent gewesen
war, ließ er dessen Anhänger in der Mittagszeit durch die
Maximilianstraße marschieren, einschließlich der SA mit
Hakenkreuzfahnen. Der NSDAP-Chef und die Führung des
Kampfbundes nahmen die Parade genau vor dem Dienstge-
bäude Kahrs ab.

Die Resonanz fiel je nach Perspektive des Berichterstatters
sehr unterschiedlich aus. Die SPD-Presse betonte, es sei
friedlich geblieben: »Zwischenfälle haben sich nicht ereig-
net.«[31] Dagegen schilderte der *Völkische Beobachter* freneti-
sche Reaktionen: »Eine ungeheure Menschenmenge hatte
sich angesammelt und als die Parade zu Ende war, wurden
Hitler große Ovationen bereitet. Aus der Menge erscholl
plötzlich eine Stimme: ›Hitler soll die Leitung des deutschen
Vaterlandes in die Hand nehmen!‹, worauf ein nicht enden
wollender Zustimmungsjubel erscholl.«[32]

Unruhe in Oberfranken

Immer noch galt der vertrauliche Befehl Ia 800/23 der bayerischen Reichswehr, der Vorsorgebefehl für den Fall innerer
Unruhen – auch wenn sich nach der Reichsexekution gegen
Sachsen und dem bevorstehenden Eingreifen in Thüringen
die Lage verändert hatte. Die Konzentration vorwiegend junger, tatendurstiger Männer an der Nordgrenze Bayerns war
automatisch ein Unsicherheitsfaktor, vor Ort und ebenso für
München.

Täglich meldete die Regierung von Oberfranken beunru-
higende Neuigkeiten aus den eigenen Gebieten wie aus den
benachbarten westthüringischen Kreisen. Am 31. Oktober
hieß es: »Die vaterländischen Organisationen gewinnen an
Umfang, Inhalt und militärischer Ausbildung. Die ländliche
Bevölkerung erwartet sehnsüchtig den Aufruf« – gemeint
war der Aufruf zum Losschlagen gegen Thüringen.[33] Aus Coburg kam am 1. November die Warnung, ein »Generalstreik«
werde vorbereitet – bekanntermaßen das übliche Signal für
einen kommunistischen Aufstand. Einen Tag später hieß es,
die Stimmung sei »im nationalen Sinne fortgeschritten«. Am
3. November meldete die Polizei in Münchberg, »allgemeiner
Wunsch der Bevölkerung und der Vaterländischen Verbände« sei, Kahr möge »wirklich als Diktator auftreten und
nicht durch alle möglichen Schranken bürokratischer und
parlamentarischer Art gehindert« werden. Sonst bestehe die
Gefahr, dass »die Bewegung versandet und die Bevölkerung
missmutig wird«.[34]

Allerorten versuchten Nationalsozialisten, sich Waffen zu
beschaffen, teilweise mit echt aussehenden Befehlen der Behörden. »Dass ein Missbrauch des bezirksamtlichen Siegels

betrieben worden sei, konnte nicht nachgewiesen werden«, berichtete das Bezirksamt Hof. Vielleicht hatte also dort ein dazu berechtigter Beamter den NSDAP- und SA-Leuten geholfen.[35]

In der Nacht von Samstag auf Sonntag, den 4. November, marschierten Nationalsozialisten »mit militärischer Ausrüstung (Stahlhelm, aufgepflanztem Seitengewehr)« durch Fattigau südlich von Hof. Es war bereits der dritte derartige Vorfall in Nordostbayern. Die Behörden versuchten, den Vorfall ohne Aufsehen beizulegen: »Bezirksamt Hof will, um die Sache nicht an die große Glocke zu bringen, nicht kriminell vorgehen, sondern die Sache mit dem Führer der Nationalsozialisten zu bereinigen suchen.«[36]

Manche Mitglieder der versammelten Verbände stillten ihre Langeweile anders: »In Autenhausen wurde heute Nacht bei einer jüdischen Familie eingebrochen. Die Leute wurden stark misshandelt und anscheinend verschleppt, die Zimmereinrichtung durcheinandergeworfen, das Zimmer weist zahlreiche Blutspuren auf.« Die Bevölkerung befinde sich in großer Aufregung, meldete die kommunale Polizei und fügte hinzu: »Täter sind bekannt«. Ähnliches geschah in Sesslach mit zwei jüdischen Brüdern, über die »mindestens 15 Personen hergefallen« waren. Die beiden wurden misshandelt, entführt und offenbar nach Zahlung eines Lösegeldes freigelassen. Als die Polizei mit ihnen sprechen wollte, waren sie mit ihren Frauen verschwunden: »Man weiß nicht, wo sie sich befinden.«[37] Vorkommnisse wie diese gab es zwar nicht nur in Oberfranken, doch dort schaukelte sich die Stimmung der Milizen besonders auf.

Weichenstellung

Das blieb natürlich auch in der Reichshauptstadt nicht unbemerkt. Hier hatte sich schon am 3. November 1923 das Gerücht verbreitet, Bayerns Reichswehr und die Vaterländischen Verbände würden gegen Berlin vorgehen, wenn nicht innerhalb der kommenden 48 Stunden eine »nationale Regierung« gebildet werde. Dieses Hörensagen brachte den *Vorwärts* dazu, in der Abendausgabe am Montag, dem 5. November zu titeln: »Ehrhardts Aufmarsch gegen Berlin«. Der Text konstruierte aus angesammelten Hinweisen eine direkte Angriffsabsicht: »Ehrhardt steht nun mit seinen Truppen in Coburg und rüstet dort zum zweiten Marsch nach Berlin. Ganz Bayern ist für ihn Etappe, zu Ludendorff und Hitler steht er im Verhältnis des Beauftragten, der Meuterer-General von Lossow ist ihm als Gleichgesinnter ein sicherer Bundesgenosse.« Die Zeitung, seit zwei Tagen befreit von der Pflicht, die eigenen Parteifreunde im Kabinett zu schonen, teilte aus und fragte rhetorisch: »Was tut die Reichsgewalt in diesem kritischen Augenblick? Ruft sie alle Freunde der Verfassung zur Verteidigung auf?« Der ungezeichnete Aufmacher, der sich auf die »an Ort und Stelle gewonnenen Eindrücke« des Verfassers stützte, kam zum Schluss: »Berlin schweigt noch immer!« Die Kräfteverhältnisse stellte der Artikel treffend dar: »Weicht Bayern nicht zurück, so stehen dem Reich, wenn es nur will, zehnmal mehr kriegserfahrene, republikanisch gesinnte Soldaten zur Verfügung, als es braucht, um mit den Aufrührern fertig zu werden. Man müsste nur einen Willen sehen, dann würde man ihm freudig gehorchen. Man müsste nur einen Ruf hören, man würde ihm folgen. Dann würde schon die bloße Geste der

Entschlossenheit genügen, um zu zeigen, dass die Deutsche Republik kein Spielzeug für Verbrecher und halbwüchsige Knaben ist.«[38]

Die Situation schien, auch wenn das an diesem Wochenende und Montag niemand so formulierte, stark der Lage in Italien Ende Oktober 1922 zu ähneln: die Regierung geschwächt; das Militär zwar an Zahl und Ausrüstung den Aufrührern überlegen, nicht aber an Willen. Das Moment der Dynamik, so wirkte es zumindest, lag auf Seiten Bayerns und vor allem der Wehrverbände. Doch nun erwies sich, was den italienischen König Vittorio Emmanule III. vom Duo aus Ebert und Seeckt unterschied. Denn der Chef der Heeresleitung stand zu seiner am 3. November 1923 gegenüber Seißer formulierten Haltung: Er würde nur mit, nicht aber gegen den Reichspräsidenten tätig werden.

Zwar kam es zu einer »sehr scharfen Auseinandersetzung« zwischen Seeckt und Stresemann bei einem Treffen im Reichspräsidentenpalais, in deren Verlauf der Reichskanzler empört seinen Rücktritt anbot, sich dann allerdings umstimmen ließ: »Schlimmes ist verhütet durch die ruhige Art Eberts«, notierte Seeckts Adjutant Hans-Harald von Selchow: »Wie klug von Seeckt, sich mit Ebert gut zu stellen!«[39]

Doch kurz zuvor hatte der Chef der Heeresleitung ein klares Signal an seine Truppe geschickt: »In diesen Tagen schwerster Not unseres Vaterlandes sind die Augen weiter Volkskreise auf die Reichswehr gerichtet. Wird die Wehrmacht die jetzige Probe bestehen, wird sie ein unbedingt zuverlässiges Instrument in der Hand ihrer Führer bleiben?« Seeckt positionierte sich nun für seine Soldaten und damit auch für die Öffentlichkeit klar: »Solange ich an meiner Stelle bin, habe ich die Ansicht vertreten, dass nicht von diesem oder jenem Extrem, nicht von äußerer Hilfe oder innerer Re-

volution – komme sie von links oder rechts – das Heil kommt.«
Nötig sei harte nüchterne Arbeit. »Diese können wir aber
nur auf dem Boden von Gesetz und Verfassung leisten. Wird
dieser verlassen, so tritt der Bürgerkrieg ein.«[40]

Daraufhin erließen der Reichspräsident und die Reichsregierung ihrerseits einen Aufruf, der sich gegen die nationalen
Ambitionen Gustav von Kahrs und seiner Unterstützer richtete: »In schwerster Lage drohen dem Reiche innere Erschüt-
terungen. Gewisse, wenn auch nicht zahlenmäßig starke
Kreise versuchen, gestützt auf die Notlage unseres Volkes,
einen ungesetzlichen Druck auf die Staatsgewalt auszuüben
und vielleicht sogar die Brandfackel eines Kampfes Deutscher gegen Deutsche in das deutsche Haus zu werfen.« Die
Regierung sei entschlossen, sich mit »äußerster Energie und
ganzer Kraft« gegen solche Attacken zur Wehr zu setzen. Der
Aufruf schloss mit den Worten: »Die deutsche Regierung besitzt die Machtmittel, um jedem Putsch mit Erfolg zu begeg-
nen und die Verfassung des Reiches zu schützen. Die Reichswehr und die Schutzpolizei werden getreu ihrem Eid die
Pflicht tun.«[41] Das konnten Ebert und Stresemann erst verkünden, als sie der Unterstützung Seeckts gewiss waren.

Der Aufruf entfaltete zuerst im Regierungsapparat Wirkung: »Die Stimmung in der Reichskanzlei festigte sich merk-
lich«, notierte Max von Stockhausen. Stresemann verkündete
der eigenen DVP-Fraktion, von deren Mitgliedern einige ein
»Direktorium« einer parlamentarischen Regierung durchaus
vorgezogen hätten, er werde im Falle eines Putsches wie im
März 1920 nicht ausweichen: »Dann sollen sie mich nieder-
schießen auf dem Platz, auf dem zu sitzen ich ein Recht habe.«[42]
Die Reichsspitze hatte klargestellt: Zu Verhältnissen wie in
Rom ein Jahr zuvor sollte es nicht kommen, und ebenso wenig werde ein »Direktorium« die Macht übernehmen.

Der 6. November

Seißers Bericht über das Gespräch mit Seeckt und die demonstrative Unterstützung der Reichswehr-Führung für die zivile Reichsspitze im Aufruf vom 4. November verunsicherten Gustav von Kahr. Noch war die Situation offenbar nicht reif für den angestrebten Staatsstreich von oben, der einem Bürgerkrieg vorbeugen sollte. Das passte zur Aussage eines Zeugen, deren Inhalt Kahr gleichwohl bestritt. Demnach hatte der Generalstaatskommissar in den ersten Novembertagen drei Bedingungen gestellt: »Es müssten die geeigneten Männer für diese Regierung gefunden sein mit dem nötigen Rückhalt hinter sich und bereit, die Ämter zu übernehmen; es müsste ein feststehendes einheitliches Programm vorliegen; es müsste die Gewähr dafür vorhanden sein, dass keine Uneinigkeit in die Reichswehr hineingetragen würde und dass nicht Teile der Reichswehr gegen andere Teile der Reichswehr mit Waffengewalt vorgehen.«[43]

Noch am 5. November sei Kahr der Ansicht gewesen, dass die »deutsche Frage« jetzt aufgerollt werden müsse, erinnerte sich wenige Tage später sein Unterstützer Otto Pittinger, dessen Bund Bayern und Reich weiterhin die wichtigste und immer noch größere Konkurrenz zum Kampfbund war. Am folgenden Morgen jedoch trafen Meldungen ein, die Kahr »veranlassten, sofort alles abzublasen«.[44] Laut Pittinger handelte es sich um Angaben über die mangelnde Stärke der in Norddeutschland bereitstehenden Verbände für einen »Marsch gegen Berlin«. Wahrscheinlicher ist jedoch, dass entscheidend einerseits der Aufruf des Reichspräsidenten und der Reichsregierung vom Vortag war sowie andererseits der schon von Seißer angekündigte Brief Seeckts, der am

5. November 1923 endlich ausgefertigt worden war und seinen Adressaten am folgenden Vormittag erreichte. Der entscheidende Satz lautete: »Die Reichswehr darf nicht in die Lage gebracht werden, sich gegen Gesinnungsgenossen für eine ihr wesensfremde Regierung einzusetzen. Andererseits kann sie nicht dulden, dass mit Gewalt eine Änderung herbeizuführen unternommen wird. Sie wird zerbrechen in diesem Kampf, wenn sie nach zwei Seiten die Staatsautorität verteidigen muss.«[45]

Unabhängig davon spitzte sich die Lage für die führenden Köpfe des bayerischen Staates zu. Otto von Lossow hatte den Kontakt zu Erich Ludendorff und Adolf Hitler gehalten und ihnen wiederholt die Zusage abgerungen, keinesfalls ohne Absprache loszuschlagen. Am 6. November versicherte er den bayerischen Garnisonsältesten, die er zu einem Treffen nach München beordert hatte, Ludendorff und Hitler hätten sich »angeblich überzeugen lassen«, dass ein Staatsstreich »zurzeit eine verfehlte Maßnahme« sei.[46] Doch was war so eine Zusage wert? »Die völkischen Zeitungen predigten den Aktivismus«, erinnerte sich Lossow vor Gericht an die Tage Anfang November 1923. Die Massierung von tausenden Mann Milizen in Oberfranken »steigerte die Erregung« der Vaterländischen Verbände. Denn deren Anführer waren sehr eifersüchtig: »Jeder von diesen Verbänden fürchtete, er könnte vielleicht zu spät kommen und der andere könnte ihm zuvorkommen.«[47]

Also berief Kahr für Dienstagnachmittag, den 6. November, eine Besprechung mit den Anführern der wichtigsten Wehrverbände in seinen Dienstsitz ein – wo es eine Trennung zwischen deren militärischer und politischer Spitze gab wie beim Kampfbund, wurden die militärischen Köpfe geladen. Hitler war nicht anwesend, wohl aber Hermann Kriebel.

Aus seinem Umfeld stammt ein Stenogramm dieser Sitzung, an der knapp zwei Dutzend Männer teilnahmen.

Der Aufzeichnung zufolge sagte Kahr eingangs: »Das Vordringlichste ist die Schaffung einer nationalen Regierung. Darüber sind wir uns einig. Wir müssen uns jetzt die Arbeit einteilen. Die Regierung Stresemann ist nicht national, daher war sie vom Beginn an zu bekämpfen.« Anschließend kritisierte er, dass mehrere Verbände sich in den vergangenen Tagen zu selbstständig in der Propaganda gezeigt hätten, was Gerüchte über ein Losschlagen Bayerns verursacht habe – im Stenogramm hieß es ergänzend: »wobei nicht der Kampfbund genannt wurde«. Der Generalstaatskommissar skizzierte zwei mögliche Wege zum Sturz der Reichsregierung, einen »normalen« und einen »anormalen«. Vorbereitungen dafür seien bereits getroffen. Wenn dieser Weg beschritten werde, hätten alle Verbände zusammenzustehen. Ein einheitlicher, genügend vorbereiteter und durchdachter Plan sei notwendig. Kahr äußerte sich nicht, wer zum »Direktorium« gehören solle – es gebe darüber Verhandlungen, »die abschließenden Nachrichten erwarte er«. Klar sagte der Generalstaatskommissar über die militärische Leitung des Staatsstreiches, Lossow und nur Lossow habe die Befehlsgewalt. Wer damit nicht einverstanden sei, auf den verzichte man – dann würden Reichswehr und Landespolizei allein vorgehen. Der Verfasser des Stenogramms fügte hinzu, unter den genannten, also kritisierten Verbänden »war wieder nicht der Kampfbund«.[48]

Nach Kahr sprach Lossow und betonte laut Stenogramm: »Die bayerische Division ist bereit. Sie wird jede Reichstruppe unterstützen, wenn die Sache einigermaßen Aussicht auf Erfolg hat. Wenn es sich dagegen bloß um einen Kapp- oder Küstrin-Putsch handelt, kann ich nicht mittun.«[49] In seiner eigenen Aussage vor Gericht dazu bestand Lossow auf feinen Nuancierungen, die er gemacht habe: »Ich bin bereit, eine Rechtsdiktatur zu unterstützen, wenn die Sache Aussicht auf Erfolg hat. Wenn wir nur in einen Putsch gehetzt werden sollen, der in fünf, sechs Tagen ein klägliches Ende finden muss, tue ich nicht mit.« In einem Nachgespräch mit Hermann Kriebel vom Kampfbund und Friedrich Weber vom Bund Oberland sagte Lossow noch, er werde nur marschieren, wenn die Chancen für einen Erfolg mindestens »51 Prozent« betrügen.[50] Diese Aussage bestätigte indirekt ein Reichswehr-Major, der anwesend war, als Lossow »wenige Tage vor dem 9. November« erzählte, dass »Hitler ihn ständig zum Handeln bringen wolle, dass er sich aber nicht festlegen wolle, da mindestens 51 Prozent Erfolgsaussichten nötig seien.[51]

Neben dem Stenogramm aus Kriebels Umfeld gab es über diese entscheidende Sitzung mehrere Aussagen, unter anderem von Max Kühner, dessen Verband der Vaterländischen Bezirksvereine Münchens zwar im Februar 1923 der Arbeitsgemeinschaft der Vaterländischen Kampfverbände beigetreten war, sie aber nach dem 1. Mai wieder verlassen hatte. Der erklärte Hitler-Gegner schilderte Kahrs Ansprache ganz ähnlich, betonte aber, der Generalstaatskommissar habe sich allein vorbehalten, den Einsatzbefehl zu geben: »Jedes Vorpreschen störe. Unterordnung und Disziplin müssen herrschen.«[52]

Hans von Seißer bestätigte den Inhalt von Kahrs Rede grundsätzlich, stellte jedoch die Intention geradezu entgegengesetzt dar: »Der Hauptzweck dieser Besprechung war, zu verhüten, dass törichte Maßnahmen getroffen würden, die schließlich zum Kampfe vaterländischer Männer gegen die staatlichen Machtmittel führen würden.«[53] Ähnliches behauptete auch Kahr selbst: »Für mich hat es sich bei der Sitzung vom 6. November um nichts anderes gehandelt, als gegen die gerüchtweise verlauteten Pläne eines Verstoßes gegen Thüringen und Sachsen Stellung zu nehmen, und bei diesem Anlass wollte ich den anwesenden Herren nur ganz kurz andeuten, dass im Übrigen die nationale Sache im Gange ist.«[54]

Hitlers Entschluss

Ganz anders verstand Adolf Hitler die Besprechung, nachdem Hermann Kriebel ihm noch am selben Abend berichtet hatte: »Der Generalstaatskommissar, Lossow und Seißer sind so weit, dass sie nicht zurück können. Sie werden entweder schlagen oder kapitulieren müssen.«[55] Der NSDAP-Chef fühlte sich nun nicht mehr an seine Zusagen gebunden, die er ohnehin stets nur unter Vorbehalt abgegeben hatte. Zwar gab es noch allerletzte Bemühungen um eine Aussprache mit dem Generalstaatskommissar sowie ein Gespräch mit Lossow und Ludendorff, doch das Misstrauen überwog auf beiden Seiten. »Für sich«, so eine NSDAP-Chronik, fasste Hitler am 6. November 1923 den »Entschluss zur nationalen Erhebung«.[56] Vermutlich rieten ihm zwei Vertraute zu: Max Erwin von Scheubner-Richter und Theodor von der Pfordten, der insgeheim als Rechtsberater der NSDAP tätig war.

Die Büros der NSDAP und des *Völkischen Beobachters* wurden ab diesem Dienstagabend zum Hauptquartier der Putschvorbereitungen. Hitlers Mentor Dietrich Eckart kam in diesen Tagen mehrfach in die *VB*-Redaktion und traf dort »vielleicht zwei- oder dreimal« Hitler, nach seiner eigenen Aussage »jedes Mal so kurz, dass ich ihm allenfalls ›Guten

Tag‹ sagen und die Hand reichen konnte. Er war stets von einem förmlichen Stab seiner Getreuen umgeben«. Eckart gefiel angeblich nicht, was er sah: »Das ganze militärische Wesen, die vielen jungen Offiziere stimmten mich unbehaglich.«[57] Er war Zeuge der konkreten Vorbereitungen für den Putsch – wovon er angeblich aber nichts wusste.

Zunächst konzentrierten sich die Vorbereitungen des Kampfbundes auf den späten Abend des 10. und die anschließenden frühen Stunden des 11. November, also Samstag auf Sonntag. Nach einer eilends angesetzten Nachtübung des Kampfbundes sollten dessen Verbände nach München marschieren, Kahr, Lossow und Seißer zur Bildung eines »Direktoriums« für ganz Deutschland bewegen, die Minister des Kabinetts Knilling aus den Betten heraus festsetzen und damit den Impuls zum Umsturz auch in Berlin geben. Auf den Tag genau fünf Jahre nach dem demütigenden Waffenstillstand gegen Frankreich im Wald von Compiègne wäre der nächtliche Staatsstreich bekannt geworden – ohne Zweifel ein starkes Symbol für die völkisch-nationale Bewegung.

Doch wohl noch am selben Abend verwarf Hitler diesen Zeitplan wieder; jedenfalls ging noch unter dem Datum des 6. November 1923 ein Befehl aus seinem direkten Umfeld an die Mitglieder der SA in München, laut dem sie sich am 8. November ab 18 Uhr »alarmbereit in ihren Sammelquartieren zur weiteren Verwendung« einzufinden hatten. Als Auftrag wurde vage »Versammlungsschutz« angegeben.[58]

Vermutlich unabhängig von diesem Befehl an die SA verfasste Hermann Kriebel nach dem Gespräch mit Hitler im eigenen Namen einen Brief an alle Kampfverbände einschließlich des konkurrierenden Bundes Bayern und Reich, auch an die Anhänger Hermann Ehrhardts und an andere zwar republikfeindliche, aber gegen Hitler eingestellte Gruppen. Dem Schreiben zufolge werde sich der Kampfbund »hinter den Verband stellen, der handelt«.[59] Bei dem auf Mittwoch, den 7. November 1923 datierten Schreiben handelte es sich um eine offene Kriegserklärung an Kahr: »Die Besprechung am 6. November abends beim Herrn Generalstaatskommissar hat gezeigt, dass er mit der Uneinigkeit der Verbände rechnet. Der Herr Generalstaatskommissar hat durch Landeskommandant Lossow und Oberst Seißer klar und unzweideutig erklärt, dass er entschlossen ist, gegen jeden Verband, der aus sich selbst heraus einen gewaltsamen Umsturz herbeizuführen sucht, mit Waffengewalt vorzugehen.«

Das hatte Kahr zwar so nicht gesagt, doch Kriebel war jetzt ganz auf Hitlers Linie eingeschwenkt: »Ich erkläre als militärischer Führer des Kampfbundes feierlich, dass Meinungsverschiedenheiten, mögen sie noch so schwerer Art sein, die ein Zusammengehen mit einzelnen Verbänden nicht möglich machten, nicht hindern können, mich mit der gesamten militärischen Macht des Deutschen Kampfbundes an die Seite des Verbandes zu stellen, gegen den Reichswehr oder Landespolizei mit Waffengewalt aufgeboten werden.«[60] Mit dieser Festlegung begab sich Hermann Kriebel völlig in die Hand Adolf Hitlers.

Wettlauf zum Hochverrat

Für Donnerstag, den 8. November, den Vorabend des fünften Jahrestages der Ausrufung der Republik in Berlin, hatten Kahrs Unterstützer eine Versammlung in den Bürgerbräukeller im jenseits der Isar gelegenen Stadtteil Haidhausen einberufen; allerdings nicht wie üblich durch eine öffentliche

Ankündigung, sondern mittels persönlicher Einladungen. Geplant war, dass die Münchner Presse vorab nichts über diese Versammlung berichten sollte, und bis auf die *München-Augsburger Abendzeitung* hielten sich alle vorab informierten Blätter daran. Aufgekommen war die Idee zu der Versammlung erst am 4. November, am folgenden Tag hatte Kahr zugesagt – also genau in der Zeit, zu der er angesichts der Nachrichten aus Berlin ein baldiges Losschlagen nach dem Befehl »Herbstübung« in Zweifel zu ziehen begonnen hatte. Nach Aussage eines Vertrauten wollte Kahr »seinen bis dahin nur ganz allgemein und theoretisch angekündigten Kampf gegen den Marxismus« begründen und diesem rein »negativen Ziel auch ein positives an die Seite« stellen.[61] Mindestens so wichtig aber dürfte gewesen sein, die absehbare Enttäuschung seiner Anhänger über den vorerst abgeblasenen Griff nach der Macht für ein »Direktorium« zu dämpfen.

Als Redner durchaus geübt, kam Kahr bei interessiertem Publikum an; seine Tochter Gertraud Kahr berichtete ihrer Mutter nach einem Auftritt angetan, wenn auch gewiss voreingenommen: »Geschrien hat alles vor Jubel, als Vater kam, und ein brausendes Hoch und ein Jubel war, ein Klatschen, das kein Ende nehmen wollte.«[62] Allerdings fehlte ihm jenes Talent zur rhetorischen Überwältigung seiner Zuhörer, das Hitler besaß. Die Rede für den 8. November ließ Kahr von seinem Pressesprecher und zwei befreundeten Journalisten verfassen, sie entsprach keineswegs seinem üblichen Tonfall und handelte trotz des sehr politischen Titels »Manifest zum fünften Jahrestag des Sieges der roten Internationale über Deutschland« weitgehend von theoretischen und wirtschaftspolitischen Fragen.[63]

Der erste Teil des Textes, überschrieben »Der Zusammenbruch«, beschrieb die Konsequenzen der angeblichen »Herrschaft des Marxismus« in Berlin. Der zweite Teil, »Die Rettung«, enthielt das Programm einer bürgerlichen Gesellschaft, die durch eine von Bayern auf ein neues Deutsches Reich übertragene Diktatur erreicht werden sollte. Einen direkten Aufruf zum Staatsstreich enthielt das vorab den *Münchner Neuesten Nachrichten* zur Verfügung gestellte Manuskript der Rede nicht.

Doch das wusste Hitler nicht – er fühlte sich durch die Geheimniskrämerei um Kahrs Auftritt in der geschlossenen Versammlung im Bürgerbräukeller in einem »Wettlauf um den Hochverrat«, wie es der spätere Anklagevertreter im Hitler-Prozess Wilhelm Hoegner formulierte.[64] Dabei ging es jedoch nicht in erster Linie darum, wer als erster losschlagen wollte, sondern darum, wer als erster losschlagen musste.

Kahr hatte sich seit Monaten in reaktionären Kreisen gleichermaßen Bayerns wie Norddeutschlands als geeignete Person für ein »Direktorium« präsentiert, war dann aber durch Seeckts Treue zum Reichspräsidenten nach dem Ausscheiden der SPD aus der Koalition aus dem Konzept geraten. Er wollte seine Unterstützer beruhigen und ihnen klarmachen, dass er weiterhin gewillt sei, dieses Ziel umzusetzen – nicht jedoch, indem er selbst den ersten Schritt machte. Auf volles Risiko zu gehen und um alles oder nichts zu spielen, war Kahr nicht bereit.

Der Hitler-Bewegung und dem Kampfbund wiederum fiel es nach rund einem Jahr dauernder Spekulationen über einen bevorstehenden Putsch schwer, die eigenen Leute bei Laune zu halten. Das erfuhr am 6. November gegen 21 Uhr ganz direkt ein Verbindungsmann zum putschwilligen Berliner Milieu, als er Kriebel anrief, um ihm ein Treffen mit den »in Frage kommenden Herren« in München anzukündigen. Es sei nicht mehr viel Zeit zu verlieren, warnte der Kampfbund-Leiter bei diesem Telefonat. Schon bei einem persönlichen Gespräch kurz zuvor hatte er demselben Verbindungsmann gesagt, »dass seine Leute sehr beunruhigt sein, dass kein Geld mehr da sei und dass es schwer sei, das Ganze noch zusammenzuhalten«.[65]

Kriegsrat

Am Mittwoch, dem 7. November 1923, trafen Hitler und seine Verbündeten ihre Vorbereitungen. SA-Chef Hermann Göring etwa kündigte den Bataillonen seiner Miliz an, dass sie am Donnerstag zwischen 15 und 16 Uhr »nähere Anweisung für ihre Verwendung am Donnerstagabend« erhalten würden. Die »Kleiderordnung« war schon festgelegt: »Der Anzug für die Alarmierung am Donnerstagabend ist Sturmanzug, Mütze, Handfeuerwaffen untergeschnallt.« Friedrich Weber, der Chef des Bundes Oberland, übergab seinen wichtigsten Unterführern bei einer Besprechung selbst angefertigte Alarmbefehle in verschlossenen Umschlägen mit der Weisung, sie am 8. November abends genau um 20.30 Uhr zu öffnen. Einer militärisch als besonders fähig geltenden Abteilung wurde der Auftrag erteilt, dass sie »zum Schutz der Regierung bewaffnet in München zu erscheinen« habe. Ernst Röhm bestellte die Mitglieder seines Verbandes Reichskriegsflagge für den Donnerstagabend zu einer Versammlung in den Löwenbräukeller; als Anreiz kündigte der *Völkische Beobachter* an, Hitler werde eine Rede halten.[66] Gerhard Roßbach erfuhr von Göring, »dass es morgen los gehe«.[67]

Am Abend des 7. November trafen sich die wichtigsten Vertrauten Hitlers in der Wohnung Scheubner-Richters. Der Geschäftsführer des Kampfbundes hatte seinem Diener aufgetragen, das Herrenzimmer vorzubereiten. Die Gäste, außer Hitler noch Göring, Kriebel, Röhm, Friedrich Weber, Ernst Pöhner und dessen weiter in der Münchner Polizeidirektion tätiger Vertrauter Wilhelm Frick, wollten ungestört sein, weshalb das Hauspersonal, die Fahrer der anderen Gäste und Hitlers Leibwächter Ulrich Graf sich »in der Küche einen möglichst angenehmen Abend« machten. Sie waren »in bester Stimmung, als ungefähr um zwei Uhr morgens die Klingel mich ins Herrenzimmer rief«, erinnerte sich der Diener: »Als ich das Herrenzimmer betrat, traf ich eine Stimmung, die mir sagte, dass hier schwerwiegende Entschlüsse gefasst wurden, und es war mir klar, dass der 7. November 1923 von großer historischer Bedeutung war.« Als der Diener wieder zurückkam in die Küche, fragten ihn seine Kollegen, was denn los sei, und er antwortete: »Heute ist, glaube ich, etwas ganz Großes in Vorbereitung.‹«[68] Der Kriegsrat der Hitler-Bewegung hatte getagt und die Entscheidung seines »Führers« entgegengenommen: Der Putsch sollte beginnen.

Sturm

Proklamation

an das deutsche Volk!

Die Regierung der Novemberverbrecher in Berlin ist heute für
abgesetzt erklärt worden.
Eine
**provisorische deutsche
Nationalregierung**
ist gebildet worden, diese besteht aus

**Gen. Ludendorff
Ad. Hitler, Gen. v. Lossow
Obst. v. Seisser**

11/23

*Falsche Erwartung: Die vermeintlichen Partner Lossow und Seißer
zeigten der NSDAP die kalte Schulter.*

Trotz zahlreicher Warnsignale beginnt der Putsch in München wie geplant. Im Bürgerbräukeller schießt Hitler in die Decke. Er scheint Erfolg zu haben – bis sein Verbündeter einem erzwungenen Ehrenwort vertraut.

Polizeidirektion

Ein Unternehmen mit hunderten mehr oder minder gut informierten Mitwissern und tausenden Beteiligten konnte nicht sehr lange geheim bleiben. Tatsächlich tauchten schon wenige Stunden nach Hitlers endgültiger Entscheidung Hinweise auf, für den folgenden Abend braue sich etwas zusammen. Den Putschisten kam zweierlei zugute: Seit mehr als einem Jahr hatte es immer wieder ernsthaft klingende Gerüchte gegeben, die NSDAP und ihre Verbündeten wollten »zuschlagen« – Anfang November 1922 nach Mussolinis »Marsch auf Rom«, Ende Januar 1923 beim ersten Parteitag, vor dem 1. Mai, erneut Ende September, im Oktober und zuletzt am 4. November anlässlich der Grundsteinlegung des Kriegerdenkmals. Kein einziges Mal hatte sich das Hörensagen als zutreffend erwiesen. So waren die zuständigen Stellen gegenüber solchen Warnungen inzwischen abgestumpft. Ähnlich wichtig, vielleicht noch wichtiger war, dass in der Polizeidirektion München an wesentlicher Stelle ein vollständig eingeweihter Mitverschwörer saß: Wilhelm Frick, der unter dem damaligen Polizeipräsidenten Ernst Pöhner verantwortlich für die Politische Polizei in der Stadt gewesen war. Nach Pöhners Wegbeförderung zum Obersten Gericht 1921 war er zwar versetzt worden, aber als faktischer Chef der Münchner Kriminalpolizei im Gebäude an der Löwengrube hatte Frick weiter eine zentrale Funktion inne.

Donnerstag, der 8. November 1923, war in Bayerns Landeshauptstadt ein typisch nasskalter Spätherbsttag. Die Temperatur hatte sich leicht über dem Gefrierpunkt eingependelt, und etwas Schnee lag noch auf den Straßen der Innenstadt, nachdem es am Vortag länger geregnet hatte. Kein Wetter, an dem man sich gern im Freien aufhielt.

Am Nachmittag stand nach 15 Uhr ein Wachtmeister des Reviers Rumfordstraße am Isartorplatz und schob Wachdienst. Plötzlich, wann genau wusste der Polizist nicht mehr zu sagen, »fuhr ein Radfahrer in bürgerlicher Kleidung, es war ein älterer Mann ohne Parteiabzeichen, nahe an mich heran und rief mir zu: ›Wisst Ihr schon etwas? Heute Nacht geht es auf!‹ Da er ganz rasch vorbeifuhr, konnte ich ihn Weiteres nicht fragen.« Als der Wachtmeister nach seiner Ablösung gegen 17 Uhr auf die Wache zurückkam, versuchte er, die Politische Polizei zu verständigen, bekam aber keine Verbindung. Er war nicht der einzige Polizist, der gewarnt worden war: Ein anderer Wachtmeister erlebte am Gärtnerplatz etwas ganz Ähnliches – ob vom selben Informanten (Isartor- und Gärtnerplatz liegen nur 750 Meter auseinander) oder einem anderen, blieb ungeklärt. Diesem Beamten gelang es, die zuständige Abteilung in der Polizeidirektion zu informieren, doch irgendeine Reaktion wurde nicht aktenkundig. Ebenso wenig von den Wachposten auf der Ludwigsbrücke, denen nachmittags von einem »Unbekannten« zugerufen worden war: »Also heute Nacht!« Ein Kriminalkommissar, der davon gehört hatte, überlegte, ob er Alarm schlagen solle, entschied sich dann aber dagegen: »Ich hielt zunächst die Verständigung unserer Vorgesetzten in ihren Privatwohnungen nicht für nötig, da wir aus dieser Meldung keine Gefahrenmomente ersehen konnten.«

Inzwischen waren die Vorbereitungen sogar auf den Straßen zu erkennen. Gegen 17.45 Uhr fiel einem Kommissar in der Herzog-Rudolf-Straße am Rande der Altstadt ein etwa 120 Mann starker Trupp auf, der teils bürgerlich, teils nach Art der SA in alte Uniformen gekleidet war und ohne sichtbare

Waffen Richtung Isar marschierte. Er rief in der Polizeidirektion an und erhielt etwa die Antwort: »Das ist uns bekannt. Der Zug marschiert zum Bürgerbräukeller, er braucht nicht beanstandet zu werden.« Eine knappe Stunde später bemerkte derselbe Kommissar an der Maximilianbrücke einen weiteren Zug, diesmal 60 bis 70 Mann, der ebenfalls stadtauswärts marschierte. Diese Männer waren zu drei Vierteln uniformiert und trugen Stahlhelme; die meisten hatten Bajonette oder Dolche bei sich. Angesichts der Reaktion auf seine erste Mitteilung verzichtete der Beamte auf eine Meldung.

Gegen 18.30 Uhr hatte wieder ein anderer Wachtmeister am Gärtnerplatz »eine Kompanie Nationalsozialisten« gesehen, und zwar unter Führung des ihm bekannten Zigarrenhändlers Josef Berchtold – es handelte sich um den »Stoßtrupp Adolf Hitler«, die persönliche Leibgarde des NSDAP-Chefs. Daraufhin ging der Polizist wenige Meter weiter zur NSDAP-Geschäftsstelle in der Corneliusstraße, vor der zahlreiche Menschen standen: »Ich hörte dort verschiedentlich, dass es heute Nacht los gehe.« Daraufhin begab sich der Beamte zu seinem Revier und rief, weil die politische Abteilung der Polizeidirektion nicht mehr zu erreichen war, das allgemeine Dienstzimmer an; wer das Gespräch dort annahm, merkte er sich nicht. Die Antwort des Diensthabenden war unmissverständlich: »Sie können ohne Sorge sein, da ja die Nationalsozialisten zu der Versammlung eingeladen sind.«[1]

Mindestens ein halbes Dutzend Warnungen, die jede für sich genommen vielleicht nicht besonders besorgniserregend sein mochten, die aber in ihrer Massierung verdächtig erscheinen mussten, hatten die Polizeidirektion erreicht. An die Landespolizei oder an den Generalstaatskommissar als Inhaber der vollziehenden Gewalt gab die kommunale Behörde dennoch kein Wort weiter.

Infanterieschule

Wichtig aus Sicht der Putschisten war, dass die Fähnriche der Infanterieschule zumindest mehrheitlich auf Hitlers Seite traten – immerhin stellten sie die künftige Elite der deutschen Streitkräfte dar. Das war die Aufgabe des beim Offiziersnachwuchs sehr angesehenen Gerhard Roßbach. Gegen Mittag an diesem Donnerstag erhielt ein Mittelsmann den dezenten Hinweis, sich baldmöglichst in der Geschäftsstelle der NSDAP einzufinden; hier erfuhr er von den seinen Kameraden und ihm zugedachten Aufgaben für den Abend. Um möglichst viele der Fähnriche am abendlichen Ausgehen zu hindern, wurde »nach dem Mittagessen aus dem Kameradenkreis bekannt, dass wir uns abends in der Schule bereithalten sollten«.[2] Angeblich werde um 20.30 Uhr Ludendorff erscheinen und zum Offiziersnachwuchs sprechen.

Stattdessen traf gegen 19 Uhr Roßbach mit einigen Männern seines an sich längst aufgelösten Freikorps an der Infanterieschule ein; sie hatten Armbinden mit Hakenkreuzen angelegt. »Am Tor empfing mich ein Fähnrich mit der Meldung: ›Herr Oberleutnant, ich melde – der Kommandeur sitzt.‹«[3] Tatsächlich hatten einige Nachwuchsoffiziere den aus Berlin nach München zurückgekehrten Leiter der Schule unter Arrest gestellt: ein Akt offener Meuterei. Roßbach drängte; der gerade 19-jährige Fähnrich Georg Schulze-Büttger hielt in seinem Tagebuch fest: »Die Zeit des Überlegens betrug fünf Minuten, dann sollten wir mit Stahlhelm und Gewehr auf dem Hof antreten.« Er fragte sich, ob er an diesem Abend tatsächlich den »Anfang der Befreiung des Vaterlandes« erlebte: »Dann wollte auch ich unter den ersten sein.«[4]

Die Mehrheit des Offiziersnachwuchs sah es ähnlich; es

gab allerdings auch einzelne, die zögerten. Ein vom Potsdamer Regiment nach München entsandter Fähnrich versuchte zum Beispiel, seinen Vorgesetzten anzurufen, scheiterte aber – niemand wusste, wo dieser Major gerade erreichbar war. Daraufhin schloss der Offiziersschüler sich seinen Kameraden an, denn auch bereits ein zweiter Potsdamer Fähnrich hatte sich »voll Begeisterung ohne irgendwelche Hemmung« Roßbach zur Verfügung gestellt.[5] Inzwischen waren die Waffen- und Munitionskammern geöffnet worden; die Infanterieschüler bedienten sich und traten abmarschbereit an.

Auf dem Hof, der sich zwischen den beiden Gebäuden der Infanterieschule erstreckte, stellten sich gegen 20 Uhr drei Kompanien auf. Ein Teilnehmer schätzte die Zahl der jungen Männer auf 230 bis 240, also mehr als drei Viertel aller Lehrgangsteilnehmer. Sie waren bewaffnet und bekamen »scharfe Munition in geringer Menge, auch für das leichte Maschinengewehr«. Roßbach hielt eine Rede, die aus Attacken gegen die Berliner Regierung und natürlich gegen Juden bestand; abschließend kündigte er an, die drei Kompanien der Infanterieschüler sollten ein »Ehrenbataillon« für Ludendorff bilden.[6] Dann ging der Marsch los; das Ziel war der auf kürzestem Weg ungefähr 4,5 Kilometer entfernte Bürgerbräukeller – auch eine im Exerzieren geübte Truppe brauchte dafür mehr als eine Stunde.

»Von der Infanterieschule marschierten dann die von uns Fähnrichen und Offiziersanwärtern gebildeten drei Kompanien durch die Stadt«, notierte Georg Schulze-Büttger in sein Tagebuch, »unter dem Jubel der Münchner Bevölkerung«. Es fühlte sich richtig an: »Mir war bei alledem so feierlich zumute. Ich glaubte, dass ich endlich einmal mit der Tat meine Liebe zum Volke, zu unserem Vaterland beweisen konnte.

Ein ähnliches Gefühl müssen unsere Soldaten gehabt haben, als sie 1914 auszogen.«[7]

Auch in den beiden Münchner Reichswehrkasernen in Schwabing-West erschienen bald nach 20 Uhr Anhänger des Kampfbundes, um die regulären Truppen zu gewinnen und sich mit Waffen zu versorgen. Vor der Pionierkaserne versammelten sich etwa 250 Mann des Bundes Oberland, beim nahegelegenen Quartier des Infanterieregiments 19 eine größere Zahl Hitler-Anhänger. Sie verlangten, in die natürlich verschlossenen Magazine gelassen zu werden. Doch an beiden Standorten lehnten die jeweils ranghöchsten anwesenden Offiziere ab. Nach einiger Zeit zogen die Kampfbund-Mitglieder unverrichteter Dinge, vor allem aber unbewaffnet ab. Der erste misslungene Teil des Plans.

Davon erfuhren Hitler und seine engste Umgebung nichts, ebenso wenig wie vom Erfolg Roßbachs in der Infanterieschule und dem Marsch des Offiziersnachwuchses durch die Innenstadt. Denn die Führung des anlaufenden Putsches war schon mit Autos auf dem Weg nach Haidhausen zum Bürgerbräukeller.

Bürgerbräu

Viele der persönlich eingeladenen Gäste der Kahr-Versammlung hatten die Einlasskarten erst am Donnerstagvormittag per Kurier erhalten, sogar ein prominenter Publizist wie Karl Alexander von Müller und, zumindest nach eigenen Angaben, Otto von Lossow. Der Beginn war für 20 Uhr angesetzt, sprechen sollte nach dem Veranstalter zunächst der Generalstaatskommissar selbst. Obwohl eigentlich etwas weniger Einlasskarten verschickt worden waren als der Saal Plätze hatte, gut 1800, mussten Polizeibeamte den Eingang bereits gegen 19.30 Uhr wegen Überfüllung sperren. Mund-zu-Mund-Propaganda und die Meldung der *München-Augsburger Abendzeitung* hatten offenbar viele Interessierte angelockt, die nicht eingeladen gewesen waren und trotz Kontrollen Zugang bekommen hatten.

Müller sah, wie Hermann Kriebel vom Kampfbund, in Uniform erschienen, kurz mit einem der Polizisten sprach und dann eingelassen wurde. Der Publizist fragte sich: »Hatte Kahr sich mit dem Kampfbund verständigt? Oder würde es zu einem Zusammenstoß kommen?« Die Lage erschien Müller undurchsichtig. Als er endlich selbst in den Saal gelangt war, sah er neben Kahrs Anhängern, vornehmlich Beamten und anderen Mitgliedern des gehobenen Bürgertums sowie ehemaligen Offizieren, »sehr viele Mitglieder der verschiedenen Kampfverbände« ferner zahlreiche Journalisten.[8]

Zu den Interessierten, die sich in den Saal geschmuggelt hatten, gehörte Karl Koller, ein Leutnant der Bayerischen Landespolizei. Der 25-Jährige hatte dienstfrei und wollte sich in Zivil anschauen, was bei der Versammlung im Bürgerbräu geschah – aber eigentlich erwartete er nichts Besonderes: »Wir waren von dem Kommandeur der Landespolizei Oberst Seißer auf besorgte Anfragen vorher verständigt worden, dass mit Hitler alles abgemacht sei und dieser zugesagt habe, nichts zu unternehmen ohne vorherige Absprache.«[9]

Bald nach 20 Uhr kamen Kahr, Lossow und Seißer in den Saal – empfangen von freundlichem, aber durchaus gemä-ßigtem Beifall. Während die Versammlung mit der Eröffnung des Veranstalters, eines Kahr-Vertrauten, offiziell begann, drängten sich noch schnell Ministerpräsident Eugen von Knilling, Innenminister Franz Xaver Schweyer und Justizminister Franz Gürtner in den Saal, außerdem einige weitere Politiker der Bayerischen Volkspartei sowie Münchens Polizeipräsident. Mit der bei so einer Versammlung ungewöhnlichen Aufforderung an die Zuhörer, den Redner nicht durch Zwischenrufe zu unterbrechen, erteilte der Gastgeber Gustav von Kahr das Wort. Der Generalstaatskommissar begann, seine Ansprache vom Blatt abzulesen.

Ungefähr zur gleichen Zeit war Hitler in Begleitung von Rosenberg und seinem persönlichen Leibwächter Ulrich Graf mit seinem roten Mercedes-Benz am Bürgerbräukeller eingetroffen. Allerdings mit Schwierigkeiten, denn wegen der vor dem Eingang wartenden Menschen, die noch in den schon restlos überfüllten Saal wollten, hatte die Polizei die Rosenheimer Straße in beide Richtungen gesperrt. Doch eigentlich sollten hier die Lastwagen mit den etwa 75 Männern des Stoßtrupps Hitler, die sich im Torbräu am Isartor bereitgehalten hatten, vorfahren, um den Veranstaltungsort abzuriegeln. Der NSDAP-Unterstützer Ernst Hanfstaengl wartete bereits vor dem Eingang und wurde nicht durchgelassen. Da erschien Hitler, sah die Lage und schlug dem ranghöchsten Polizisten vor Ort, einem Kommissar, geschickt vor, die Straße räumen zu lassen – angeblich um einer Panik vorzubeugen. Der Beamte tat wie geheißen; seine Wachen drängten die Menschen ab. Schnell war die Vorfahrt wieder frei: Der Stoßtrupp Hitler und die SA konnten mit ihren Lastwagen kommen.

Dann wollte Hitler den Bürgerbräukeller betreten; die Wachposten hatten Anweisung, ihn hineinzulassen, damit er Kahrs Rede verfolgen könne. Doch Rosenberg, Graf, Hanfstaengl und einige weitere Nationalsozialisten wurden abgewiesen. Da herrschte der NSDAP-Chef einen Polizisten an: »Diese Herren gehören zu meiner Begleitung!« Daraufhin durfte die kleine Gruppe passieren, bis auf Hanfstaengl, der abermals aufgehalten wurde. Erst als sich von innen die Tür öffnete und ein Begleiter Hitlers nach Hanfstaengls Verbleib fragte, gelangte er in den Bürgerbräukeller.[10] Innen blieb die kleine Gruppe stehen und wartete erst einmal ab; Rudolf Heß trat hinzu.

Der Generalstaatskommissar las weiter wie schon seit etwas mehr als 20 Minuten seine für Gelegenheit und Stimmung wenig passende Rede vor; das erzeugte beim Publikum ein Gefühl der Müdigkeit. Karl Alexander von Müller fand die Ansprache »langstielig und langweilig«, während Hanfstaengl dachte, es werde dem Redner bald »vollends gelingen, die Versammlung in Traumtiefen zu versenken«.[11]

Dazu aber kam es nicht, denn ungefähr um 20.30 Uhr gab es plötzlich am Eingang Tumult: »Man hatte den Eindruck, dass die Versammlung gewaltsam gestört werden sollte«, hieß es im Untersuchungsbericht: »Bald bildete sich jedoch eine Gasse, durch die Adolf Hitler mit einer Pistole in der Hand, begleitet von einer Reihe uniformierter und mit Pistolen und Maschinenpistolen bewaffneter Leute gegen das Rednerpult vordrang. Im Saaleingang wurde ein Maschinengewehr mit Schussrichtung auf die Versammlung aufgestellt.«[12] Nicht alle im Saal sahen diesen Auftritt sofort; Hermann Kriebel beispielsweise saß so ungünstig, dass er die aufbrandende Unruhe nur hörte. Auch Karl Koller bekam erst etwas mit, als Hitler plötzlich »auf die Bühne sprang und eine Rede von der ausgebrochenen nationalsozialistischen Revolution hielt und dabei mit dem Revolver gegen die Decke schoss«. Instinktiv zog der Landespolizei-Leutnant seine eigene Waffe und entsicherte sie. Ein Kollege fiel ihm in den Arm und schrie ihn an: »Was fällt Dir denn ein, Du bist ja verrückt, das ist doch alles mit Seißer abgemacht!«[13] Koller ließ sich beruhigen und steckte die Waffe wieder ein.

Hitler hatte unterdessen mit erregter Stimme etwa gesagt: »Ich teile den Anwesenden mit, dass die nationale Revolution in ganz Deutschland ausgebrochen ist. 600 bewaffnete Leute halten diesen Saal besetzt, niemand kann ihn verlassen. Reichswehr und Polizei marschieren unter unseren Fahnen aus den Kasernen. Eine deutschnationale und bayerische Regierung wird gebildet, die Regierung Knilling und die Reichsregierung sind abgesetzt.«[14] Kahr hatte nach dem Beginn des Tumults aufgehört zu sprechen und stand nun mit Lossow und Seißer neben Hitler, der sie einigermaßen barsch in einen Nebenraum bat. Als sie zögerten, fiel ein zweiter Schuss in die Decke, vielleicht aber auch, um den im Saal aufbrandenden Jubel zu ersticken. Wer diesen Schuss abfeuerte, erinnerten Augenzeugen unterschiedlich oder gar nicht. Der NSDAP-Chef redete nun auf die drei Männer ein, die nachgaben und begleitet von bewaffneten Nationalsozialisten das Podium in Richtung Hinterbühne verließen.

Mehrere Redner, darunter der Gastgeber der Versammlung, versuchten, die Zuhörer zu beruhigen. Doch erst als SA-Chef Hermann Göring mit befehlsgewohnter Stimme das Wort ergriff, trat für einige Sätze Stille ein. An seinem Kragen baumelte der Orden *Pour le Mérite*, die höchste Kriegsauszeichnung des untergegangenen Kaiserreiches, was ihm automatisch Respekt verschaffte. Er versprach, dass es sich »keineswegs um einen Anschlag auf Herrn von Kahr oder auch einen der beiden anderen Herren« handele. Es gehe gegen die »Berliner Judenregierung«, nicht gegen Reichswehr und Landespolizei, die sogar schon unter wehenden Fahnen aus den Kasernen anrückten. »Bis das geschehen ist, muss ich Sie bitten, ruhig auf ihren Plätzen zu bleiben und den Anordnungen der Posten Folge zu leisten.« Dann fügte Göring noch eine »ziemlich schnoddrige« Schlussanmerkung hinzu: »Sie haben ja Ihr Bier.« Beifall brandete auf, allerdings nur, wie Karl Alexander von Müller auffiel, »aus bestimmten Ecken des Saals«.[15]

Im Nebenraum redete derweil Hitler auf Kahr, Lossow und Seißer ein, die von bewaffneten Wachen bedroht wurden oder sich zumindest bedroht fühlten. Naturgemäß schilderten beide Seiten das Gespräch stark unterschiedlich. Laut Kahrs Erinnerung schrie Hitler, kaum war die Gruppe im Zimmer versammelt: »Niemand verlässt lebend dieses Zimmer ohne meine Erlaubnis!« Dabei hatte er eine Pistole in der Hand, mit der er »herumfuchtelte«.[16] Dagegen behauptete Hitler, er habe sich bei den drei »sofort entschuldigt« und gesagt: »Bitte, verzeihen Sie, dass ich so vorgehen muss, aber es bleibt mir kein anderes Mittel. Die Sache ist jetzt gemacht. Es gibt kein Zurück mehr.«[17] Er habe niemanden bedroht.

Laut Kahr sagte Hitler weiter: »Die Reichsregierung ist gebildet, die bayerische Regierung ist abgesetzt, Bayern ist das Sprungbrett für die Reichsregierung, in Bayern muss ein Landesverweser sein, Pöhner wird Ministerpräsident mit diktatorischen Vollmachten, Sie werden Landesverweser, die Politik im Reiche mache ich, nationale Armee Ludendorff, Lossow Reichswehrminister, Seißer Polizeiminister.« Immerhin konzedierte er: »Ich weiß, dass den Herren das schwer wird, aber der Schritt muss gemacht werden, man muss den Herren den Absprung erleichtern, jeder hat den Platz einzunehmen, auf den er gestellt ist; tut er das nicht, so hat er keine Daseinsberechtigung. Sie müssen mit mir kämpfen, mit mir siegen oder mit mir sterben, wenn die Sache schief geht.« Der Generalstaatskommissar erwiderte eigenen Angaben zufolge: »Herr Hitler, Sie können mich festnehmen, Sie können mich erschießen lassen, Sie können mich selber totschießen, Sie haben jetzt die Macht. Sterben oder nicht sterben ist hier ganz bedeutungslos.«[18] Hitler bestritt die ihm in den Mund gelegten politischen Aussagen; die Sätze seien aus dem Zusammenhang gerissen, denn wenn sie so gefallen wären, hätte die »Unterhaltung nicht länger als zwei Minuten gedauert«. Tatsächlich dauerte das erste Gespräch im Nebenzimmer fünf Mal so lang. Auch habe Kahr keineswegs »in Heldenpose« dagestanden. »Ich versicherte ihm noch einmal, dass für sein Leben nicht die geringste Gefahr bestünde. Da sagte Kahr, er fürchte das auch nicht, denn Leben oder Nichtleben sei ihm einerlei.«[19]

Während der Besprechung im Nebenraum hatte der Landespolizei-Leutnant Karl Koller das Gefühl, er solle zu seiner Einheit gehen, um im Falle eines Falles einsatzbereit zu sein. An der Tür stand jedoch ein Wachposten, der niemanden hinausließ. »Der am MG befindliche SA-Mann sprach mich plötzlich mit ›Herr Leutnant‹ an und entpuppte sich als ein früherer Unteroffizier von mir. Ich fuhr ihn an, dass er sofort das MG sichern lassen müsse, um ein Unglück zu verhüten, was er auch tat.«[20] Koller gelang es, ihn zu überzeugen, dass er zu seiner Truppe müsse – er durfte den Saal verlassen.

Bald darauf ließ Hitler Kahr, Lossow und Seißer unter Bewachung im Nebenzimmer zurück und ging wieder in den großen Saal. Karl Alexander von Müller wunderte sich, dass er allein kam: »Es war ihm also nicht gelungen, was er versprochen hatte, die anderen zu gewinnen. Was würde er sagen? Eine gefährliche Welle der Erregung brandete zu ihm auf, als er wieder das Podium bestieg.«[21] Die folgende kurze Ansprache war nach Müllers Eindruck »rednerisch ein Meisterstück. Sie hat eigentlich die Stimmung der Versammlung mit wenigen Sätzen umgedreht wie einen Handschuh. Ich habe so etwas noch selten erlebt.«[22] Mit den »Novemberverbrechern von 1918« müsse »ein Ende gemacht werden«;

an ihre Stelle müssten Männer von nationalem Geiste gesetzt werden. Dann erklärte er die Reichsregierung für abgesetzt und schlug Kahr als »Landespräsident von Bayern und Pöhner als bayerischen Ministerpräsidenten vor, und für das Reich Ludendorff als Reichspräsident, Lossow als Reichswehrminister und Seißer als Polizeiminister«.[23] Die Leitung der Politik, daran ließ Hitlers Auftritt keinen Zweifel, beanspruchte er für sich selbst. Er wiederholte also öffentlich die »Berufungen«, die er – mehr oder minder ausführlich – kurz zuvor im Nebenraum den drei überrumpelten »Kandidaten« verkündet hatte, ohne von ihnen eine Zustimmung bekommen zu haben. Dann fragte Hitler das Publikum theatralisch: »Draußen sind die Herren Kahr, Lossow, Seißer. Sie ringen schwer mit dem Entschluss. Kann ich Ihnen sagen, dass Sie hinter Ihnen stehen werden?« Die Reaktion der Zuhörer war, zumindest nach Müllers Eindruck, eindeutig: »›Ja! Ja!‹, scholl es sturmartig anschwellend von allen Seiten.«[24]

Mit diesem Votum im Rücken ging Hitler erneut in den Nebenraum, wo sich die Situation inzwischen verändert hatte, denn Erich Ludendorff war eingetroffen. Kahr, Lossow und Seißer hatten sich in Hitlers Abwesenheit nicht abstimmen können, und nun standen sie der Autorität des in völkischen Kreisen gefeierten Weltkriegs-Heroen gegenüber. Es folgten längere Diskussionen hinter der Bühne, während der das »Stimmungsbarometer im Saal wieder zu schwanken begann«.[25] Ludendorff war »freudig erregt« und bat den Generalstaatskommissar, den Reichswehrgeneral und den Landespolizeichef »um ihr Mitwirken«.[26] Auf Hitler wirkten Lossow wie Seißer nach Ludendorffs Worten sehr ergriffen: »Beide Herren hatten Wasser in den Augen und endlich sagte Lossow zu Ludendorff: ›Gut, Exzellenz, Ihr Wunsch ist mir Befehl‹, und reichte ihm die Hand. Es war ein Augenblick, in dem alles ruhig war. Dann trat Seißer hin, ebenfalls aufs Tiefste ergriffen, reichte ihm ebenfalls die Hand. Und dann redete er noch mit Kahr, und Kahr sagte schließlich: ›Gut‹.«[27] Anschließend erklärte er sich in einem dürren Satz bereit zur Kooperation: »Ich bin bereit, die Leitung der Geschicke Bayerns als Statthalter der Monarchie zu übernehmen.«[28] Von einer Restitution der »Monarchie« war allerdings an diesem Abend nicht und auch in den zurückliegenden Tagen und Wochen so gut wie nie die Rede gewesen.[29]

Hitler forderte nun noch, Kahr möge diese Zusage öffentlich, also vom Podium des Bürgerbräukellers aus, wiederholen. Doch der Generalstaatskommissar lehnte ab und willigte erst ein, als der NSDAP-Chef ihm versprach: »Sie werden auf den Händen hineingetragen. Sie werden sehen, mit welchem Jubel Sie begrüßt werden. Die Leute werden vor Ihnen niederknien.«[30] Nun begaben sich Hitler und Ludendorff sowie Kahr, Lossow und Seißer gemeinsam zurück in den Saal, wo das versammelte Publikum sehnlich wartete; eine enthusiastische Begeisterungswelle begleitete sie. Gegen 21.45 Uhr wiederholte Kahr den Satz vom »Statthalter der Monarchie«. Er habe sich schweren Herzens dazu entschlossen; hoffentlich sei es zum Wohle Bayerns und Deutschlands, woraufhin Hitler vortrat und ihm dankte.[31] Karl Alexander von Müller wunderte sich: »Er hielt dessen Hand lange in der seinigen fest, sodass das Bild der beiden Männer auf dem Podium sich allen Anwesenden unten im Saal deutlich einprägen musste. Wie eine Art Rütlischwur vor versammeltem Volk.«[32]

Hitler erklärte Reichspräsident Ebert und Reichskanzler Stresemann für abgesetzt; dann rief er: »Es lebe die Deutsche Nationalregierung! Hoch! Hoch! Hoch!«, und die Zuhörer stimmten begeistert ein. Die Verbrüderungsszene ging mit eher kurzen Worten von Ludendorff, Lossow, Seißer und

Pöhner weiter. Der bayerische General etwa beließ es bei den dürren, vergleichsweise wenig pathetischen Sätzen: »Ich wünsche, dass die Aufgabe, eine Armee zu organisieren, die den Aufgaben gewachsen ist, die hier eben festgesetzt worden sind, gelingen werde und dass diese Armee unsere Flagge Schwarz-weiß-rot überall mit Stolz tragen wird.«[33] Das Publikum reagierte abermals mit Beifall. Müller fiel auf, dass Lossow »lässig« sprach, »fast unbeteiligt, mit einem ironischen Lächeln in einem undurchdringlichen Fuchsgesicht«. Seißer hingegen konnte seine Erregung nicht ganz beherrschen und war etwas »bleich«; was er sagte, war jedoch nur »eine Variante von Lossows Worten«. Hitler schüttelte abermals allen die Hand; er war eindeutig derjenige auf dem Podium, der die Richtung vorgab. »Den Gedanken, die gemeinsame Szene auf dem Podium könne nicht ernsthaft gewesen sein, hatte ich nicht, keinen Augenblick«, erinnerte sich Karl Alexander von Müller: »Auch in meiner Umgebung vernahm ich nichts dergleichen.«[34]

Alle fünf Männer verließen das Podium und kehrten ins Nebenzimmer zurück, diesmal ohne bewaffnete Wachen. Auf dem Weg erfuhr Hitler, dass zwar die Angehörigen der Infanterieschule den Bürgerbräukeller weiträumig sicherten, aber die Besetzung der beiden Kasernen in Schwabing-West misslungen war. Um die Situation selbst beurteilen zu können, ließ der NSDAP-Chef sich eilig in die Dachauer Straße fahren. Dort wurde er am Tor abgewiesen, hatte aber dennoch den Eindruck (oder behauptete dies zumindest), dass nur »eine verhältnismäßig ganz kleine Zahl von Offizieren sich weigere, die Neuregelung anzuerkennen«. Also fuhr er zurück zum Bürgerbräu, um dort Lossow zu veranlassen, den Offizieren »ein Ultimatum zu stellen, und wenn dieses nicht angenommen würde, würden wir selbstverständlich

hingehen«.[35] Der General sollte die Kooperation des 19. Infanterieregiments erzwingen.

Im Bürgerbräukeller erwartete Hitler allerdings eine Überraschung, denn Erich Ludendorff hatte in seiner Abwesenheit Kahr, Lossow und Seißer gestattet, das immer noch ab-
gesperrte Lokal zu verlassen. Gegen 22.30 Uhr waren die drei
mit ihren Adjutanten abgefahren – bevor Hitler zurückkehrte. Seinen eigenen Angaben zufolge machte er sich dennoch keine Sorgen, »dass die Herren umgefallen seien«.[36]

Innenstadt

Während der Ereignisse im Bürgerbräukeller war der Putsch
in München angelaufen. Jedoch zeigte sich schnell, dass
der Plan des Kampfbundes nur zum kleineren Teil funktio-
nierte, denn von den vorgesehenen Handstreichen gelangen
nur einige: Bei den Buchdruckereien Parcus & Co. am Pro-
menadenplatz sowie Mühlthaler an der Dachauer Straße 15
beschlagnahmten die Putschisten gerade hergestelltes Papier-
geld im Nominalwert von 28 000 Billionen Mark, was etwa
7000 US-Dollar entsprach.[37] Im Franziskanerkloster St. Anna
im Stadtteil Lehel erbeuteten sie 3300 dort gelagerte Gewehre, allerdings erst, nachdem sie einem anwesenden Pater
Gewalt angedroht hatten. Das Verlagshaus der SPD-Zeitung
Münchener Post am Altheimer Eck wurde gestürmt und verwüstet; Kahr hatte dem Blatt das Erscheinen ohnehin seit
zehn Tagen verboten. Im Hotel Vier Jahreszeiten an der Maximilianstraße 17, dem ersten Haus am Platze und Dienstsitz der Kontrollkommission der Siegermächte für Bayern,
nahmen SA-Leute einen französischen und einen belgischen
Offizier in »Schutzhaft« – ein eklatanter Verstoß gegen den

geltenden Versailler Vertrag, der »schwere außenpolitische Folgen« hätte haben können. Der Hoteldirektor erreichte, dass die beiden Gäste nicht mitgenommen, sondern in ihren Zimmern unter Arrest gestellt wurden.[38]

Den wichtigsten Erfolg erzielte der Verband Reichskriegsflagge unter Ernst Röhm. Zusammen mit weiteren Mitgliedern des Kampfbundes hatten dessen Männer sich im Löwenbräukeller am Stiglmayrplatz versammelt und vergeblich auf den im *Völkischen Beobachter* versprochenen Hitler-Auftritt gewartet. Gegen oder bald nach 21 Uhr hatte Hermann Kriebel aus dem Bürgerbräukeller telefonisch an den knapp vier Kilometer entfernten Löwenbräukeller ein verabredetes Codewort durchgeben lassen: »Glücklich entbunden«.[39] Daraufhin verkündete Röhm: »Wir rufen Sie heute alle am fünften Jahrestag der Revolution zur Kameradschaft auf, zum Kampf, zur Rache und Vergeltung an den Volksverrätern und Volksverderbern.«[40] Mit etwa 400 Mann rückte die Reichskriegsflagge ab, um das Wehrkreiskommando an der Ecke Schönlein- und Ludwigstraße zu besetzen, nicht weit von der Feldherrenhalle. Die dortige Wache wurde gegen 23 Uhr überrumpelt; der Offizier vom Dienst gab zu Protokoll, er weiche der Gewalt. Otto von Lossows Dienstsitz befand sich in den Händen der Putschisten.

Michael Kardinal Faulhaber verbrachte den Abend im Hotel Wagner an der Sonnenstraße nördlich des Sendlinger Tors und traf hier Pfälzer, die von der französischen Besatzungsmacht ausgewiesen worden waren, denn vor seiner Berufung nach München war er Bischof in Speyer gewesen. Gegen 21.30 Uhr erfuhr Faulhaber vom vormaligen Polizeipräsidenten Eduard Nortz, Kahr sei »von der Hitlergarde gefangen« und die »Regierung gestürzt«. Der Kardinal machte sich bald zu Fuß auf zu seinem Dienstsitz und stellte fest: »Auf dem Heimweg war es noch ziemlich ruhig auf den Straßen.«[41]

Der zweithöchste Reichswehr-General in Bayern, Friedrich Kreß von Kressenstein, aß bei einem befreundeten Bankdirektor zu Abend und erfuhr ebenfalls gegen 21.30 Uhr durch Anruf seines Bruders, »dass Hitler geputscht, die Reichsregierung für abgesetzt erklärt und sich selbst zum Reichskanzler ausgerufen« hatte. Der General fuhr sofort in die Stadtkommandantur, wo bald weitere hohe Offiziere eintrafen. »Auf Grund der Ausführungen Lossows bei der Offiziersversammlung am 26. Oktober waren wir uns keinen Augenblick im Zweifel darüber, was wir zu tun hatten«, erinnerte sich Kreß: »Der Putsch musste mit allen Mitteln niedergeschlagen werden.« Er ließ sofort alle Reichswehr-Abteilungen in Bayern alarmieren und befahl, dass die Garnisonen in Augsburg und Landsberg per Zug nach München kommen sollten.[42]

Im Restaurant des Hotels Wagner saß an diesem Abend auch Dietrich Eckart, Hitlers Mentor. Der NSDAP-Chef hatte ihn am Vormittag dieses Donnerstags für 14 Uhr zu sich gebeten, was Eckart jedoch ignorierte, weil er davon ausging, ihn in den kommenden Tagen ohnehin zu sehen. Deshalb, so zumindest Eckarts eigene Darstellung, erfuhr er vorab nichts vom Putsch. Gegen 21.30 Uhr, als Faulhaber gerade vom Geschehen im Bürgerbräukeller hörte, verließ Eckart mit zwei Begleitern das Hotel Wagner und ging in sein Stammlokal, die nahe gelegene Fledermausbar: »Von Politik wurde selbstverständlich gesprochen, auch die möglichen Aussichten Hitlers erörtert, aber keiner von uns dreien hatte auch nur einen blassen Schimmer von den Dingen dieser Nacht«, sagte Eckart eine Woche später bei seiner polizeilichen Vernehmung. Gegen 23 Uhr, als einer seiner beiden

Begleiter eben heimgehen wollte, trafen »unbestimmte Gerüchte ein, wonach die bayerische Regierung gestürzt worden« sei: »Wir drei nahmen das nicht ernst.« Ein Bekannter ging, Eckart blieb mit Adolf Müller, dem Drucker des *Völkischen Beobachters*, in der Bar zurück. Die Gerüchte verdichteten sich immer mehr, meist durch hinzukommende Gäste: »Trotzdem gaben wir nichts darauf und blieben bis Mitternacht ruhig sitzen. Da erschienen plötzlich drei Hitler-Soldaten, um zu kontrollieren, und nun erfahren wir aus dem Munde dieser Soldaten, die vom Bürgerbräu kamen, was eigentlich los war.« Während Eckart sitzen blieb, stand Adolf Müller auf, »der mit Recht annehmen musste, dass nunmehr seine Druckerei stark beansprucht würde«, und fuhr los. In der Fledermausbar wurde über nichts anderes mehr gesprochen als über die abendlichen Geschehnisse. »Es war eine sehr erregte Stimmung, was wiederum die Folge hatte, dass wir unter wesentlicher Überschreitung der Polizeistunde bis ungefähr zwei Uhr nachts uns im Lokal aufhielten und schließlich von der Polizei selbst zum Heimgehen veranlasst werden mussten.«[43]

Maximilianstraße

Schon auf dem Weg zu ihren Autos vor dem Bürgerbräukeller hatten sich Kahr, Lossow und Seißer wohl verständigt, den Putsch niederzuschlagen. Sie ließen sich zu ihren jeweiligen Dienstsitzen chauffieren: der Generalstaatskommissar ins Regierungspräsidium an der Maximilianstraße, der General in die Stadtkommandantur am Hofgarten und der Polizeioberst in die Türkenkaserne, das Hauptquartier der Landespolizei in München. Alle trafen kurz vor 22.45 Uhr ein.

In der Maximilianstraße wurde Kahr von Vertrauten erwartet, die verwirrt waren über die Gerüchte. Sie kannten
seine Ziele, und ein gewaltsamer Putsch passte dazu nicht.
Kahr bestätigte ihnen die von seinem Adjutanten durchgege-
bene Darstellung, die auf dem Podium erklärte Bereitschaft
sei »unter dem Drucke der Pistolen Hitlers« zustande gekommen. Die Gegenaktion sei im Gange, die umliegenden
Garnisonen bereits telefonisch angefordert.[44]

In der Stadtkommandantur warteten Kreß von Kressenstein und weitere hohe Offiziere auf Lossow; sie wussten
noch nicht, dass Röhm und seine Männer vom Wehrverband
Reichskriegsflagge auf dem Weg in das nahe Wehrkreiskommando waren. Als der General erschien, schrie er in höchster
Erregung immer wieder: »Der Hund hat mich mit dem Revolver bedroht!«[45] Die Zustimmung auf dem Podium sei nur
ein »Bluff« gewesen.[46] Da Kreß die Stadtkommandantur
nicht für sicher hielt, veranlasste er Lossow, in die Kaserne
des Infanterieregiments 19 zu fahren, dessen Standhaftigkeit
gegenüber den Hitler-Anhängern etwas früher an diesem
Abend inzwischen bekannt geworden war; dort traf die
Spitze der bayerischen Reichswehr gegen 23.10 Uhr ein. Das
erwies sich als kluger Schachzug, denn etwa zur gleichen Zeit
besetzte Röhm das Wehrkreiskommando.

Die meisten Offiziere der Münchner Reichswehr befolg-
ten Lossows Befehle.[47] Nur ein Hauptmann sowie zwei seiner
Offiziere beim ersten Bataillon des Infanterieregiments 19
weigerten sich. Das war wenig überraschend bei Eduard
Dietl, der schon 1919 zu den allerersten Mitgliedern der
NSDAP-Vorgängerpartei DAP gehört hatte und dort nur
ausgetreten war, weil ihm seit 1920 als Mitglied der Reichswehr jede politische Tätigkeit verboten war. Er hatte noch bei
einer Besprechung am 8. November 1923 die Ansicht vertre-

ten, »dass die Jugend lange genug gewartet habe, dass nun endlich gehandelt« werden müsse.[48] Abends wollte Dietl, der in Hitlers Pläne nicht eingeweiht war, eine schon länger angesetzte Nachtausbildung für Kampfbund-Mitglieder leiten. Kurz vor 22 Uhr traf die Nachricht von den Ereignissen im Bürgerbräukeller ein, und kurz danach lehnte Dietl es ab, seine Truppe in den Einsatz gegen die Putschisten zu führen. Man könne alles von ihm verlangen, »aber auf Exzellenz Ludendorff zu schießen, kann ich persönlich nicht«.[49] Zwei Offiziere schlossen sich ihm an. Eingesetzt wurde Dietls Kompanie in den kommenden Stunden nicht, da bald genügend Truppen von außerhalb bereitstanden.

Auch die Landespolizei war bereits in Alarmzustand versetzt – und zwar ausgerechnet von der Polizeidirektion an der Frauenkirche aus, die eigentlich der anwesende Mitverschwörer Wilhelm Frick für die Putschisten kontrollieren sollte. Doch der Leiter der dortigen Landespolizei-Dienststelle Major Hans von Imhoff hatte kurz vor 21.30 Uhr beim Verlassen des Gebäudes von Gerüchten gehört, »dass die Versammlung im Bürgerbräukeller von Nationalsozialisten überfallen« worden sei. Imhoff kam das »zunächst mindestens übertrieben« vor, dennoch kehrte er in sein Büro zurück und erfuhr, Kripochef Wilhelm Frick als ranghöchster anwesender Beamter der kommunalen Polizei habe angeordnet, »keine Landespolizei einzusetzen, um Blutvergießen zu vermeiden«.[50] Damit war seine Mitwisserschaft klar. Imhoff sorgte umgehend dafür, dass strategisch wichtige Punkte der Innenstadt wie Telegrafenämter und der Hauptbahnhof von Männern der Landespolizei besetzt wurden; er kam damit den Putschisten zuvor. Auch alle Eingänge der Polizeidirektion stellte er unter die strikte Kontrolle seiner Leute.

Leutnant Karl Koller war inzwischen bei seiner Einheit eingetroffen. Der Posten hatte die Weisung erhalten, den ersten eintreffenden Offizier sofort mit dem Kommando der Landespolizei zu verbinden. Koller bekam den Auftrag, die Kaserne »gegen jedermann, was besonders betont wurde, zu verteidigen«. Er fragte sich, ob Hitler eventuell doch Seißer hereingelegt habe? Müsse gegen die Nationalsozialisten mit der Waffe vorgegangen werden? Für Koller eine persönliche Herausforderung: »Ich war seit vier Monaten Mitglied der NSDAP und entschloss mich, um in keinen Gewissenskonflikt zu geraten, noch in der Nacht meine Mitgliedskarte mit Rohrpost zurückzuschicken.«[51]

Derweil kam bei Major Imhoff in der Polizeidirektion an der Löwengrube der telefonische Befehl von Seißer an, er möge sich in der Türkenkaserne einfinden. Dort fand er den Chef der Landespolizei in »ernster Überlegung« an; Seißer nannte die Vorgänge im Bürgerbräukeller eine »ungeheure Vergewaltigung«.[52] Es komme jetzt darauf an, dass die Landespolizei alle ihre Standorte halte. Imhoff kehrte zu seiner Dienststelle zurück, wo er alles angespannt, aber ruhig vorfand. Zu den größten Problemen in diesen Stunden gehörte, zu erkennen, wer Freund und wer (potenzieller) Feind war, auf wen man sich verlassen konnte und auf wen besser nicht. Als der Anführer eines Wehrverbandes bei der Polizeidirektion erschien und der Landespolizei die Unterstützung seiner Männer anbot, wurde er abgewiesen. Man sei in der Lage, die Verteidigung allein zu organisieren. Das kam wohl überraschend, denn der Verbands-Chef ließ sofort seine Leute abrücken.

Um 23.45 Uhr formulierte ein Mitarbeiter Kahrs eine lange Nachricht, in der zunächst berichtet wurde, was am Abend geschehen war: »In München heute Abend Hitler-Putsch.

Als Exzellenz von Kahr heute Abend vor den versammelten Vaterländischen Verbänden sprechen wollte, besetzte Hitler den Saal und erklärte die nationale Diktatur.« Dann folgte die Auflistung der im Bürgerbräukeller verkündeten neuen Funktionen, allerdings ungenau: »Kahr Staatspräsident, Ludendorff Reichswehrminister, Seißer Polizeiminister, Lossow Militärdiktator, Pöhner und Hitler im Direktorium.« Ebenfalls falsch war die Angabe: »Sämtliche bayerische Minister wurden verhaftet.« Denn tatsächlich hatte Rudolf Heß zwar den Ministerpräsidenten Knilling und drei Minister in »Schutzhaft« genommen, vier weitere aber nicht. Beim oberflächlichen Lesen der Nachricht konnte der Eindruck entstehen, hier würde die neue Aufstellung der Regierung bekannt gegeben werden. Erst die letzten beiden Sätze klärten einigermaßen auf: »Hitler-Anhänger vom Zuzug nach München fernhalten! Ausschließlich den Befehlen von Exzellenz von Kahr ist zu folgen!«[53]

Davon wusste Ernst Pöhner noch nichts, als er gegen Mitternacht in der Polizeidirektion eine Pressekonferenz abhielt.[54] Er glaubte noch, Kahr stünde auf der Seite der Putschisten, und gab den etwa acht anwesenden Redakteuren Informationen über die Vorgänge im Bürgerbräukeller – natürlich aus seiner Sicht. »Diese Besprechung dauerte vielleicht, ich schätze, eine gute Stunde.«[55]

Verwirrt von den widersprüchlichen Nachrichten war Kardinal Faulhaber. Der Erzbischof erfuhr gegen ein Uhr in der Nacht von einem Besucher, dem Stadtrat Hans Rauch, Kahr sei Ministerpräsident, und wunderte sich: »Was, Kahr? Gegen den richtet sich ja das Ganze!« Rauch berichtete dann vom Widerruf und fragte, ob nicht der in Bayern hochangesehene frühere Kronprinz Rupprecht eingreifen sollte. Faulhaber hielt davon nichts: »Das scheint mir unmöglich«,

notierte er.[56] Der Besuch hatte eine unerwartete Folge: Weil
Rauch äußerlich Ähnlichkeit mit Gustav von Kahr hatte und
ein Taxi benutzte, verbreitete sich die Falschmeldung, der
Generalstaatskommissar habe den Erzbischof aufgesucht.

Bei den Infanterieschülern, die noch rund um den Bürgerbräukeller standen, kam kurz vor Mitternacht das Gerücht
auf, Hitlers Verbündeter Ernst Pöhner werde im Regierungspräsidium festgehalten; Roßbach erhielt den Auftrag, die
Lage zu klären und das Gebäude zu besetzen. Wenig später
waren die Nachwuchsoffiziere an ihrem 1,2 Kilometer entfernten Ziel angekommen. Der Fähnrich Georg Schulze-
Büttger notierte in sein Tagebuch: »Wir marschierten zur
Maximilianstraße, und die erste und zweite Kompanie mussten die Seitenfronten umstellen, während die dritte Kompanie, in der auch ich war, gegen die Vorderfront vorrückte.«
Doch es gab eine böse Überraschung: »Plötzlich traten aus
dem Portal bis an die Zähne bewaffnete Schutzleute, die
Fenster des ersten Stockwerks öffneten sich und ließen Maschinengewehre dahinter erkennen.« Dann folgte das Kommando »Laden!«. Der Nachwuchsoffizier hielt fest: »Es war
ein schauriges Geräusch, das Auf- und Zurückreißen der Ge-
wehrschlösser in der nächtlichen Stille.« Seine Kameraden
und ihn befiel ein mulmiges Gefühl: »In wenigen Minuten
sollte man vielleicht sein Leben, das man noch kaum zu leben angefangen hatte, dahingeben.«[57]

Einige der Infanterieschüler verhandelten mit zwei Offizieren der Landespolizei, die das Gebäude bewachte. Plötzlich stürzte Roßbach auf die Wortführer der Nachwuchsoffiziere zu und schrie: »Was wird hier noch verhandelt? Sie
kennen den Befehl von Exzellenz Ludendorff. Was soll die
Lahmheit? Lassen Sie sofort feuern!« Bevor es dazu kam und
während sich die Schützen beider Seiten kaum zehn Meter

voneinander entfernt gegenüberstanden, hallte plötzlich ein neues Kommando über die Straße: »Die Kompanien rücken ab!«[58] Ludendorff hatte den Befehl zur gegebenenfalls gewaltsamen Besetzung des Regierungspräsidiums widerrufen; das Gerücht, Pöhner sitze dort in Gewahrsam, hatte sich als falsch erwiesen. Es war kurz vor zwei Uhr morgens, als der Offiziersnachwuchs den Rückweg antrat.

Bei manchen Infanterieschülern machte sich Enttäuschung breit, die zu einem »Umschwung« führte.[59] Georg Schulze-Büttger wurde »allmählich klar«, dass die »Verhältnisse doch wohl nicht so lagen, wie man sie uns am Vorabend geschildert hatte. Die Münchner Truppen, geschweige denn die übrige Armee beteiligten sich nicht an dem Putsch. Schon der Vorfall mit der Landespolizei, die doch eigentlich auf unserer Seite stehen musste, hatte mich stutzig gemacht. Jetzt war mir klar, dass man uns gelockt hatte unter Verbreitung unzutreffender Schilderungen über Beteiligung des ganzen Heeres«. Der 19-Jährige erkannte: »Als Soldat gehörte ich jetzt nicht mehr unter diese Leute.« Er verließ auf eigene Faust seinen Posten am Bürgerbräukeller und kehrte in die Infanterieschule zurück, wo er von einem Offizier, der sich wenige Stunde zuvor noch neutral gegeben hatte, als »Schuft« und »Meuterer« beschimpft wurde. Dass er ihm »nicht an die Kehle« ging, schrieb Schulze-Büttger in sein Tagebuch, »darüber staune ich heute nur noch«.[60]

Jeden Zweifel über die Haltung der bayerischen Behörden gegenüber den Ereignissen im Bürgerbräukeller räumte ein Klartext-Funktelegramm aus, das Lossow um 2.55 Uhr und erneut um 3.20 Uhr von der Kaserne des Münchner Infanterieregiments verschicken ließ. Es lautete: »An alle deutschen Funkstationen! Generalstaatskommissar von Kahr, Oberst von Seißer und General von Lossow lehnen Hitler-Putsch ab.

Mit Waffengewalt erpresste Stellungnahme in Bürgerbräu-
Versammlung ungültig. Vorsicht gegen Missbrauch obiger
Namen geboten.«[61]

Etwa zur gleichen Zeit wurde der erste wichtige Mitverschwörer in Haft genommen. Landespolizei-Major Imhoff,
der für Seißer die Stellung in der Polizeidirektion hielt, setzte
den offiziell »amtierenden« Polizeipräsidenten Wilhelm Frick
fest. Das war nicht ungefährlich, denn im Gebäude an der
Löwengrube gab es viele Unterstützer des Putsches. Also entschloss sich Imhoff zu einer Notlüge: »Auf nun folgende wiederholte Anfragen […] nach dem Aufenthalt von Frick ant-
worteten wir, er sei vor kurzer Zeit bei uns gewesen, aber
wieder fortgegangen.«[62]

In Bayern

Schon bevor Kahr, Lossow und Seißer eingetroffen waren,
hatten ihre Untergebenen verschiedene Reichswehr- sowie
Landespolizei-Einheiten in der weiteren Umgebung Münchens alarmiert. Das war jedoch riskant, denn sie konnten
nicht wissen, ob sich der Aufstand auf die Landeshauptstadt
beschränkte. Tatsächlich hatte der Kampfbund durchaus angemessen viele Anhänger aus Oberbayern nach München
beordert. Männer aus Garmisch und Bad Tölz zum Beispiel
beteiligten sich an den Aktionen in München; vor Ort blieb
es entsprechend ruhig. Das Gleiche traf für Ingolstadt zu: Die
lokalen SA-Leute waren abkommandiert worden, da der örtliche Reichswehr-Kommandeur Oberstleutnant Hans-Georg
Hofmann sich zu Hitler bekannte und daher zumindest
wohlwollende Neutralität erwartet wurde. Tatsächlich weigerte er sich zunächst, seine Truppen zur Unterstützung

nach München zu schicken, und kam erst nach mehrfacher Wiederholung der Anweisung nach.

In Bayerisch-Schwaben war die Lage unterschiedlich. Die SA in Augsburg hatte Görings Befehl vom 7. November nicht erreicht, so dass etwa 300 Männer nach Mehring gefahren waren, um dort den Saalschutz für eine NSDAP-Veranstaltung zu bilden. In Memmingen und Ottobeuren dagegen versuchten kleinere SA-Trupps, Polizeistationen und Postämter zu besetzten. Sie hatten aber nur teilweise Erfolg, weil sich die Mitglieder des Bundes Bayern und Reich, die als Hilfspolizei tätig waren, gegen sie stellten. Ähnlich war es in Landshut, Rosenheim und Kaufbeuren. In Passau berief ein Nationalsozialist eine Versammlung ein, um den Putsch zu unterstützen, doch die städtischen Behörden unterbanden das. In Regensburg, einer Hochburg der NSDAP, gab die örtliche SA nach einer abendlichen Übung mit der Reichswehr nicht wie üblich die Waffen zurück, sondern versuchte, die Kaserne zu besetzen. Doch der Offizier vom Dienst nahm den SA-Anführer fest, der daraufhin seinen Männern befahl, aufzugeben. In Würzburg sollte eine Ortsgruppe des Bundes Oberland aus dem nahegelegenen Karlstadt einmarschieren, um Schlüsselpositionen zu besetzen, doch das Unternehmen fiel aus. Auch die Kampfbund-Mitglieder in Nürnberg und Fürth waren offenbar nicht informiert worden.

Nur in einem Fall gelang die von Hitler, Kriebel und anderen Putsch-Planern beabsichtigte Vereinigung von Putschisten und Reichswehr zumindest anfänglich wie erhofft: Die Garnison Lindau war in der Nacht des 8. auf den 9. November 1923 wegen schweren Schneefalls telefonisch nicht und telegrafisch nur auf Umwegen erreichbar. So kam lediglich die Weisung an, die Truppe Richtung München in Marsch zu setzen, nicht mehr. Der Bataillonskommandeur, ein Haupt-

mann, erfuhr bei einem Halt in Kempten Gerüchte über die
Ereignisse der Nacht. Daraufhin ließ er seine Männer auf
dem Bahnsteig antreten, informierte sie und brachte ein
»Hurra« auf die neue Regierung einschließlich Hitler aus.
Die Reaktion war sehr positiv. Erst in Buchloe erwartete ihn
ein Vorgesetzter, der dem Zug mit dem Lindauer Bataillon
aus München entgegen gekommen war, um die tatsächliche
Lage mitzuteilen. Der Hauptmann wunderte sich: »Jetzt habe
ich erst in Kempten Hitler hochleben lassen, und nun sollen
wir gegen ihn gehen!«[63] Seine Soldaten waren verwirrt, er-
füllten aber ihre Aufgabe in München, die in schierer Präsenz bestand.

In Nordbayern war die Stimmung in der Nacht vom 8. auf
den 9. November 1923 besonders angespannt. Hier hielten
sich seit Wochen mehrere tausend Männer des Kampfbundes
und Hermann Ehrhardts zum »Grenzschutz« gegen Thüringen bereit. Ein Unruheherd. Sobald die Gerüchte aus München hier eintrafen, war mit größeren Auseinandersetzungen
zu rechnen. Die Regierung von Oberfranken in Bayreuth reagierte vorsorglich: Der Regierungspräsident ließ noch in
den frühen Morgenstunden, bald nach dem Funkspruch von
General Lossow, die führenden NSDAP-Funktionäre in der
Stadt festnehmen. Außerdem informierte er die Behörden in
den anderen Städten seines Bezirkes.[64]

In Bamberg war für die Nacht zum 9. November 1923 für
die örtliche SA »Bereitschaft« angeordnet. Ihre Mitglieder
sammelten sich in der Gastwirtschaft Zum Specht; sie warteten »auf den Befehl zum Losschlagen, zum Marsch nach dem
Tummelplatz der Schieber und Volksverräter in der Reichshauptstadt«. Dann kam »die inhaltsschwere Meldung, dass
die Dinge in München ihren Lauf genommen hatten. Noch
wusste man nichts Näheres, nur das eine: ›Nun geht es los!

Der Kampfbund unter der Führung Adolf Hitlers hat den
entscheidenden Schritt zur Wendung der Geschicke Deutschlands getan‹«. Doch träge verstrichen die Stunden, und weitere Meldungen oder gar Befehle blieben aus. Gegen 2.30 Uhr
morgens schickte die SA einen Mann zum Bund Oberland,
um sich nach Neuigkeiten zu erkundigen. Sie kamen etwa
zwei Stunden später, allerdings in unerwarteter Form: Ein
Lastwagen mit Landespolizisten rollte heran, die grau uniformierten Männer mit grünen Kragenspiegeln (deshalb
»grüne Polizei«) sprangen von der Ladefläche herab, umstellten die Gaststätte und richteten ein Maschinengewehr auf den
Eingang. Kurz danach betrat ein Beamter der blau uniformierten kommunalen Schutzpolizei das Gasthaus und verkündete: »Im Namen des Generalstaatskommissar Kahr sind
Sie entwaffnet!«[65] Da die Anführer der Bamberger SA ab-
wesend waren (nämlich bereits verhaftet), gaben die Hitler-
Anhänger auf.

Bambergs Oberbürgermeister Adolf Wagner hatte am frühen Morgen gegen 2.20 Uhr von den Vorgängen in München
erfahren und umgehend eine Besprechung mit dem örtlichen Kommandanten der Landespolizei, dem städtischen
Polizeichef sowie dem Vertreter der Bezirksregierung im
Rathaus einberufen, die gegen drei Uhr begann. »Die Polizei
meldet das Vorhandensein bewaffneter Patrouillen Vaterländischer Verbände auf der Straße; welchen Verbänden sie an-
gehören, konnte sie nicht ermitteln«, hielt Wächter fest: »Die
Polizei erhält Weisung, alle bewaffneten Patrouillen auf der
Straße sofort zu stellen.« Um 3.30 Uhr wurde das Bamberger
Reiterregiment informiert, die Reichswehr-Einheit vor Ort;
es übermittelte umgehend den Funkspruch Lossows von
2.55 Uhr. Damit war Wächter und den anderen in seinem
Büro im Rathaus klar, dass sie handeln mussten: Um 4.30 Uhr

erging der Befehl, die Bamberger SA im Gasthaus Specht zu entwaffnen, was ohne Zwischenfälle gelang. Allerdings mobilisierte nun der bislang untätige Bund Oberland in Bamberg – jedoch unter Aufsicht, denn Wächter hatte daran gedacht, jemand in die Telefonvermittlung zu schicken, der die Gespräche der beiden Oberland-Anführer in Bamberg abhörte. Einer wollte mit der Gaststätte Specht verbunden werden, doch das »Telefonfräulein« antwortete, eine Verbindung sei »nicht mehr möglich, weil die Führer der National-sozialisten in Schutzhaft« säßen. Darauf sagte der Oberland-Anführer: »Donnerwetter, das ist unangenehm, weil wir mit denen unter einer Decke stecken.«[66] Damit war der Putsch in Bamberg im Wesentlichen beendet.

Außerhalb Bayerns

Auch jenseits des NSDAP-Kerngebietes warteten in der Nacht zum 9. November 1923 Nationalsozialisten gespannt: Überall im Reich hielten sich Hitler-Anhänger bereit für den ersehnten Moment. Sie hatten je nach Zahl und Kontakten verschiedene Aufgaben: Einige Trupps sollten sich Zugang zu Waffenlagern der Reichswehr verschaffen, andere öffent-liche Gebäude besetzen oder Hauptstraßen sperren. Sie rech-neten mit wenig, in der Regel eher symbolischem Wider-stand; das hatten ihre Anführer versprochen.

Noch am späten Abend des 8. November 1923 gingen Tele-gramme an Gruppen im ganzen Reich. In Frankfurt standen einige NSDAP-Anhänger »auf dem Sprung, mit Adolf Hitler nach Berlin zu marschieren, um die Regierung Scheidemann und Genossen zu stürzen«, wie sich einer von ihnen 1934 er-innerte.[67] Am Rande der Reichshauptstadt, im Fort Hahneberg und in der Zitadelle Spandau, sammelten sich zur gleichen Zeit Nationalsozialisten und warteten auf Befehle. Manche ostpreußische NSDAP-Anhänger ergriffen selbst die Initiative:»Als am Abend in Gumbinnen bekannt wurde, dass der Führer in München losgeschlagen hatte, war mein Erstes, zur Infanteriekaserne zu eilen, um die Truppen auf die Seite Adolf Hitlers zu bringen«, erinnerte sich ein Partei-mitglied mit Stolz:»Schwer fiel es, in die Kaserne zu kommen, aber ich war bereits bekannt und so erhielt ich Einlass.« Angeblich gewann er schnell viele einfache Soldaten und Unteroffiziere, dann auch die Rekruten; einer sagte:»Kinder, bevor wir gegen Hitler marschieren müssen, lassen wir uns verladen und gehen mit fliegenden Fahnen zu ihm über. Wir sind doch nicht nochmal so dumm wie 1918, dass wir uns vor die Sozi stellen.« Der Nationalsozialist war glücklich, »im Stillen etwas für den Führer getan« zu haben; er fühlte sich »guter Hoffnung«.[68] In Bremen standen mit dem 23-jährigen Freikorps-Veteranen Hans Thaysen 45 Hitler-Anhänger »Gewehr bei Fuß« und hofften, dass die Revolution von Adolf Hitler ganz Deutschland überschwemmen werde.[69] Auch in Württemberg strömten in dieser Nacht einige Hundert Nationalsozialisten auf den Truppenübungsplatz Münsingen auf der Schwäbischen Alb und hielten sich bereit – für Weisungen, die nie kamen.

Die Reichsregierung in Berlin hatte gegen 23 Uhr von den Vorgängen in München erfahren, zunächst durch Fragen von Journalisten und fast zeitgleich durch einen Anruf des Gesandten in Bayern – der übrigens erst kurz vorher versichert hatte, dass Gerüchte über politische Unruhen »unbegründet« seien.[70] Sofort wurden der Reichspräsident und der Kanzler informiert, der für Mitternacht eine Kabinettssitzung einberief. Teilnehmen sollte auch Hans von Seeckt, der um 23.30 Uhr seinen Adjutanten Hans-Harald von Selchow informierte: »In München nun doch Revolution«. Hitler habe mit Ludendorff die Reichsregierung für abgesetzt erklärt. Also eine »Machtergreifung auf illegalem Wege«. Für das »Schlimmste« hielt Seeckt, dass man »keine Nachricht habe, wie Lossow und Kahr« dazu stünden.[71]

Die Beamten der Reichskanzlei ließen sofort bewaffnete Schutzpolizisten an den Straßen ins Regierungsviertel Kontrollpunkte errichten; Preußens Innenminister Carl Severing erschien persönlich, um »die Sicherungsmaßnahmen zu inspizieren« und als Polizeiverantwortlicher des weitaus größten Landes an der Kabinettssitzung teilzunehmen.[72] In der Reichskanzlei herrschte »großes Durcheinander«, Stresemann war sogar »ganz aus dem Häuschen«, fiel Selchow auf.[73] Äußerlich ruhig, aber sicherlich aufgewühlt, fragte Ebert den höchsten General, wie sich die Armee verhalten werde. Seeckt antwortete: »Die Reichswehr hält zu mir, Herr Präsident!«[74]

Doch ganz so eindeutig war die Lage noch nicht. Der Bayreuther Standortälteste der Reichswehr, Oberstleutnant Hilmar von Mittelberger, sammelte alle verfügbaren Informationen, seit ihn um 23 Uhr ein Befehl erreicht hatte, der sämtliche bayerischen Reichswehreinheiten sofort nach München beorderte. »Eine Unterschrift fehlte; es war daher nicht zu ersehen, von welcher Stelle der Befehl kam«, stellte der Bataillonskommandeur fest – und entschied sich, mit dem Abmarsch erst einmal zu warten. Vorsichtshalber aber ließ er die Reichsbahn zwei Züge bereitstellen. Dann begann er, telefonisch Informationen einzuholen. Gegen ein Uhr nachts hatte er ein recht klares Bild. »Besonders wichtig war hierbei die Mitteilung, dass Kahr, Lossow und Seißer zum Widerstand gegen Hitler unter Einsatz der Reichswehr und der Landespolizei entschlossen und dass bereits Haftbefehle gegen die Aufrührer in und außerhalb Münchens ergangen seien.« Ungefähr zeitgleich hörte er Gerüchte, laut denen man in Berlin glaubte, die Masse der bayerischen Truppen sei zu Hitler übergegangen. »Das widersprach völlig dem, was ich bisher wusste.« Mittelberger versuchte, sich mit Berlin verbinden zu lassen, doch die Leitung war unterbrochen. Also rief er in Dresden an, wo ihn ein Bekannter im örtlichen Wehrkreiskommando nach Berlin durchstellte. Der Oberstleutnant aus Bayreuth erreichte einen Seeckt nahestehenden Offizier und teilte ihm mit, »dass Lossow und die bayerische Reichswehr die Beteiligung an dem Putsch ablehnten«. Damit stieß er »zunächst auf wenig Glauben«. Die Reichswehrspitze sei »im Besitz zuverlässiger Nachrichten über das Fraternisieren der bayerischen Reichswehr mit Hitler«. Mittelberger überzeugte seinen Gesprächspartner, dass man im Reichswehrministerium falsch informiert sei. Der Offizier versprach, sofort Seeckt in der Reichskanzlei zu informieren. Etwa eine Stunde später bekam Mittelberger einen Anruf aus Berlin via Dresden. Der Chef der Heeresleitung ließ ihm ausrichten, seine Meldung sei »für die Reichsregierung und für ihn von großer Bedeutung« gewesen: »Er habe nun das feste Vertrauen, dass durch die bayerischen Truppen die Ordnung wiederhergestellt werde, und habe dieses der Reichsregierung gegenüber zum Ausdruck gebracht«, erinnerte sich der Bayreuther Standortkommandeur.[75]

In der Reichskanzlei zeigten sich nun die tatsächlichen Machtverhältnisse – als die wesentliche Entscheidung der Nacht fiel, nämlich wer fortan die vollziehende Gewalt ausüben sollte. Es waren Ebert, Reichswehrminister Otto Geßler und Seeckt, die unter sechs Augen beschlossen, dass der General direkt und nicht mehr – wie schon seit dem 26. Septem-

ber 1923 – sein politischer Vorgesetzter diese Funktion ausüben sollte. Aus dem bisher zumindest formal zivilen war
nun ein echter militärischer Ausnahmezustand geworden.
»Nun ist er also zur Macht auf legalem Wege gelangt«, notierte Seeckts Adjutant: »Nur Ebert ist er Rede und Antwort
schuldig.«[76]

Außerdem beschlossen der Reichspräsident und die Regierung einen Aufruf gegen den Putsch: »In der Zeit größter
außen- und innenpolitischer Bedrängnis haben sich Ver-
blendete ans Werk gemacht, um das Deutsche Reich zu zerschlagen. In München hat eine bewaffnete Horde die bayerische Regierung gestürzt, den bayerischen Ministerpräsidenten
von Knilling verhaftet und sich angemaßt, eine Reichsregierung zu bilden.« Alle Weisungen der Putschisten seien »null
und nichtig«; wer sie unterstütze, mache sich »zum Hoch-
und Landesverräter«.[77]

Gegen zwei Uhr war die Krisensitzung beendet. Selchow
wusste nicht, was er von den Vorgängen halten sollte: »Ist
Hitler–Ludendorff stark genug, was steht hinter ihnen?« Inzwischen war durchgesickert, dass Kahr und Lossow »mit
vorgehaltenem Revolver« bedrängt worden seien. Seeckts
Adjutant fragte sich: »Haben sie sich nicht zu weit mit den
Rechtsorganisationen eingelassen? Geht die Saat auf, die sie
selbst säten?«[78]

Scheitern

Verspätete Mobilisierung: Als der Putsch schon gescheitert war,
hetzte Julius Streicher in München Tausende auf.

Schon vor dem Morgengrauen ist das Misslingen des Putsches offensichtlich. Hitler sucht dennoch die offene Auseinandersetzung mit Militär und Polizei. An der Feldherrenhalle kommt es mittags zum blutigen Finale.

Marienplatz

In München war die Lage sehr unterschiedlich. Während in manchen Teilen der Innenstadt bewaffnete Putschisten unterwegs waren, herrschte in anderen sowie in den Außenbezirken und Vorstädten völlige Ruhe. Einem Lehrgangsteilnehmer der Infanterieschule fiel gegen drei Uhr auf: »Von einer Erhebung war überhaupt nichts mehr zu spüren, die Straßen waren leer.« Anderthalb Stunden später erfuhr er von höheren Offizieren, dass die Regierung und die 7. Division sich gegen den Putsch stellten. Er informierte seine Kameraden, »dass ich nicht mehr mitmarschieren« werde. Als Gerhard Roßbach davon hörte, ließ er »diese Kompanie sofort in die Schule einrücken«.[1] Der ehemalige Freikorps-Anführer erinnerte sich ähnlich: »Als dann Nachrichten durchsickerten, dass Kahr und Lossow angeblich nicht mehr mitmachten, wurden einige weich und kniffen.«[2]

Im besetzten Wehrkreiskommando verdichtete sich die Einsicht, dass Reichswehr und Landespolizei den Putsch nicht unterstützten. »In den Morgenstunden ließ sich fast nicht mehr daran zweifeln, dass ein Umschwung eingetreten sein müsse«, hielt Ernst Röhm fest.[3] Vom Bürgerbräukeller schickte SA-Chef Göring einen früheren Fliegerkameraden mit dem Auftrag los, die Lage zu sondieren. Als er kurz vor dem Morgengrauen zurückkehrte, lautete sein Ergebnis, dass zwar die Bevölkerung für die Putschisten eingestellt war, aber das Militär »gegen sie«.[4] Zu dieser Zeit hatte Hitler bereits seinen vorletzten Trumpf ins Spiel gebracht: Er beauftragte den Anführer der Nürnberger Nationalsozialisten Julius Streicher, die »Rednerpropaganda zu organisieren und

zu leiten«. Das war eine große Aufgabe für den Volksschul-
lehrer, zumal der NSDAP-Chef ebenfalls bestimmt hatte:
»Sämtliche Redner der Partei unterstehen ab jetzt Herrn
Streicher und erhalten von ihm ihre Instruktionen«.[5] Umgehend begann er, seinen Auftrag umzusetzen: Er richtete
eine Propagandazentrale ein, in der Plakate und Flugblätter
entworfen wurden, die anschließend unter anderem die
Druckerei von Adolf Müller herstellte. Danach organisierte
Streicher sich mehrere Lastwagen und eine bewaffnete Eskorte.

Auf dem Marienplatz standen seit Beginn der Dämme-
rung etwa um 6.30 Uhr Hitler-Anhänger und hofften auf er-
freuliche Nachrichten. Im Verlauf des Vormittags versammelten sich mehrere tausend Menschen vor dem Rathaus,
aus dem bewaffnete SA-Leute einige sozialdemokratische
Stadtverordnete entführten und als Geiseln festhielten Um
7.30 Uhr schon hatte ein weiterer Besucher den Münchner
Erzbischof keine 500 Meter weiter in seiner Residenz aufgesucht und informiert. »Die Lage hat sich gedreht«, notierte
Faulhaber.[6]

Im Bürgerbräukeller entschied Hitler, die Polizeidirektion
notfalls mit Gewalt einzunehmen; dort hatte der Landespolizei-Major Imhoff inzwischen auch Ernst Pöhner festgesetzt.
Doch ein dafür losgeschickter Trupp bewaffneter Mitglieder
des Bundes Oberland ließ sich durch einen »mit aller Be-
stimmtheit« ausgesprochenen Befehl zum Abzug bewegen,
»ohne dass es zu Reibereien kam«.[7] Ungefähr das Gleiche
erlebte wenig später der Stoßtrupp Hitler, der angesichts der
zahlenmäßig überlegenen Landespolizisten von einem Angriff absah. Wie in der Nacht bei den Nachwuchsoffizieren
der Infanterieschule vor dem Regierungspräsidium in der
Maximilianstraße zeigte sich auch hier: Zu einer bewaffneten

Konfrontation waren die meisten Hitler-Anhänger nicht bereit. Von den strategisch bedeutsamen Gebäuden der Innenstadt hatten die Putschisten am Freitagmorgen genau eines unter Kontrolle: das Wehrkreiskommando.

Allerdings gewannen sie gleichzeitig einen wesentlichen Teil der öffentlichen Meinung, genauer: Julius Streicher gewann sie. Mit drei bis vier Lastwagen voller SA-Leute, die großzügig druckfrisches Propagandamaterial verteilten, fuhr er von einer Menschenansammlung in der Innenstadt zur nächsten, stellte sich auf die Ladefläche oder das Dach der Fahrerkabine und hielt immer ähnliche Ansprachen. Die *Münchner Neuesten Nachrichten* zitierten Streichers Worte: »Die Tat rast bereits durch das Land!«, was das Publikum mit »Bravo« quittierte. Der Nürnberger verkündete: »Die Börsen werden geschlossen, die Banken unter Staatsaufsicht gestellt. Die neue Regierung gibt Euch Brot, aber Ihr müsst Geduld haben mit Euren Führern. Adolf Hitler hat die Männer, die uns bisher hingehalten haben, hinter Schloss und Riegel setzen lassen.« Ganz typisch für den radikalen Antisemiten war, dass er nur noch »zwei Parteien« kennen wollte: hüben das »arme Volk«, drüben der »Jude«. Rhetorisch fragte Streicher: »Zu welcher Partei wollt Ihr gehören? Wer zum Juden will, der soll gehen! Wer Deutschland will, der kommt zu uns.«[8]

»Hier ist schon wieder der Teufel los«, notierte Hedwig Pringsheim in ihr Tagebuch. Sie war am Freitagmorgen in die Innenstadt gegangen und erlebte »Erregung, Volksmassen, Plakate, Maschinengewehre, Panzerautos – wie zur seligen Räterepublik-Zeit«.[9] Die kaum drei Wochen der kommunistischen Herrschaft über die Kernstadt im April 1919 hatten sich so gut wie allen Münchner Bürgern als chaotischer Exzess eingebrannt.

Außerhalb der Innenstadt aber war nichts zu spüren von

den Ereignissen. Viele Münchner erfuhren erst aus den Morgenzeitungen, was am vorangegangenen Abend geschehen war.[10] Die *Münchner Neuesten Nachrichten* verkündeten den Stand der mitternächtlichen Pressekonferenz in der Polizeidirektion und titelten:»Einsetzung eines nationalen Direktoriums«.[11] In derselben Ausgabe erschien freilich auch ganzseitig die vorab der Redaktion mitgeteilte, nie zu Ende vorgetragene Rede Gustav von Kahrs. Besser informiert war die *Münchner Zeitung*, deren Chefredakteur zugleich der Pressechef des Generalstaatskommissars war – ihre Schlagzeile an diesem Freitagmorgen:»Hitlerputsch – Vergewaltigung Kahrs«.[12] Dazu stellte das Blatt einen in den frühen Morgenstunden formulierten Aufruf des Generalstaatskommissars an die Bevölkerung. Die SPD-Zeitung *Münchner Post* war in der Nacht von SA-Leuten besetzt und verwüstet worden, so dass keine Ausgabe erscheinen konnte – ohnehin war sie verboten.

Major Friedrich Haselmeyer erfuhr von seiner Zimmerwirtin von der Darstellung in den *Münchener Neuesten Nachrichten* und empfand die Neuigkeiten als »unglücksselig«. Also fuhr er morgens mit der Straßenbahn durch die Stadt, die ihm abseits des Marienplatzes »völlig ruhig« vorkam.[13] Er suchte Röhm im Wehrkreiskommando auf und danach Ludendorff im Bürgerbräukeller. Haselmayr wollte vermitteln, doch dafür war es zu spät.

Wer aber keine Zeitung las und auch nicht durch Hörensagen oder Anrufe von Freunden informiert wurde, bekam außerhalb der Innenstadt gar nichts mit von der bewegten Nacht. Major Hermann Starke, immerhin Lehrer an der Infanterieschule, hatte an diesem Freitag dienstfrei, ging aber trotzdem in seine Dienststelle, »um mir Bücher zu holen«. Auf dem Flur sah er einige Kameraden in lebhafter Diskussion und fragte sie: »Ihr habt wohl gar nichts zu tun, dass ihr Kasino macht?« Erst durch die Antwort wurde Starke bewusst, dass er etwas verpasst hatte: »Ja, wissen Sie denn gar nicht? Es ist doch Revolution!« Die Offiziere beschrieben ihm, dass die Fähnriche in der Nacht die Waffen- und Munitionskammern geöffnet hatten und »zur Teilnahme am Putsch abmarschiert« waren. Starke ging sofort auf die Stuben der Mitglieder seines Lehrgangs, traf jedoch nur einen einzigen Schüler an. »Ich veranlasste ihn, Zivil anzuziehen und hinzugehen, um seinen Kameraden das Sinnlose ihres Verhaltens klarzumachen und sie zur Rückkehr aufzufordern.«[14]

Ungefähr zur gleichen Zeit übernahm der Landespolizei-Leutnant Karl Koller in der Schwabinger Kaserne eine ihm eben zugewiesene Hundertschaft, die zum Wehrkreiskommando befohlen war. »Ich ließ meine 110 Mann antreten, von denen die ganz überwiegende Anzahl Mitglieder der NSDAP bzw. Sympathisierende waren. Ich setze ihnen den Zweck des bevorstehenden Angriffs auseinander und stellte frei, dass jeder, der es mit seinem Gewissen nicht vereinbaren könne, verschwinden dürfe, ohne dass ich persönlich es bemerken würde.« Mit Zufriedenheit registrierte Koller: »Kein Mann verließ seinen Posten.«[15]

Während Streicher seine Propagandafahrt inzwischen rund um den Marienplatz absolvierte und Kollers Landespolizisten zum Wehrkreiskommando vorrückten, ging Ernst Hanfstaengl durch die Innenstadt. Der NSDAP-Unterstützer war auf dem Weg zurück in den Bürgerbräukeller, und Hitler hatte ihn gebeten, über die Lage zu berichten. Hanfstaengl sah nicht nur »wachsenden Zuzug von auswärtigen Polizei- und Reichswehreinheiten, sondern auch Absperrmaßnahmen auf den Straßen, die zum Bürgerbräu führten, vor allem auch an den Isarbrücken«.[16] Die finale Konfrontation rückte näher.

Den Haag, Paris, London, Rom

Am 9. November 1923 kamen morgens Nachrichten aus München zumindest in einigen europäischen Hauptstädten an, wenn auch meist auf Umwegen. Zwar hatten die Putschisten selbst die Nachrichtenverbindungen nicht unter ihre Kontrolle bringen können; blockiert waren viele Fernleitungen trotzdem. Aber natürlich gelang so eine Abkapselung nur unvollkommen, und auf Umwegen erreichten Nachrichten dennoch das Ausland, oft als private Mitteilungen.

In Den Haag suchte vormittags Harry Graf Kessler den belgischen Architekten Henry van der Velde auf, um Pläne für Umbauten seiner Wohnung in Berlin zu besprechen. Sein Gastgeber teilte ihm mit, »dass gestern ein Staatsstreich in München stattgefunden hat. Knilling verhaftet, Hitler an die Spitze getreten ist und ein Ministerium mit Kahr und Ludendorff gebildet hat. Lossow ist zum Führer der gegen Thüringen und Berlin operierenden bayerischen Formationen ernannt worden.« Kessler schloss seinen ersten Tagebucheintrag an diesem Freitag trübsinnig: »Damit stehen wir unmittelbar vor dem Untergang des Deutschen Reiches.« Nachmittags sah er die Lage schon viel weniger pessimistisch, denn er hatte um 14.30 Uhr mit dem Gesandten Deutschlands in Den Haag telefoniert, der aus Berlin erfahren hatte, dass »man dort hofft, noch heute mit der bayerischen Bewegung fertig zu werden. Kahr und Lossow hätten beide erklärt, dass sie mit dem verrückten Kerl Hitler nichts zu tun haben wollten«.[17]

In Paris reagierte die Regierung bereits auf die spätabendlichen Gerüchte aus München aufgeregt. Schon in ihrer Morgenausgabe vom 9. November 1923 vermeldete die *Vossische*

Zeitung, das Kabinett habe beschlossen, die »Errichtung einer Diktatur in Deutschland nicht dulden zu wollen«. Das bedeute, dass die »interventionistische Strömung in französischen Regierungskreisen« die Oberhand gewonnen habe, analysierte das Blatt.[18]

Vergleichsweise moderat reagierte der bekanntermaßen scharf antideutsche Ministerpräsident Raymond Poincaré. Er ließ am Freitagvormittag in der Reichskanzlei ausrichten, es liege Frankreich fern, »sich in irgendwelche innerdeutschen Verhältnisse einzumischen«. Dann teilte der Botschafter mit, die »Gerüchte über die Vorgänge in Deutschland« hätten »Beunruhigung« ausgelöst. Man spreche davon, dass bei einer Demission des jetzigen Kabinetts »eine Rechtsdiktatur« folgen würde. Poincaré wünsche darauf hinzuweisen, dass er den Frieden in Deutschland und Europa am besten gesichert sehe, wenn die demokratische Regierungsform sich konsolidiere.

Stresemann konnte offenbar nicht anders, als seinen Besucher vorzuführen; immerhin hatte sich Frankreich regelmäßig und oft auf direkte Weisung Poincarés in innerdeutsche Verhältnisse eingemischt. Der Kanzler erinnerte ausdrücklich an die Besetzung des Ruhrgebietes. Dass in Deutschland die extremen Parteien »an Boden gewinnen«, sei richtig. Dieser Entwicklung entgegenzutreten, läge aber in der Macht des französischen Ministerpräsidenten. Denn die Stärkung von Kommunismus und Rechtsradikalismus ergebe sich »aus der verzweifelten Lage, in die Deutschland gekommen« sei.[19] Er musste nicht hinzusetzen: durch Frankreichs, also vor allem Poincarés Politik.

In London ergab sich die Situation, aus Berlin deutlich früher und detaillierter über die Vorgänge in München informiert zu werden als vom eigenen Generalkonsul vor Ort.

Der Grund war einfach: Der Staatssekretär im Auswärtigen Amt Ago von Maltzan hatte schon mitten in der Nacht vom 8. auf den 9. November 1923 den britischen Botschafter aus dem Bett geholt und unterrichtet. Dessen erstes und untypischerweise nicht chiffriertes, also in Eile abgesetztes Telegramm ging um 1.30 Uhr Berliner Zeit nach London ab. Der Botschafter warnte darin vor einem blutigen Bürgerkrieg in Deutschland. Zugleich gab er aber die beruhigende Versicherung der Reichsregierung weiter, man werde die Republik mit allen Mitteln verteidigen. Auch Seeckts Aussage, er könne sich auf die »Loyalität der bayerischen Reichswehr« verlassen, erreichte noch in der Nacht die britische Regierung.[20]

Beunruhigt war der Vatikan. Bayerns Gesandter beim Heiligen Stuhl traf den Kardinalstaatssekretär gleich am Vormittag des 9. November 1923 am Rande eines der üblichen Diplomatenempfänge. Der Leiter der katholischen Außenpolitik befürchtete, dass vor allem der Name Ludendorff »die Franzosen reizen« könnte. Der Kardinal ging davon aus, dass der Putsch gelungen und durch die »gewaltsame Umwälzung« eine neue Regierung im Amt sei; sein Informationsstand entsprach dem der *Münchner Neuesten Nachrichten*.[21] Von Eugenio Pacelli hatte der Vatikan bis zu diesem Zeitpunkt noch keinen aktuellen Bericht erhalten; der Nuntius telegrafierte erst etwas später nach Rom: »Kahr hat sich nach meiner Kenntnis nur scheinbar prinzipiell der Bewegung angeschlossen, um freizukommen und Gegenmaßnahmen ergreifen zu können.« Pacelli gab den Stand des späten Vormittags wieder: »Man glaubt, in Kürze kann Ordnung wiederhergestellt werden, wahrscheinlich aber nicht ohne Blutvergießen.«[22]

Feldherrenhalle

Im Bürgerbräukeller war die Stimmung inzwischen niedergeschlagen. Weder hatten Hitler und Ludendorff die bayerische Reichswehr noch die Landespolizei und auch nicht den
Generalstaatskommissar auf ihre Seite ziehen können. Statt
eines runden Dutzend befand sich nur ein einziger strategi-
scher Punkt in der Innenstadt in ihrer Hand, das Wehrkreiskommando. Röhm, der keine Weisung aus dem Bürgerbräukeller erhalten hatte, war auf sich allein gestellt und befahl
den Männern seines Verbandes Reichskriegsflagge, »das Gebäude in Verteidigungszustand zu setzen«.[23] Zu den Männern, die auf Röhms Befehl an der Schönleinstraße Wache
standen, zählte ein 23-jähriger Diplom-Landwirt namens
Heinrich Himmler.

Die Putschisten hatten nun nur noch zwei Optionen:
Entweder zogen sie sich Richtung Südosten zurück, also weg
von den westlich der Isar in der Innenstadt konzentrierten
Reichswehr- und Landespolizeiverbänden – das Ziel wäre
Rosenheim gewesen, wo die Hitler-Bewegung einen Schwerpunkt hatte. Aus konventioneller militärischer Sicht war das
die naheliegende Möglichkeit, so dass sich Hermann Kriebel
und wohl auch Hermann Göring dafür aussprachen.[24] Das
genaue Gegenteil schlug Erich Ludendorff vor: einen Marsch
in die Innenstadt hinein. Das Ziel sollte das Wehrkreiskommando sein, um die Männer der Reichskriegsflagge zu ent-
setzen; ob es danach zum Bürgerbräukeller zurückgehen
sollte oder anderswohin, war offen.[25]

Für Adolf Hitler gab es angesichts dieser beiden Alternati-
ven nur eine Wahl. Er hatte seit seinem Einstieg in die Politik
stets *va banque* gespielt. Ein Rückzug mochte taktisch oder

strategisch geboten sein, doch er passte nicht zu ihm. Rückblickend fasste eine Chronik des NSDAP-Hauptarchivs diese
Entscheidung in die Worte: »Der Gedanke, nach Rosenheim
sich zurückzuziehen, wurde aufgegeben, als unwürdig und
zum Bürgerkrieg führend. Durch den Zug sollte die völkische Bewegung nochmals ihre Stärke bekunden, um dann
Basis für würdige Verhandlungen zu finden.«[26]

Am späten Vormittag kam Hitlers Mentor Dietrich Eckart
in den Bürgerbräukeller. Er wollte nun endlich aus erster
Hand informiert werden; natürlich wurde der stadtbekannte
Publizist direkt durchgelassen zum NSDAP-Chef, der sich in
einem kleineren Saal im ersten Stock aufhielt, in dem druck-
frische, sauber gebündelte 50-Milliarden-Mark-Scheine auf-
gestapelt waren – ein Teil der nächtlichen Beute in den Druckereien Mühlthaler und Parcus & Co. Eckart erinnerte sich:
»Dort traf ich ihn auch in dem Moment, als er gerade das
Zimmer verließ. Er sah sehr finster aus und sagte zu mir
nichts weiter als mit sehr harter Stimme ein ›Guten Tag‹. Ich
ging hinter seiner Eskorte mit hinunter ins Freie auf die
Straße. Dort sah ich, wie er mit Ludendorff sprach.« Eckart
grüßte den Ex-General »mit gebührendem Respekt«, bekam
aber zu seinem Erstaunen »nur ein gleichgültiges Lüften des
Hutes zum Gegengruß«. Trotz seiner Verbundenheit mit
dem völkischen Milieu fehlte dem Publizisten jedes Gespür
für den Ernst der Lage.

Die letzte Hoffnung Hitlers war jetzt, dass der Mythos
Ludendorff tatsächlich die Einheiten der Reichswehr und der
Landespolizei zumindest zum Rückzug bewegen würde.
Deshalb stand er mit dem Ex-General in der ersten Reihe
der auf der Rosenheimer Straße gebildeten Marschkolonne,
neben sich Max Erwin von Scheubner-Richter und seinen
persönlichen Leibwächter Ulrich Graf. Ebenfalls in der ersten

Reihe liefen SA-Chef Hermann Göring, Hermann Kriebel
sowie Friedrich Weber. Ihnen voraus gingen zwei Fahnenträ-
ger, einer mit der Hakenkreuz- und einer mit der Oberland-
Flagge. Vor der Kolonne lag eine Strecke von gut drei Kilome-
tern: vom Isarhochufer über die zweiteilige Ludwigsbrücke,
den Isartorplatz und die Straße Im Tal zum Marienplatz,
dann weiter zum Odeonsplatz und auf die Ludwigsstraße, wo
an der Ecke Schönfeldstraße ihr Ziel lag. Gegen zwölf Uhr
mittags setzte sich der Zug in Bewegung.

Er bestand aus geschätzt etwa 2000 Menschen: den SA-
Leuten, die seit dem Abend im Bürgerbräukeller ausgeharrt
hatte; mehreren Abteilungen des Bundes Oberland und
anderer Wehrverbände, die zum Kampfbund gehörten; 100
bis 200 Angehörigen der Infanterieschule, die auch an diesem Morgen noch auf Seiten der Putschisten standen; den
Männern des Stoßtrupps Hitler unter Josef Berchtold; ferner
NSDAP-Mitgliedern, Hitler-Sympathisanten und Schaulustigen, die sich anschlossen. Dietrich Eckart und der Drucker
des *Völkischen Beobachters* Adolf Müller »betrachteten be-
kümmert das Schauspiel«. Eckart hatte die »dunkle Ahnung,
dass irgendein Verhängnis« sich anbahnte.[27] Zusammen mit
Müller ging er dem Zug voraus und kam problemlos über die
Ludwigsbrücke, auf der ein kleiner Trupp Landespolizisten
stand.

Das Kommando an der Ostseite der Brücke hatte der Leutnant Georg Höfler von der Landespolizei Landshut-Stadt.
Sein Befehl lautete: »Das Überschreiten dieser Brücken
durch bewaffnete Abteilungen der Nationalsozialisten ist zu
verhindern.« Dabei sollte Gewalt jedoch vermieden werden;
ausdrücklich hatte Höfler die Weisung bekommen, heran-
nahende Kolonnen »in Güte« zur Umkehr aufzufordern. Die
Hoffnung war, auf diese Weise anrückende Putschisten zu

zerstreuen und zu schwächen. Das klappte bei sechs bis sieben Trupps von jeweils höchstens einigen Dutzend Männern, aber nur zum Teil: Sie gingen zwar der Konfrontation aus dem Weg, stellten sich aber in der Nähe auf und warteten. »Plötzlich kam vom Bürgerbräukeller her eine große Abteilung in Zwölferreihen« auf die Ludwigsbrücke zu, berichtete der Leutnant. Er schickte sofort einen Boten zu seinem Vorgesetzten am anderen Ufer, ging selbst der Kolonne entgegen und forderte sie zum Halten auf. Der Anführer (Höfler wusste nicht, wer genau) befahl stattdessen: »Langsam weitergehen«. Der Leutnant warnte ein zweites Mal: Er werde schießen lassen. Um das zu unterstreichen, befahl er seinen wenigen Männern: »Mit scharfen Patronen laden!« Daraufhin schrie es aus der Kolonne: »Schießt nicht auf Eure Kameraden!« Gleichzeitig stürmten einige SA-Leute aus den in der Nähe wartenden Trupps, die Höfler zuvor abgewiesen hatte, auf die Landespolizisten zu und entwaffneten sie »auf ganz brutale Weise« mit Schlägen und vorgehaltenen Bajonetten. »Auch der Vorschlag, alle an die Wand zu stellen und zu erschießen, wurde gemacht, aber nicht ausgeführt«, berichtete Höfler. Während seine Männer abtransportiert wurden, sah sich der Leutnant plötzlich umringt von Marschierenden, die an ihm vorbei über die Ludwigsbrücke Richtung Innenstadt strömten. Da auch Landespolizisten in Uniform unter ihnen waren, fiel er nicht weiter auf; wenig später gelang es ihm, sich aus dem Zug zu befreien.[28] Die erste Sperre hatte die Kolonne der Putschisten überwunden.

Im Gegensatz zu späteren Behauptungen war die Kolonne schwer bewaffnet: Zahlreiche Männer führten geladene Karabiner, oft mit Bajonetten, und Pistolen mit sich. Mehrere schwere und leichte Maschinengewehre wurden in Position gebracht, zum Beispiel auf der Museumsinsel zwischen der äußeren und der inneren Ludwigsbrücke; »Schussrichtung gegen uns«, wie ein Hauptmann der Landespolizei feststellte, der am Westufer der Isar eingesetzt war.[29] An der Spitze des Zuges marschierte jetzt Julius Streicher, in der Hand eine scharf geladene Pistole. Über die Zweibrückenstraße und den Isartorplatz ging es in die Straße Im Tal zum Marienplatz, auf dem immer noch viele hundert Schaulustige standen.

Nach dem Durchbruch auf der Ludwigsbrücke zog sich die Landespolizei erst einmal zurück. Der Stadtkommandant hatte befohlen, die Kolonne aus dem Bürgerbräukeller dürfe nicht das besetzte, aber nun umzingelte Wehrkreiskommando erreichen. Da die angeordnete Sperrung der Isarbrücken nichts gebracht hatte, war klar, dass eine zwölf Mann breite und mehr als hundert Meter lange Kolonne eigentlich nur über den Marienplatz und die Theatiner-, notfalls über die Residenzstraße gehen konnte.

Am Isartorplatz hatte der Marsch Dietrich Eckart und Adolf Müller eingeholt. Die beiden stellten sich wie viele andere Schaulustige an den Straßenrand und sahen dem Spektakel zu. »Von weitem sah ich, dass Hitler und Ludendorff an der Spitze marschierten.« Als der NSDAP-Chef in Eckarts Nähe kam, richtete er dessen Aussage zufolge »seinen Blick starr auf mich und behielt ihn ohne mit der Wimper zu zucken bis zum Vorbeigehen so bei«. Der Publizist fühlte sich angesprochen und herausgefordert. »Ich hatte das Gefühl, als ob er zu mir damit sagen wollte: ›Und wo bleibst du?‹« Daraufhin sagte Eckart zu Adolf Müller, er könne nicht zurückbleiben, wenn alle marschierten, und ging der Spitze des Zuges hinterher. Im selben Moment näherte sich von hinten ein Auto mit Nationalsozialisten, Eckart sprach die Insassen an und bat sie zu halten, stellte sich vor und wurde daraufhin sofort eingeladen, mitzufahren: »Wir fuhren an der Seite dem Zug entlang und reihten uns in der Nähe der Post in den Zug ein.«[30] Aus etwa 100 Metern Entfernung verfolgte Dietrich Eckart, was an der Spitze geschah.

Die Kolonne war über den Marienplatz gelaufen und dann nach rechts in die Weinstraße abgebogen, die in einer Linie mit der Theatiner- und der Ludwigsstraße verlief. Nur ein dem Zug vorausfahrendes Auto, auf dem ein Maschinengewehr befestigt war, rollte weiter geradeaus in die Kaufingerstraße, Richtung Hauptbahnhof. Mindestens zwei weitere Wagen bildeten eine Art Vorhut; der eine kam aus der Briennerstraße und fuhr Richtung Ludwigsstraße, besetzt mit vier Anhängern des Freikorps-Anführers Gerhard Roßbach, der andere rollte die Theatinerstraße nach Norden.

Auf dem Odeonsplatz hatten sich kurz zuvor Landespolizei- und Reichswehreinheiten gesammelt, die das Wehrkreiskommando notfalls gewaltsam einnehmen sollten. Sie zogen jetzt ab, um ihre Aufgabe zu erfüllen. An ihre Stelle trat ein Verband der Landespolizei unter dem Leutnant Max Demmelmeyer. Er sperrte zunächst die Briennerstraße, ließ dann die Schaulustigen die Ludwigsstraße hinauf abdrängen. Die beiden Vorhut-Autos wurden angehalten und unter Bewachung zum örtlichen Kommando der Landespolizei geschickt, das in der Residenz eingerichtet war. Anschließend befahl er einige seiner Männer in die Theatinerstraße, um sie an ihrer engsten Stelle kurz vor der gleichnamigen Kirche zu sperren. Demmelmeyer sah nun »einen Zug herannahen, der Hitler-Fahnen bei sich trug. Ich sprang in die Residenz und holte mir noch einige Gruppen zum Absperren.« Während die Verstärkung anrückte, kehrte der Landespolizei-Leutnant zurück zur Theatinerstraße: »Nun sah ich, dass der Zug in die Perusastraße abbog.« Nur noch 300 Meter trenn-

ten die Landespolizisten von der Kolonne aus dem Bürgerbräukeller. Demmelmeyer eilte an der Feldherrenhalle vorbei
zur Einmündung der Residenzstraße; hier sah er sofort »einen endlosen Hitlerzug, dessen Anfang bereits in der Mitte
der Residenzstraße angelangt« war. Also keine 100 Meter
mehr vom Odeonsplatz entfernt: »Ich lief in die Residenz
und alarmierte.« Nach kurzer Zeit kam die nächste Verstärkung heraus. »Doch inzwischen war der Zug schon in Höhe
der Preysingstraße angelangt.«[31]

Demmelmeyers Vorgesetzter Wilhelm Muxel, ein Oberstleutnant der Landespolizei, trat hinter die dort aufgestellte
vordere Linie. Er sah den Zug, der jetzt acht Mann breit war
und trotzdem die gesamte Residenzstraße füllte, und rief mit
hocherhobenen Händen: »Halt! Nicht weitergehen!«[32] Die
Landespolizisten hielten ihre Karabiner, die Mündungen
nach unten gerichtet, mit beiden Händen vor ihren Kör-
pern.[33] Das war die übliche Haltung, mit der Menschenmen-
gen gestoppt wurden. Doch die vordere Linie war zu schwach.
Muxels Warnungen blieben ungehört: »Meine Rufe gingen in
dem ›Heil!‹-Geschrei der Hitlerleute unter.«[34] Es war etwa
12.40 Uhr.

Eine der von Max Demmelmeyer angeforderten Unter-
stützungen aus der Residenz, befehligt von Oberleutnant Michael von Godin, war eben in der Theatinerstraße »zur Linie
aufmarschiert, als in der Residenzstraße ein wüstes Gebrüll
und Geschrei einsetzte«. Godin sah, dass etliche Landespolizisten aus Richtung Feldherrnhalle winkten und um Unterstützung baten. Mit dem Befehl »Marsch! Marsch!« schickte
Godin seine Einheit über den Odeonsplatz in die Residenzstraße: »Beim Einbruch in den Gegner wurden wir mit ge-
fälltem Bajonett, entsichertem Gewehr und vorgehaltenen
Pistolen empfangen. Einzelne meiner Leute wurden ange-

packt und ihnen die entsicherte Pistole auf die Brust gesetzt. Meine Leute arbeiteten mit Kolben und Gummiknüppeln. Ich persönlich hatte zu meiner Verteidigung, um nicht frühzeitig von meiner Pistole Gebrauch machen zu müssen, einen Karabiner genommen, parierte damit zwei mir vorgehaltene Bajonette und rannte die Betreffenden mit quergehaltenem Karabiner über den Haufen.«[35]

Was in den folgenden Sekunden genau geschah, konnte nie geklärt werden.[36] Hitler und Nationalsozialisten wie Gottfried Feder behaupteten, die Landespolizisten hätten ihre Karabiner feuerbereit angelegt.[37] Julius Streicher sprang eigenen Angaben zufolge »mit dem Revolver in der Hand« auf die »graue Menschenmauer von Polizeisoldaten« zu und schrie: »Schießt nicht! Hinter uns sind Ludendorff und Hitler!«[38] Friedrich Weber vom Bund Oberland sagte im Prozess aus: »Ich sehe noch ganz deutlich plastisch vor mir, wie ein Offizier der Landespolizei – wie ich später hörte: ein Oberleutnant von Godin – einem seiner Leute den Karabiner entriss.«[39] Der Polizeioffizier habe dieses Gewehr dem Oberland-Fahnenträger auf die Brust gesetzt, der aber die Waffe mit der Fahnenstange zur Seite geschlagen habe. Diese Darstellung konnte Hermann Kriebel, der direkt neben dem Oberland-Anführer marschiert war, auf Nachfrage ausdrücklich nicht bestätigen.[40]

Godin selbst gab eine Schilderung ab, die schlüssiger klingt: »Plötzlich gab ein Hitler-Mann, der einen Schritt halblinks von mir stand, ein Pistolenschuss auf meinen Kopf ab. Der Schuss ging an meinem Kopf vorbei und tötete einen hinter mir stehenden Wachtmeister.« Der Oberleutnant erstarrte, wenn auch nur einen Augenblick lang. »Noch bevor es mir möglich gewesen war, einen Befehl zu geben, gaben meine Leute Feuer, was die Wirkung einer Salve auslöste. Zu gleicher Zeit nahm die Hitler-Truppe das Feuer auf und es entspann sich etwa 20 bis 25 Sekunden lang ein regelrechter Feuerkampf.«[41]

Offenbar wurde auch aus den umliegenden Gebäuden geschossen, doch von wem, konnte nie geklärt werden. In der Residenz befanden sich Landespolizisten, auf der anderen Seite der schmalen Straße lag das Palais Preysing, aus dessen Fenstern Hitler-Anhänger zusahen. Gewiss ist, dass etwa der in der Kolonne mitmarschierende Student Walter Hewel, der eine Hakenkreuzfahne trug, schoss – das sagte er nämlich selbst noch 1923 aus: »Ich warf mich, nachdem Schüsse krachten, die ersten krachten, glaube ich, rechts von mir, zu Boden. Ich schoss mit meinem Gewehr einige Male auf die Landespolizisten; ob ich jemanden getroffen habe, weiß ich nicht.[42]

Etwa 120 Meter entfernt befand sich in diesem Moment Dietrich Eckart. Sein Wagen passierte gerade eine Gaststätte in der Residenzstraße: »Als wir am Bauerngirgel vorbeifuhren, krachten plötzlich die Salven und ich sah vorne auch Menschen fallen. Im Nu war die Straße leer und so sprang ich denn, um nicht noch nachträglich getroffen zu werden, aus dem Auto und verzog mich hinter die Säulen des Hoftheaters.«[43]

In der ersten Reihe der Kolonne, hinter Streicher und den beiden Fahnenträgern, waren ungefähr in der Mitte Ludendorff und Hitler gegangen. Der NSDAP-Chef hatte sich bei Max Erwin von Scheubner-Richter eingehakt; auf der anderen Seite lief sein Leibwächter Ulrich Graf neben ihm. Friedrich Weber und Hermann Kriebel sowie Hermann Göring waren ebenfalls ganz vorn unterwegs, hinter ihnen unter anderem Theodor von der Pfordten. Als die Schießerei begann, wurde Scheubner-Richter sofort tödlich getroffen und zog

Hitler mit sich zu Boden. Da sich Ulrich Graf vor seinen Schützling warf (und schwer verwundet wurde), kugelte sich Hitler nur den Arm aus. Pfordten starb ebenfalls noch vor Ort, genauso ein halbes Dutzend weitere Hitler-Anhänger und zwei Landespolizisten. Zwei ihrer Kameraden und etwa 15 Nationalsozialisten wurden schwer verletzt; mehrere von ihnen starben, so dass der Schießerei an der Feldherrenhalle insgesamt 14 Marschteilnehmer und vier Polizisten zum Opfer fielen. Erich Ludendorff dagegen war aufrecht durch die Reihen der Landespolizei weitergegangen, gefolgt von einem Adjutanten; beide blieben unverletzt, wurden auf dem Odeonsplatz festgenommen und in der Residenz unter Arrest gestellt.

Dem Ende des Zuges folgte zusammen mit anderen Interessierten der Historiker Karl Alexander von Müller. Er war gerade aus der Wein- in die Perusastraße eingebogen und hatte noch nicht den Max-Joseph-Platz erreicht, als er Schüsse hörte: »Es klang wie eine unregelmäßige Salve.«[44] Rund 300 Meter von der Feldherrenhalle entfernt, sah Müller, wie die Kolonne auseinanderstob – zuerst nach Süden, dann am Max-Joseph-Platz in verschiedene Richtungen.

Ihre Waffen ließen die flüchtenden Marschierer meist fallen. Die Landespolizei sammelte auf der Residenzstraße, dem Max-Joseph-Platz und in anliegenden Häusern mehrere hundert Gewehre und Maschinenpistolen, »aus denen zum Teil geschossen worden war«, mehr als 10000 Schuss Infanteriemunition, außerdem Handgranaten, Bajonette, Pistolen sowie sogar leichte und schwere Maschinengewehre – alles Waffen der Marschteilnehmer.[45]

In seiner Deckung hinter den Säulen des Nationaltheaters verfolgte Dietrich Eckart, was geschah. Zu seiner Erleichterung verfolgten die Landespolizisten die Flüchtenden nicht und feuerten ihnen auch nicht hinterher. »Das Schießen wurde eingestellt. Nach ungefähr drei Minuten erschien Hitler mit zwei oder drei Begleitern, der Mantel total beschmutzt, sehr blass, die Haarsträhnen im Gesicht. Er kam von der Feldherrenhalle her und bewegte sich ziemlich langsam zur Hauptpost. Dort sprach er ein paar Worte mit seinen Begleitern und auch anderen, die auf ihn zukamen, und stieg dann in ein heranfahrendes Auto.«[46]

Ähnlich beschrieb der SA-Arzt Walter Schultze die Flucht Hitlers. Er sah, wie der NSDAP-Chef an der Feldherrenhalle aufstand und, offensichtlich am Arm verletzt, zurückging. Schultze holte eines der am Ende des Zuges mitfahrenden Autos auf den Platz vor dem Theater gegenüber der Hauptpost. Hitler stieg ein und Schultze stellte sich auf das Trittbrett des Wagens, eine Rot-Kreuz-Binde gut sichtbar am Arm. Er hatte den Bürgerbräukeller als Ziel angegeben, doch der direkte Weg dorthin über die Ludwigsbrücke war jetzt ebenso versperrt wie der Umweg über die Corneliusbrücke. Also wies Schultze an, München südwärts zu verlassen. Die Grenze zu Österreich lag nur 120 Kilometer weiter südöstlich; dorthin waren unter anderem Hermann Göring, Ernst Hanfstaengl und Gerhard Roßbach unterwegs.

Unter dem Kommando von Rudolf Heß hielten am Mittag des 9. November 1923 rund 30 ausgewählte SA-Leute mehrere Minister des Kabinetts Knilling sowie Münchens Polizeipräsidenten Karl Mantel als Geiseln; sie waren in Zimmern einer Villa im Süden Münchens eingesperrt. Als am Nachmittag die Nachricht vom Ende des Marsches kam, floh Heß mit zwei der Geiseln, darunter dem erklärten Hitler-Gegner Franz Xaver Schweyer, per Auto. Auf dem Weg nach Süden, nach Bad Tölz, inszenierte Heß mit seinen Geiseln eine Schein-Erschießung. Doch die als Unterschlupf vorgesehene Berghütte war wegen Schneefalls nicht mehr erreichbar, wie Heß von einem Hitler-Unterstützer erfuhr. Als er zum Wagen zurückkehrte, hatte sich dessen Fahrer mit den beiden Geiseln abgesetzt. »Vielleicht war es die beste Lösung«, schrieb Heß an seine Eltern: »Durch das weitere Festhalten der Minister wäre auch nichts mehr zu retten gewesen.«[47]

Nach der Schießerei an der Feldherrenhalle standen Ernst Röhm und seine Putschisten im Wehrkreiskommando endgültig allein da. Reichswehr und Landespolizei wollten weitere Kämpfe vermeiden. Die Situation hatte hier schon zwei Tote und zwei Verwundete gefordert: Als irgendwoher Schüsse auf die Reichswehrtruppen des Sperrrings fielen und zwei Männer getroffen wurden, antwortete der Zugführer mit einer MG-Garbe auf das Gebäude: Ein Mitglied der Reichskriegsflagge starb sofort, ein weiterer wurde tödlich verletzt. Angesichts dessen war das Kapitulationsangebot entgegenkommend, das die Reichswehr Röhm überbringen ließ: Die Reichskriegsflagge sollte entwaffnet werden, ansonsten aber abziehen dürfen; nur der Anführer Röhm selbst werde festgenommen und zur Verantwortung gezogen. Gegen 14.15 Uhr, anderthalb Stunden nach den Schüssen an der Feldherrenhalle, gaben die Putschisten auf.

In der folgenden Dreiviertelstunde entwaffneten überall in der Münchner Innenstadt Landespolizisten restliche Hitler-Anhänger. Die Parteigeschäftsstelle der NSDAP erhielt ebenso wie die Redaktion des *Völkischen Beobachters* Besuch von regierungsloyalen Verbänden.[48] Vorher allerdings teilten sich mindestens zwei Nationalsozialisten noch »untereinander den Inhalt der Parteikasse«, wie eine Mitarbeiterin sah; natürlich ging es nur um die Devisen.[49] Außerdem blieb das Verzeichnis der zum Zeitpunkt des Putsches etwa 55 000 Mitglieder der NSDAP, das es nachweislich gegeben hatte, verschwunden: Die Behörden konnten nicht feststellen, wer sich Hitler verpflichtet hatte. Gegen 15 Uhr wurde der Bürgerbräukeller widerstandslos besetzt; einige dort festgehaltene Landespolizisten aus der Gruppe von Leutnant Höfler wurden befreit, ebenso die letzten Geiseln. Der Putsch war vorüber.

München

Statt erleichtert zu sein, verbreitete sich bei Teilen der Münchner Bevölkerung die entgegengesetzte Stimmung: Allerorten wurden Reichswehr-Einheiten und Landespolizei beschimpft und wie Kahr des Verrates geziehen. Mit einigen Stunden Verzögerung wirkte die Propaganda, die Julius Streicher am Vormittag verbreitet hatte. Immer wieder zogen Gruppen über die Straßen, die Hitler und Ludendorff hochleben ließen. Um 16 Uhr musste die Landespolizei eine spontane Versammlung auf dem Odeonsplatz auflösen, später am Abend ähnlich auf dem Karlsplatz und in der Straße Im Tal. Vor der Türkenkaserne, dem Sitz der Landespolizei, kamen Demonstranten zusammen, ebenso auf dem Marienplatz. Wiederholt setzte Seißer Reiter ein, manchmal fuhren Panzerautos der Reichswehr drohend auf; geschossen aber wurde kaum mehr. Ein Bericht aus München erreichte um 22.55 Uhr die Regierung von Oberfranken in Bayreuth: »Die Stimmung der Bevölkerung ist sehr erregt gegen Landespolizei und Reichswehr wegen der Toten.« Dauernd gebe es »kleinere Zusammenstöße, die Leute rotten sich zusammen«.[50] Das empfanden die Offiziere vor Ort durchaus anders. Leutnant Karl Koller beklagte, dass seine Hundertschaft »von heftigsten Anfeindungen betroffen« war, als »Judenknechte« und »Lan-

desverräter« beschimpft wurde.[51] Major Hermann Starke
hielt fest, die Bevölkerung habe die »Truppe mit Schimpf
und Schande« behandelt.[52]

Der Historiker Karl Alexander von Müller hörte zwar, dass
sein »Jugendfreund« Theodor von der Pfordten gestorben
war. Davon, dass in dessen Aktenmappe die im Sommer
unter seiner gelegentlichen Mitwirkung entstandene Not-
standsverfassung sichergestellt worden war, erfuhr er jedoch
nichts.[53]

»Vorläufig scheint Kahr Sieger«, notierte Hedwig Pringsheim in ihr Tagebuch, fügte aber hinzu: »Der Kampf ist
keineswegs entschieden, wie ein Gang durch die Stadt lehrt.
Die Erregung gegen den ›wortbrüchigen Kahr‹ ist allgemein;
die Reichswehr, die Ordnung zu halten versucht, wird mit
Pfiffen, Zischen, Pfui-Rufen begrüßt. Man beschimpft sie
als ›Judensöldlinge, eidbrüchige Helfer der Judenregierung
Kahr‹, spuckt aus, ist renitent«, vermerkte sie und fügte
hinzu: »Die Judenhetze ist fürchterlich.«[54]

Den eindringlichen Warnungen seiner Mitarbeiter zum
Trotz ging Kardinal Faulhaber an diesem Freitag zu Fuß
durch die Innenstadt. Unterwegs blieb er bei Plakaten mit
Aufrufen des Generalstaatskommissars stehen. »Da fallen
schon die Ausdrücke: ›Der Hund‹ und andere Namen für
Kahr«, hielt der Erzbischof fest: »Die Anschläge zum Teil
wieder abgerissen.«[55]

Ähnlich war es in anderen Orten Bayerns. Aus Münchberg
im Landkreis Hof verlautete: »Die vaterländische Bevölkerung ist von größter Trauer erfüllt. Die Leute sind empört
über die Vorgänge in München.« Das Landespolizeikommando Nürnberg warnte, dass Fürth »stark für Hitler« sei.
Die Behörden in Coburg meldeten: »Sozialisten und linksstehende Elemente können ihre Schadenfreude über die

Münchner Ereignisse nur schwer unterdrücken. Bei den Vaterländischen Verbänden herrscht das Gefühl schwerster Enttäuschung«. In Bamberg richtete sich die Wut gegen Stadtoberhaupt Adolf Wächter. »Nicht nur in urteilslosen Kreisen, sondern auch in gebildeten Kreisen ist die Stimmung sehr stark für Hitler«, registrierte die kommunale Polizei: »Eine starke Erbitterung gegen den hiesigen Oberbürgermeister macht sich unbegründeterweise bemerkbar. Sie wollen ihn in der Nacht vom Rathaus herunterholen.«[56]

Die Mischung aus Enttäuschung und (nachträglicher) Begeisterung für den Putsch beunruhigte Diplomaten in München. Der britische Generalkonsul urteilte in einem Bericht vom 11. November 1923: »Es ist klar, dass die Stimmung der Masse vollständig für Hitler war.«[57] Ganz ähnlich sah es Jean Pozzi, Frankreichs Vertreter in Bayern: »Die Bevölkerung Münchens scheint von den Nationalsozialisten völlig gewonnen zu sein. Herr von Kahr, der beliebteste Vertreter Bayerns, ist von einem Tag auf den anderen der am meisten verachtete geworden.«[58] Carl Moser von Filseck teilte ausnahmsweise die Meinung seines französischen Kollegen: »Die Psychose, welche die ganze Bevölkerung ergriffen hat, musste sich am Samstag und gestern noch gründlich austoben, es ging in der Stadt ziemlich wild zu«, berichtete er am 12. November 1923 nach Stuttgart und fügte hinzu: »Am irrsinnigsten gebärdeten sich die Studenten, die gestern tüchtige Prügel von den Gummiknüppeln der Polizei bezogen.«[59]

Laut Gerüchten stand ein erneuter Umschwung bevor: »Kahr sei geflohen, Hitler in München einmarschiert«, registrierte die Regierung von Oberfranken in Bayreuth; es gebe auch ein Extrablatt mit der Nachricht: »Hitler in München eingezogen.«[60] Ähnliches befürchtete Ministerpräsident Knilling. Zu Nuntius Pacelli sagte er: »Die Reichswehr scheint sich jetzt auf die Seite der Nationalsozialisten stellen zu wollen. Wenn Hitler mit seinen Truppen nach München marschieren sollte, ist mit schweren Unruhen zu rechnen.«[61]

Uffing am Staffelsee

Nichts davon stimmte, aber Hitler-Anhänger glaubten trotzdem gern daran. Spekuliert wurde auch, der NSDAP-Chef habe sich nach Rosenheim zurückgezogen – vermutlich ein Reflex auf die Diskussion im Bürgerbräukeller am Morgen des 9. November 1923, als Kriebel und möglicherweise Göring genau das vorgeschlagen hatten.

In Wirklichkeit dachte Adolf Hitler zwei Tage nach dem Scheitern seines Putschversuchs an nichts weniger als an eine Rückkehr nach München. Er saß in einem kleinen Schlaf- und Studierzimmer im Dachgeschoss eines Dorfhauses in Uffing am Staffelsee, das seinem Unterstützer Ernst Hanfstaengl gehörte. Er war selbst auf die Idee gekommen, dorthin zu fahren, weil die Schmerzen wegen des ausgekugelten linken Oberarms zu groß waren, um ohne zumindest provisorische Behandlung die Flucht nach Österreich fortzusetzen. Auf dem Weg dorthin hatte der Fluchtwagen einen Motorschaden, sodass Hitler, der Arzt Walter Schultze und der Fahrer das letzte Stück des Weges zu Fuß gingen. So kamen sie am 9. November 1923 erst nach 19 Uhr in dem ausgesuchten Versteck an.

Hanfstaengls schwangere Ehefrau Helene ließ die unerwarteten Besucher ein. »Bei einem rasch hergerichteten Imbiss erfuhr sie zum ersten Mal von den Ereignissen in München«, beschrieb Hanfstaengl die Situation rückblickend. Seine Frau befürchtete, dass die Polizei bald auch in

Uffing suchen würde. »Schon aus diesem Grunde, Herr Hitler« sagte Helene Hanfstaengl, »müssen Sie hier, so gern ich Ihnen auch Unterkunft gewähren möchte, schleunigst verschwinden.« Hitler stimmte zu, bat aber darum, wenigstens einen Tag bleiben zu dürfen, denn er erwartete ein Auto, um seine Flucht fortzusetzen.[62]

Doch am 10. November 1923 kam kein Auto, stattdessen nachmittags ein seltsamer Besucher, der Helene Hanfstaengl bat, »Herrn Hitler sprechen« zu dürfen. Sie antwortete, ihr sei von einer Anwesenheit Hitlers in Uffing nichts bekannt, und schickte den Mann fort, der anschließend zur außerhalb des Ortes gelegenen Villa von Hanfstaengls Mutter ging, dort gleichfalls nach Hitler fragte und die gleiche, diesmal allerdings zutreffende Antwort erhielt. Trotzdem blieb der Besucher vor Ort.

Am folgenden Tag, Sonntag, dem 11. November 1923, wartete Hitler immer noch auf das Fluchtauto. Inzwischen hatte sich der Besucher vom Vortag im Dorf umgehört und war sicher, dass der Gesuchte sich in einem der beiden Hanfstaengl-Anwesen verstecke. Gegen 16.20 Uhr ging der Befehl für die Festnahme Hitlers an den Landespolizei-Posten in Weilheim. Ein Oberleutnant machte sich mit rund einem Dutzend Uniformierten auf den Weg. Zuerst postierte er zwei Wachen an dem kleineren Haus von Ernst und Helene Hanfstaengl, dann fuhr er mit den übrigen Polizisten zur Villa von Hanfstaengls Mutter; die Durchsuchung erbrachte nichts. Anschließend fuhr die Landespolizei zum anderen Hanfstaengl-Anwesen. Als der Oberleutnant klopfte, öffnete Helene, bat ihn zunächst allein hinein und führte ihn in das Dachzimmer, wo Hitler in einem weißen Schlafanzug mit dem linken Arm in einer Binde saß. »Er bat nur, ihn vor Anpöbelung zu schützen«, hieß es im Protokoll.[63]

Was der Festnahme unmittelbar vorausging, ist unklar. Nach Ernst Hanfstaengls Bericht soll Hitler, als er die Landespolizei vor dem Haus aufziehen sah, mit einem Revolver in der Hand auf Helene Hanfstaengl zugekommen sein und geschrien haben: »Das ist das Ende! Mich von diesen Schweinen verhaften lassen? Niemals! Lieber tot!« Angeblich entwaffnete die schwangere Frau ihren Gast so geschickt, dass die Waffe »in hohem Bogen« in ein Mehlfass flog.[64] Ernst Hanfstaengls Schwester Erna hingegen bestritt, dass Hitler vor der Festnahme Selbstmordgedanken gehabt habe; er sei »im Gegenteil ganz ruhig gewesen«.[65]

Jedenfalls brachte ihn die Landespolizei noch am selben Abend von Weilheim aus ins Gefängnis Landsberg am Lech, wo er laut Aufnahmebuch des Anstaltsarztes um 22.30 Uhr eintraf. Der Mediziner untersuchte ihn gründlich, beurteilte seine Verfassung als »gesund« und »kräftig«, stellte aber die Auskugelung seines linken Arms »mit Bruch des Oberarmkopfes« fest sowie einen »rechtsseitigen Kryptorchismus«, eine angeborene Fehlbildung eines Hodens.[66] Der gescheiterte Putschist Adolf Hitler saß jetzt hinter Gittern.

Epilog

Der Prozess als Bühne: Dank seines Richters konnte sich Hitler vor Gericht als Retter Deutschlands inszenieren.

Epilog

Seit Inkrafttreten der Reichsverfassung von 1919, spätestens aber seit dem *Gesetz zum Schutz der Republik* 1922 lag die juristische Zuständigkeit für Verfahren wegen Hochverrats in Deutschland bei der Reichsjustiz – zunächst beim Reichsgericht, dann beim eigens eingerichteten Staatsgerichtshof. Bayern jedoch hatte dieses Gesetz nicht akzeptiert und stattdessen eine eigene *Verordnung zum Schutze der Verfassung der Republik* erlassen, die eine andere Zuständigkeit festlegte: Solche Anklagen würden vor bayerischen Volksgerichten verhandelt.[1]

Wo also sollten Adolf Hitler und die anderen festgenommenen Putschisten zur Verantwortung gezogen werden? Schon am 13. November 1923 legte sich Bayerns Ministerpräsident fest: »Knilling erklärte es für absolut unmöglich, dass der Staatsgerichtshof über die Hitlersache urteile.« Auch der Kompromissvorschlag, das zuständigen Gericht in einer bayerischen Stadt verhandeln zu lassen statt in Leipzig, sei »unmöglich«. Es dürfe »keinerlei Versuch eines gerichtlichen Verfahrens von Reichs wegen gegen Hitler und seine Mitverschwörer unternommen« werden. Dabei ging es dem Ministerpräsidenten gar nicht um das Strafmaß; er ging davon aus, dass Hitler »zum Tode« verurteilt würde und Pöhner »zu längerer Freiheitsstrafe«.[2]

Knilling fürchtete ein Aufflammen der völkischen Bewegung. Zu Carl Moser von Filseck sagte er am 14. November, es sei »für Kahr ebenso wie für die Regierung ganz unmöglich, diese Leute an einen politischen Gerichtshof, der zum Teil mit Sozialdemokraten besetzt sei, auszuliefern«. Wenn er das zulasse, fürchtete Knilling, könne er nicht in seiner Wohnung schlafen, sondern müsse sich wie Kahr »in einer Kaserne verschanzen«.[3]

Am folgenden Tag stritten Vertreter des Reichs- und des bayerischen Ministeriums für Justiz über die Zuständigkeit.[4] Bayern blieb bei seiner Haltung, im Reichskabinett hingegen gab es Meinungsverschiedenheiten: Während der Staatssekretär für Justiz klar für ein Verfahren vor dem Staatsgerichtshof plädierte, schlug der Reichsinnenminister vor, den Prozess dem Volksgericht in München zu überlassen. Damit setzte er sich nicht durch, doch Kanzler Stresemann gestand zu, dass man Bayern kein »Ultimatum« stellen solle.[5]

Bayern drängte weiter auf die Zuständigkeit des eigenen Volksgerichts, vor allem Justizminister Franz Gürtner – der zumindest Mitwisser der »Direktoriums«-Pläne des Generalstaatskommissars gewesen war. Nun erpresste er die Reichsregierung faktisch: Einerseits versicherte Gürtner, einem »neuen schweren Konflikt mit dem Reiche« vorbeugen zu wollen. Andererseits könne er nicht verhindern, »dass in den nächsten Tagen eine Notiz gebracht würde des Inhalts, dass der Hitler-Prozess vor einem bayerischen Volksgericht verhandelt« werde.[6] Da das Kabinett Stresemann nur zwei Tage später zurücktrat, wurde der Konflikt nicht mehr ausgetragen. Die neue Reichsregierung legte weder Widerspruch gegen ein Verfahren vor dem Volksgericht ein noch gab der formal zuständige Oberreichsanwalt den Vorrang offiziell ab. Bayern war am Zug.

Erstaunlicherweise bedauerte Hitler zunächst, dass er vor dem Volksgericht in München angeklagt werden sollte. Zumindest sagte er das in einem Gespräch mit dem Staatsanwalt Hans Ehard am 13. Dezember 1923 – eine förmliche Vernehmung hatte der Untersuchungsgefangene ausdrücklich verweigert. Grundsätzlich sei er zwar ein »Gegner« des Staatsgerichtshofs zum Schutze der Republik. »In meinem jetzt gegebenen Falle aber halte ich das Volksgericht zur Aburteilung für ungeeignet, für befangen und für vollkommen unobjektiv«, sagte Hitler zu Ehards Überraschung: »Ich halte den Staatsgerichtshof in diesem Falle für viel objektiver.«[7] Offensichtlich war sich der künftige Hauptangeklagte schon klar darüber, wie er den Prozess nutzen wollte – als Bühne für den größten Auftritt seines bisherigen Lebens. Da erschien ein nationales Gericht besser geeignet als die bayerische Variante.

Die Untersuchungen der bayerischen Justiz wegen der Ereignisse am 8. und 9. November 1923 waren sachlich und rechtsstaatsgemäß. Hunderte Zeugen wurden vernommen, die sichergestellten Dokumente gewissenhaft ausgewertet.[8] Wegen der Schüsse an der Feldherrnhalle und am Wehrkreiskommando wurden zwei zusätzliche Ermittlungsverfahren eingeleitet, in denen mögliche Vorwürfe gegen die verantwortlichen Offiziere der Landespolizei geprüft wurden. Beide stellte die Justiz ein, weil ein strafwürdiges Verhalten nicht festzustellen war.

Ende Februar 1924 begann der Prozess wegen Hochverrats gegen Hitler, Ludendorff und acht weitere Angeklagte. Von Beginn an dominierte der Hauptangeklagte mit teilweise schier endlosen Reden, aber auch mit Befragungen von Zeugen das Verfahren. Verhandlungsort war ausgerechnet der vormalige Sitz der Infanterieschule an der Blutenburgstraße, die strafweise aus München wegverlegt worden war. Reichswehr und Landespolizei sperrten die Umgebung weiträumig ab – noch immer befürchtete man Übergriffe.

Hitler stilisierte sich in seinen Auftritten zum Retter Deutschlands. Viele Zeitungen referierten seine Ausführungen und machten ihn so zu einem der bekanntesten Politiker Deutschlands: zwar gescheitert, aber vermeintlich ein Ehrenmann. So jedenfalls sahen es viele Sympathisanten. In rückblickend verfassten Berichten schilderten sie, wie sie der »Prozess gegen die angeblichen Meuterer des 9. November 1923« beeindruckte und wie sie das »mannhafte Verhalten Hitlers in den darauffolgenden Gerichtsverhandlungen« bewunderten.[9] Eine spätere Anhängerin hielt fest: »Der darauffolgende Prozess brachte uns in Berlin überhaupt erst einen Einblick in Hitlers Wollen und sein mustergültiges Verhalten, wie er alle Verantwortung auf sich alleine nahm. Da fing unsere Verehrung für unseren geliebten Führer an.«[10] Eine andere Unterstützerin fand: »Die Verteidigungsrede Hitlers erschütterte mich. Ich hatte den Eindruck, dass ein Mann sprach, der bereit war, das Letzte einzusetzen für ein darniederliegendes Volk.«[11] Ein im Frühjahr 1924 gerade knapp 17-Jähriger schrieb pathetisch: »Mit dem durch Verrat gescheiterten Versuch einer Wiedererneuerung Deutschlands erhielt der Name Hitler weit über Bayern hinaus symbolische Bedeutung.«[12]

Die Instrumentalisierung gelang so gut, weil der Vorsitzende Richter Georg Neithardt als Unterstützer Hitlers im Gericht auftrat. Er gab dem Hauptangeklagten nicht nur reichlich Raum für Tiraden, er stellte seine Fragen an Beschuldigte wie an Zeugen oft so suggestiv, dass sich fast zwangsläufig eine Entlastung ergab. Zwar protestierten die Vertreter der Anklage gegen Neithardts Verhalten, doch der selbstbewusste Jurist verschanzte sich hinter der richterlichen Unabhängigkeit. »Die Leitung des Prozesses war so schlapp und unbefriedigend, dass der Staatsanwalt sein Amt niederlegte«, notierte Reichswehr-General Kreß von Kressenstein.[13] Allerdings hatten auch mehrere der Verteidiger ihren Anteil daran, denn sie vertraten ihre Mandanten mitunter höchst geschickt. Das erlebte auch Kreß: Es gelang ihm, sich selbst auf die Zeugenliste setzen zu lassen, um für die Reichswehr gegen die umlaufenden Gerüchte aufzutreten – doch der General wurde vorgeführt und musste sich herausreden: »Ich verweigere eine Auskunft darüber. Ich halte die Frage nicht zum Prozess gehörig. Ich bin von meinem Diensteid nur für den Prozess entbunden.«[14]

Gustav von Kahr, inzwischen als Generalstaatskommissar zurückgetreten, agierte ausgesprochen unglücklich und zog sich immer wieder auf angeblich notwendige Vertraulichkeit zurück – interessanterweise fast immer dann, wenn es eine Verbindung zu seinen eigenen Vorstellungen eines »Direktoriums« gab. Neithardt, der seine Sympathie für den Angeklagten Ludendorff, aber auch für Hitler offen zeigte, machte es Kahr noch schwerer, indem er ihn offensiv auf den »Verdacht der Teilnehmerschaft« verwies.[15]

So glich der Prozess mehr »einer völkischen Agitationsversammlung« als einem Strafverfahren, urteilte der *Bayerische Kurier*: Die Angeklagten wurden vom Richter nicht wirklich zur Sache vernommen; stattdessen überließ er die eigentliche Leitung des Verfahrens »ganz oft« den Verteidigern oder sogar dem Hauptangeklagten. Zeugen, die den Staat vertraten, waren »schutzlos allen möglichen Schmähungen ausgesetzt«.[16]

Das Urteil am 1. April 1924 fiel so aus, wie es kritische Beobachter befürchtet hatten: äußerst milde. Hitler erhielt nur die gesetzliche Mindeststrafe, die für Hochverrat fünf Jahre ehrenvolle Festungshaft betrug, sowie eine Geldstrafe von 200 Goldmark. Das gleiche Strafmaß verhängte Neithardt gegen den militärischen Leiter des Kampfbundes Hermann Kriebel, den Anführer des Bundes Oberland Friedrich Weber und den vom Dienst suspendierten Richter am Obersten Landesgericht Ernst Pöhner. Fünf weitere Angeklagte wurden lediglich wegen Beihilfe zu jeweils 15 Monaten Festungshaft verurteilt, selbst Ernst Röhm. Der neben Hitler prominenteste Angeklagte, Erich Ludendorff, wurde sogar freigesprochen, denn er habe von Hitlers Plänen nichts gewusst. Doch selbst das war noch nicht der Höhepunkt richterlicher Nachsicht: Den vier zu längeren Strafen verurteilten Angeklagten stellte das Volksgericht schon nach weiteren sechs Monaten Haft die Freilassung auf Bewährung in Aussicht; die fünf anderen kamen sofort auf freien Fuß.[17]

Das Urteil erfüllte in mehrfacher Hinsicht den Straftatbestand der Rechtsbeugung. Schon grundsätzlich war das Volksgericht München I für das Verfahren gar nicht zuständig. Aber selbst wenn dieser Verstoß gegen das Prinzip des gesetzlichen Richters, das Artikel 105 der Reichsverfassung von 1919 festlegte, wegen der besonderen Umstände im November 1923 akzeptabel gewesen wäre, so blieb Neithardts Verhandlungsführung fehlerhaft: Das Volksgericht thematisierte den gewaltsamen Tod der vier an der Feldherrnhalle erschossenen Landespolizisten nicht – das hätte, auch wenn es nicht ausdrücklich mitangeklagt war, zumindest strafverschärfend berücksichtigt werden müssen. Fragen der Finanzierung des ganzen Vorhabens blieben ebenso außen vor wie die außenpolitischen Folgen. Gänzlich unterschlug das Gericht die beim getöteten Putschisten Theodor von der Pfordten sichergestellte »Notverfassung«. Die Verhängung lediglich der Mindeststrafe war unzulässig, weil das Urteil selbst »gewichtige Straferschwerungsgründe« feststellte: »Die weitere Fortführung des Unternehmens hätte die Gefahr eines Bürgerkrieges heraufbeschworen.«[18] In so einem Fall darf nicht die Mindeststrafe verhängt werden. Außerdem berücksichtigte Neithardt nicht, dass Hitler Wiederholungstäter war und noch unter Bewährung stand. Zwar standen nur noch zwei Monate Haft wegen Landfriedensbruch aus, aber da er bereits einmal verurteilt worden war, hätte eine weitere Strafe mit Aussicht auf Bewährung nicht verhängt werden dürfen.

Vor allem aber kam das Volksgericht München I dem Hauptangeklagten bei seiner größten Sorge entgegen: Er sollte nicht nach Verbüßung der Haftstrafe nach Österreich abgeschoben werden, dessen Staatsbürger er immer noch war. Im direkten Widerspruch zum Republikschutzgesetz bestimmte das Urteil: »Auf einen Mann, der so deutsch denkt und fühlt wie Hitler, der freiwillig viereinhalb Jahre lang im deutschen Heere Kriegsdienste geleistet, der sich durch hervorragende Tapferkeit vor dem Feinde hohe Kriegsauszeichnungen erworben hat«, könne nach Auffassung des Gerichtes die Ausweisungsvorschrift »ihrem Sinn und ihrer Zweckbestimmung nach keine Anwendung finden«.[19]

Das Publikum verfolgte die Urteilsverkündung »im Allgemeinen ruhig«; nur gelegentlich war Murmeln zu hören. »Ferner wurde mehrfach ›Bravo‹ gerufen, als die Urteilsbegründung ausführte, Hitler sei zwar Österreicher, aber er betrachte sich als Deutscher.« Nach Verlesung der Urteilsgründe erhob sich Erich Ludendorff und verkündete: »Ich empfinde diese Freisprechung als eine Schande, die mein Ehrenkleid und meine Ordensauszeichnung nicht verdient haben.« Das Publikum quittierte diese nur auf den ersten Blick erstaunliche Urteilsschelte mit lauten »Heil!«-Rufen. Einer der wegen Beihilfe zu einer Bewährungsstrafe verurteilten Mitangeklagten schrie in den Saal: »Nun erst recht!« Vor der Infanterieschule hatten sich etwa tausend Hitler-Sympathisanten versammelt, doch berittene Polizisten zer-

streuten die Menge: »Die Demonstration war verhältnismäßig harmlos.«[20]

Das Echo auf das Urteil war außerhalb völkischer Kreise
einhellig verheerend. Der *Vorwärts* titelte am 2. April 1924:
»Deutschlands Justizschande« und stellte die »katastrophale
Auslandswirkung des Münchner Urteils« dar.[21] Der Heidel-
berger Strafrechtsprofessor Alexander Graf zu Dohna befand: »Das ist nicht mehr Justiz, das ist Willkür.«[22] Der SPD-
Rechtspolitiker Wilhelm Hoegner fragte im Bayerischen
Landtag empört: »Wie schützt sich der Staat gegen die Folgen
der Rechtsprechung, wie wir sie in der letzten Zeit erlebt
haben?«[23]

Was nun war dieser Putsch am 8. und 9. November 1923?
Wirklich eine »Hanswurstiade«, eine »Revolution des Phrasenheldentums«, gar ein »Sturm im Wasserglas«?[24] Der
Wirklichkeit näher als solche unter dem ersten Eindruck der
Geschehnisse rasch formulierten und daher zwangsläufig
vorschnellen Urteile kommt, wer die Perspektiven der wesentlichen drei Akteure rekonstruiert.

Da war zunächst Adolf Hitler. Seit dem Gesetz zum Schutz
der Republik im Sommer 1922 war er vom Chef einer unbe-
deutenden Splitterpartei und Bierkelleragitator zur zwar
nicht geachteten, aber gefürchteten, in jedem Fall domini-
renden Figur der oberbayerischen Politik aufgestiegen. Der
Erfolg Benito Mussolinis in Italien Ende Oktober 1922 hatte
ihm gezeigt, dass unter gewissen Umständen der Weg vom
gesellschaftlichen Außenseiter an die Macht sehr kurz sein
konnte: Es kam dann weniger auf reale Stärke an als auf
Mut zum Risiko. Da Hitler instinktiv um die Anziehungskraft vermeintlich schlichter Lösungen für überwältigende
Probleme wusste, machte er sich den Reiz der Radikalität zu

Nutze. Die Provokationen beim ersten Parteitag der NSDAP am 27./28. Januar und am 1. Mai 1923 auf dem Oberwiesenfeld zeigten ihm allerdings, dass ein Griff nach der Macht nur gelingen konnte, wenn die Reichswehr in Bayern und die Landespolizei zumindest neutral blieben, besser, wenn sie ihn unterstützten: Ohne Verbündete wäre jeder Vorstoß zum Scheitern verurteilt. Den wichtigsten Partner sah Hitler in Erich Ludendorff, der zwar in München lebte, aber als ehemals preußischer General gar kein Lokalkolorit hatte. Trotzdem war sich der NSDAP-Chef sicher, mit ihm die Masse der Reichswehr auf seine Seite ziehen zu können. Bei einem nennenswerten Teil der bayerischen Wehrverbände, wenngleich zahlenmäßig der Minderheit, war ihm das gelungen, auch wenn er dafür hinnehmen musste, im Deutschen Kampfbund neben Anführern wie Hermann Kriebel und Friedrich Weber stehen zu müssen statt allein an der Spitze. Das Schlagwort vom »Marsch auf Berlin« hatte sich in seinem Denken verselbstständigt: Aus der Metapher für ein konzentriertes Vorgehen der völkisch-reaktionären Kräfte gegen die angeblich »verjudete« Reichshauptstadt war immer mehr die Vorstellung geworden, wie Mussolini durch die Drohung mit Gewalt nach der Macht greifen zu können.

Eine völlig andere Perspektive hatte Gustav von Kahr. Der ehemalige bayerische Ministerpräsident und Regierungspräsident von Oberbayern lehnte die Republik zwar nicht weniger scharf ab als Hitler. Aber seine Vorstellung eines Staatsstreiches sah gänzlich anders aus: Nicht von der Straße, also von einer Massenbewegung, sollte der Impuls ausgehen, die verhasste Reichsverfassung und ihre parlamentarische Praxis zu stürzen. Vielmehr sollten die reaktionären Teile der Oberschicht des früheren Kaiserreiches, vornehmlich aus der höheren Staatsverwaltung, Großindustrie und Reichswehr-Führung, die Initiative übernehmen. Kahr zielte auf eine autoritäre Übergangsregierung, ein »Direktorium«, das gestützt auf die bewaffnete Macht die demokratische Revolution von 1918/19 zurückdrehen sollte. Voraussetzung dafür war, dass Bayern voranging und sich als »Ordnungszelle« bewährte. Eine Massenbasis benötigte Kahr nicht unbedingt, wenngleich sie nicht schaden konnte. Hingegen störte eine kaum bis unberechenbare, jederzeit zu Ausfällen fähige Figur wie Hitler. Jede Form von Chaos schwächte die Aussicht, erfolgreich ein »Direktorium« zu etablieren. Deshalb war Kahr durchaus bereit, der NSDAP entgegenzukommen, etwa durch Antisemitismus. Er sandte auch Signale aus, die Hitler-Bewegung einbinden zu wollen, beispielsweise an Nuntius Pacelli. Zugleich Voraussetzung wie Ziel dieser Kooperation war, dass »Ruhe und Ordnung« gewahrt blieben. Eine Abspaltung Bayerns oder gar die Wiedererrichtung der Wittelsbacher-Herrschaft hingegen strebte Gustav von Kahr nicht an, wiewohl er gewiss an monarchistischem Phantomschmerz litt.

»Ruhe und Ordnung« strebte auch der dritte Hauptakteur der Macht-Ränke 1922/23 an: Reichswehr-Chef Hans von Seeckt. Er lehnte wie Hitler und Kahr den Parlamentarismus grundsätzlich ab und besonders die linken Parteien kategorisch, in seinem Fall verschärft durch die Rolle der SPD in Preußen. Zugleich aber ging es ihm um die Autorität des Staates an sich. Obwohl mit Friedrich Ebert ein Sozialdemokrat als Reichspräsident die Republik repräsentierte, der zudem entscheidend an der demokratischen Revolution beteiligt war, schreckte Seeckt vor einem Coup gegen das Staatsoberhaupt zurück. Gleichwohl machte er Pläne, selbst als Militärdiktator die Macht zu übernehmen: Auf dem Höhepunkt der innen- wie außenpolitischen Krise des Reiches mit dem

schmählich scheiternden Widerstand gegen die Ruhrbesetzung und der galoppierenden Inflation verfasste der Reichswehr-Chef sogar ein Programm und eine Regierungserklärung. Allerdings fühlte sich Seeckt von der Eigenmächtigkeit
Bayerns und speziell des Kommandeurs des Wehrkreises VII,
Otto von Lossow, persönlich herausgefordert. Dessen Weigerung, seiner Abberufung Folge zu leisten, lief direkt Seeckts
Verständnis von militärischer Ordnung zuwider und unter-
minierte eine ansonsten denkbare Zusammenarbeit.

Die Weichenstellungen erfolgten schließlich in den zwei
Wochen vom 23. Oktober bis 6. November 1923. Der befürchtete, aus Moskau gesteuerte kommunistische Aufstand
begann – aber nur in Hamburg und so schwach, dass er binnen Stunden von der Bedrohung zum kleineren Ärgernis
schrumpfte. Gestützt auf diese Erfahrung war Friedrich
Ebert bereit, gegen die chaotische Volksfront-Regierung in
Sachsen durchzugreifen und mit der Reichsexekution die
schärfste Waffe einzusetzen, die laut Verfassung möglich war.
Der Präsident bestätigte damit Seeckts Vertrauen. Weil die
Absetzung des Kabinetts Zeigner in Dresden die Große Koalition von Kanzler Gustav Stresemann platzen ließ und die
SPD ihre Minister zurückzog, entfiel für Seeckt der zweite
wesentliche Grund, selbst aktiv nach der Macht zu greifen.
Am 3. November 1923 teilte der Reichswehr-Chef seine Entscheidung Kahrs Abgesandtem Hans von Seißer mit und
schickte zwei Tage später einen entsprechenden Brief hinterher – vielleicht durch die Verzögerung bewusst demütigend,
auf jeden Fall mit entsprechender Wirkung.

Daraufhin entschied Kahr, das Vorhaben einer reaktionären Machtübernahme von der »Ordnungszelle Bayern«
aus zumindest vorerst zu begraben – ohne Unterstützung der
Reichswehrführung in Berlin schien sie aussichtslos. Viel-

leicht war dieser Kurswechsel der Grund für die kurzfristige Einladung zu einer geschlossenen Veranstaltung in den Bürgerbäukeller, bei der Kahr zumindest dem veröffentlichten Text der nie ganz vorgetragenen Rede nach eine Positionsbestimmung vornehmen, aber gewiss keinen Aufstand starten wollte. Zusammen mit Otto von Lossow teilte er seine Entscheidung den Anführern der Wehrverbände mit, auch denjenigen des Deutschen Kampfbundes. Die für so eine Versammlung im Bürgerbräu beinahe konspirativen Umstände weckten bei Hitler offenbar den Verdacht, sich in einem Wettlauf zum Hochverrat zu befinden. Er setzte wieder einmal, wie schon etwa beim Kampf um den Vorsitz der NSDAP im Sommer 1921, alles auf eine Karte. Am späten Abend des 6. November 1923 stand seine Entscheidung, am folgenden Tag gingen Befehle an zahlreiche kleine Gruppen von Anhängern in Bayern, aber auch im ganzen Reich hinaus, sich am Abend des 8. November 1923 bereitzuhalten. Er wusste noch nicht, dass sich die Bedingungen für seine Version eines »Marsches auf Berlin« vor allem in der Reichshauptstadt selbst gerade vollkommen gewandelt hatten. So wurde aus dem aussichtsreichen Putsch, Hitlers erstem Griff nach der Macht in Deutschland, jene scheinbare Posse, über die seither gewitzelt wird.

Anhang

Dank

Obwohl ganze Bibliotheken über den Nationalsozialismus, seine Herrschaft und seine Verbrechen in den neun Jahrzehnten seit der Machtübernahme 1933 veröffentlicht worden sind, erstaunt immer wieder, wie groß trotzdem die Desiderate sind. Das liegt vor allem an falschen Schwerpunktsetzungen: So gibt es inzwischen rund hundert verschiedene seriöse Hitler-Biografien – aber die letzte umfassende Studie über den Putsch 1923 erschien vor mehr als einem halben Jahrhundert. Ähnlich war das Missverhältnis im Hinblick auf zwei andere zentrale Themen der deutschen Zeitgeschichte, nämlich zu Hitlers Bekenntnisbuch *Mein Kampf* sowie zur Rolle der NSDAP und ihrer Mitglieder für seinen Aufstieg an die Macht. Diese beiden Lücken, derer sich Universitätshistoriker und Mitarbeiter der zahlreichen Gedenkstätten einfach nicht annehmen wollten, habe ich 2015 und 2017 mit Veröffentlichungen im Verlag Klett-Cotta zu schließen versucht. Nun also folgt anlässlich des hundertsten Jahrestages mein Band über den Putsch 1923, der erstmals eine Fülle bislang ignorierter oder unterbewerteter Quellen einbezieht und damit einen neuen Blick erlaubt.

Geholfen haben mir dabei wieder Menschen, denen ich gern danken möchte. Meine Freunde Berthold Seewald und Lars-Broder Keil haben an diesem Buch wie an vielen vorher

mehr mitgewirkt, als ihnen selbst bewusst sein mag. Mein
Agent Ernst Piper hat wie immer seit 2008 die geschäftlichen
Fragen zuverlässig in meinem Sinne gelöst. In Berlin haben
Wieland Giebel, in München Andrea und Claudia Wieshu-
ber sowie Tobias Schulte stets gern geholfen. Harald Sandner
unterstützte mich in Coburg und Umgebung sowie jederzeit
durch seine bewundernswerte Akribie. Solveig Gram Jensen
und Betina Rohrbeck danke ich für Übersetzungen, Uwe
Müller für die Beschaffung kommunistischer Lektüre, dem
Direktor des Instituts für Zeitgeschichte München-Berlin
Andreas Wirsching sowie Thomas Schütte für vorzeitigen
Zugang zu einer wichtigen Quelle. Den Mitarbeitern des
Bundesarchivs Berlin, des Hauptstaatsarchivs München sowie der Staatsarchive in Bamberg und München danke ich
pauschal für ihre wichtige Arbeit; Archive sind der wichtigste Quell von Wissen über die Vergangenheit und werden
es immer bleiben.

Im dritten Jahr der Coronahysterie liegen überall in
Deutschland die Nerven blank. Umso mehr danke ich allen
Mitarbeitern von Klett-Cotta, namentlich Christoph Selzer
und Julian Hermann, für ihre kritisch-konstruktive Beglei-
tung. Die Gestaltung des Bandes übernahm Sabine Sulz, das
Korrektorat lag in den bewährten Händen von Niklas Bauer.
Eventuell verbliebene Fehler habe dennoch allein ich zu ver-
antworten.

Das vorliegende Buch schließt eine Art Trilogie ab: Seit
meinem Studium der Geschichtswissenschaft vorwiegend in
Berlin in den frühen 1990er Jahren fragte ich mich, wann
denn endlich substanzielle wie lesbare Arbeiten über »Mein
Kampf«, den Aufstieg der NSDAP bis 1933 und eben den
Putsch 1923 erscheinen würden. Schließlich musste ich diese
Aufgabe selbst übernehmen. Ein weiteres großes Desiderat

gibt es zwar noch, doch bisher habe ich keine hinreichende Quellengrundlage für eine seriöse Darstellung des »Röhm-Putsches« 1934 aufgetan. Ob sich das ändern lässt? Man wird sehen.

Berlin, 6. November 2022   Sven Felix Kellerhoff

Zu den Quellen und der Forschungslage

Die meisten bisherigen Darstellungen des November-Putschs beruhen auf derselben Quellensammlung. 1962 veröffentlichte der Historiker und langjährige Beamte der Münchner Staatskanzlei Ernst Deuerlein seine Edition *Bayerische Dokumente zum 8./9. November 1923*.[1] Sie enthält 287 manchmal gekürzte Aktenstücke aus dem Bestand der bayerischen Regierung. Der Band ist ohne Zweifel seriös bearbeitet, wie ein Vergleich mit den Originalen im Bayerischen Hauptstaatsarchiv zeigt. Jedoch bildet diese Edition nur einen Ausschnitt der tatsächlichen Quellenlage ab, denn Deuerlein selbst plante, einen Band über die Ermittlungen nach dem Putsch und den Prozess vor dem Volksgericht München I folgen zu lassen; dieses Werk erschien wegen seines Todes 1971 nie.

Die eigentlichen Ermittlungsakten, soweit bekannt 19 Bände mit 45 Faszikeln, sind verschollen, seit sie am 27. Februar 1933 aus der Registratur angefordert und anschließend offenbar dem Reichsjustizministerium übergeben wurden; vermutlich sind sie im April 1945 gezielt verbrannt worden.[2] Überliefert sind Teile davon einerseits in Form der 1631 Schreibmaschinenseiten langen »Niederschriften über die Sitzungen des Ausschusses zur Untersuchung der Vorgänge am 1. Mai 1923 und der gegen Reichs- und Landesver-

fassung gerichteten Bestrebungen vom 26. September bis
9. November 1923« im Hauptstaatsarchiv.[3] Andererseits kann
man wesentliche Auszüge in zwei Broschüren lesen, die der
SPD-Abgeordnete Wilhelm Hoegner, einer von zwei Be-
richterstattern dieses Ausschusses, 1928 anonym herausgab,
weil die Sitzungen selbst vertraulich waren.[4] Hauptberuflich
war er 1920 bis 1925 Staatsanwalt und 1925 bis 1930 Richter,
konnte also mit Ermittlungsunterlagen umgehen. In einer
eidesstattlichen Erklärung für den Nürnberger Hauptkriegs-
verbrecherprozess vom 12. Juli 1946 versicherte Hoegner, nun
bayerischer Ministerpräsident: »Sämtliche in diesen Broschüren angeführten Tatsachen stammen aus Gerichtsakten,
die ich persönlich durchgearbeitet und von denen ich mir
Auszüge gemacht habe.«[5]

Der Wert der so überlieferten Quellen ist außerordentlich
hoch, und der Blick, den sie auf die Vorgeschichte des 8. und
9. November 1923 erlauben, ergänzt die bisherige Deutung
erheblich. Auch Deuerlein stellte fest, zu diesem Material
gehörten »bemerkenswerte Schriftstücke und Mitteilungen,
die bisher ebenfalls nicht gebührende Beachtung fanden«.[6]
Dabei ist es seitdem geblieben – bedauerlicherweise.

Im Gegensatz zu Hoegners aufschlussreichen Broschüren
liegt das Wortprotokoll des Hitler-Prozesses 1924 seit 1998/99
mustergültig kommentiert vor; trotzdem wird es bisher in
der Forschung nicht angemessen berücksichtigt.[7] Wenn überhaupt, so haben fast ausschließlich Autoren der zahlreichen
Hitler-Biografien dieses Material verwendet. Viel spannen-
der als die Tiraden des Hauptangeklagten sind aber die Zeugenaussagen in dem 2918 Schreibmaschinenseiten langen
Wortprotokoll.

Wer die übliche Darstellung der Münchner Ereignisse
kritisch zu hinterfragen begonnen hat, findet rasch weitere

Indizien, die zum gängigen Bild nicht recht passen wollen. Schon ein Blick in die Edition der *Akten der Reichskanzlei* für das Kabinett Stresemann zeigt, dass die Reaktion auf die doppelte Herausforderung durch Sachsen und Bayern ähnlich entschieden war. Um das nachzuvollziehen, muss man übrigens nicht einmal mehr durch die mehr als 1400 Seiten der Original-Buchausgabe von 1978 quälen – das Material liegt inzwischen digital vor.[8]

Bestände in zahlreichen Institutionen eröffnen neue Perspektiven, doch sie sind bisher wenig bis gar nicht ausgewertet worden. Zum Beispiel ein natürlich nicht im Wortlaut vertrauenswürdiger Bericht, den Gottfried Feder wohl noch im November 1923 niederschrieb, der 1936 ins NSDAP-Parteiarchiv gelangte und schon seit vielen Jahren im Bundesarchiv Berlin problemlos einsehbar ist. Oder eine ebenda überlieferte, 80-seitige Chronik der Ereignisse im November 1923, die zwar einseitig aus NSDAP-Sicht die Ereignisse schildert, aber in Details interessantes Material enthält.[9]

Seit kurzem sind viele Originalquellen sogar ohne aufwendige Reisen recherchierbar, dank der voranschreitenden Digitalisierung. So hat die Generaldirektion der Staatlichen Archive Bayerns in den vergangenen Jahren die für den Hitler-Putsch einschlägigen Akten der Polizeidirektion München gescannt. Noch 2018 musste man dieses Material mühsam auf Mikrofilmen oder Fiches sichten; inzwischen ist es möglich, zahlreiche Vernehmungen von Beteiligten und Aussagen von Augenzeugen im Internet zu lesen. Auch das Bundesarchiv hat zentrale Quellen online gestellt.

Noch ein wichtiger Bestand zur Frühgeschichte der NSDAP ist kürzlich durch Digitalisierung problemlos zugänglich geworden: die subjektiven Berichte, in denen knapp 550 Männer und 36 Frauen im Sommer 1934 ihren Weg in

Hitlers Partei schilderten, vor allem solche, die mit der NSDAP schon vor deren Durchbruch bei den Reichstagswahlen 1930 sympathisiert hatten.[10] Der Bestand, der an der Stanford University verwahrt wird, geht zurück auf den polnisch-amerikanischen Soziologen Theodore Abel. Er hatte 1934 mit offizieller Unterstützung der NSDAP und des Reichspropagandaministeriums ein Preisausschreiben in Deutschland gestartet; gesucht wurde »die beste persönliche Lebensgeschichte eines Anhängers der Hitler-Bewegung«.[11]

Spannende Einzelheiten über das Denken der bayerischen Regierung und des Generalstaatskommissars Gustav von Kahr enthalten die Nuntiaturberichte, die Eugenio Pacelli als diplomatischer Vertreter des Vatikans in Bayern mit Zuständigkeit für das gesamte Deutsche Reich nach Rom sandte. Sie standen bereits seit Öffnung aller im Vatikanischen Geheimarchiv überlieferten Akten aus der Amtszeit Papst Pius' XI. im Jahre 2006 zur Verfügung, sind aber seither in einer mustergültigen Online-Edition erschlossen worden: auszugsweise für die Jahre 1922/23 seit 2013/14, vollständig seit 2020.[12] Der Erzbischof von München-Freising, Michael Kardinal Faulhaber, notierte in Kurzschrift umfangreiche Tagebuchaufzeichnungen und vertiefende »Beiblätter« auch zum Putsch am 8./9. November 1923, die seit 2015 veröffentlicht werden; der Abschluss des Projektes ist frühestens 2026 zu erwarten.[13] Das Editionsteam gewährte für dieses Buch freundlicherweise Einblick in noch unveröffentlichte Dokumente aus dem Herbst 1923.

Online gestellt hat ferner das Institut für Zeitgeschichte München wesentliche Teile seiner Sammlung an »Zeugenschrifttum«.[14] Es handelt sich um retrospektive Schilderungen ganz verschiedener Beteiligter oder Beobachter der NS-Zeit, die von den Vernehmungen Hermann Görings bis hin zu Briefen von Wichtigtuern reichen, die sich erkennbar selbst in den Mittelpunkt des Interesses zu rücken versuchten. Viele dieser Dokumente beleuchten Einzelaspekte des Putsches und seiner Vorgeschichte, stellen also eine wichtige Bereicherung der Quellenlage dar.

Ebenfalls wesentlich verbessert hat sich der Zugriff auf historische Zeitungen. Schon seit rund zwei Jahrzehnten sind die wesentlichen US- und viele sonstige englischsprachige Blätter in der Datenbank ProQuest digital recherchierbar.[15] Im Anschluss daran hat sich die Nutzung dieser für die Zeitgeschichte äußerst wichtigen Quellengattung auch im deutschsprachigen Mitteleuropa deutlich vereinfacht: Die Österreichische und die Schweizer Nationalbibliothek stellen seit 2011 jeweils weit mehr als hundert Titel online zur Verfügung.[16] In Deutschland ist die Friedrich-Ebert-Stiftung Vorreiter, die seit Anfang 2018 bisher 16 verschiedene Titel der Arbeiterbewegung im Internet anbietet, darunter für die Jahre 1923/24 das wichtigste SPD-Blatt *Vorwärts*.[17] Nicht die hohe Qualität dieses Bestandes hat leider die Digitalisierung zahlreicher weiterer Publikationen, die seit 2021 im Deutschen Zeitungsportal abrufbar sind.[18]

Auch jenseits des Internets hat sich die Quellenlage für die Auseinandersetzung mit dem Hitler-Putsch deutlich verbessert. 2003 brachte ein russisch-westeuropäisches Forscherteam eine Auswahl von mehr als hundert Dokumenten aus Beständen vor allem des Russischen Staatsarchivs für soziale und politische Geschichte heraus.[19] Sie beweisen, dass die sowjetischen Kommunisten im Spätherbst 1923 eine bolschewistische Revolution in Deutschland in Gang setzen wollten und dafür erhebliche Ressourcen bereitstellten. Seltsamerweise stieß diese Veröffentlichung hierzulande auf wenig Interesse, obwohl (oder weil?) sie gewohnte Perspektiven auf die Weimarer Republik korrigierte. In den größeren Zusammenhang stellte eine wissenschaftliche Edition weiterer Quellen aus Moskauer Beständen diesen Plan 2014 – abermals ohne nennenswerte Resonanz.[20]

Immerhin wahrgenommen wurde eine Edition, die Ende 2015 erschien: Der Archivar Peter Fleischmann veröffentlichte den wenige Jahre zuvor auf dem grauen Markt für Autografen aufgetauchten und von Bayern beschlagnahmten »Gefangenen-Personalakt Hitler« aus dem Gefängnis Landsberg zusammen mit ergänzenden Beständen.[21] Weil das zum Konvolut gehörende »Aufnahmebuch« des zuständigen Anstaltsarztes belegte, dass Hitler eine angeborene Fehlbildung an den Hoden hatte, konzentrierten sich Medien weltweit auf diesen Aspekt; andere interessante Facetten blieben unberücksichtigt.

Ebenfalls erst seit wenigen Jahren liegen Tagebuchaufzeichnungen relevanter Zeugen der Ereignisse 1922/23 vor. Der politisch wie kulturell bestens vernetzte Harry Graf Kessler erfuhr zahlreiche Details über politische Vorgänge und hielt sie in seinen Notizen fest, die schon lange auszugsweise, aber erst seit wenigen Jahren vollständig verfügbar sind.[22] Die Schwiegermutter von Thomas Mann, Hedwig Pringsheim, hinterließ in ihren 2018 edierten Aufzeichnungen von 1923 neben Hinweisen auf den Tagesablauf einer großbürgerlichen Dame auch interessante Notizen über die Stimmungslage in Oberbayern.[23] Aufschluss über Denk- und Handlungsweise der bayerischen Reichswehrführung ermöglichen die bald nach 1945 verfassten »Lebenserinnerungen« des Generals Friedrich Kreß von Kressenstein, die 2020 erschienen sind.[24]

Schließlich bieten zahlreiche Archive weitere bislang kaum ausgewertete Bestände zu einzelnen Aspekten des Hitler-

Putsches und seiner Vorgeschichte. Aufgrund der Einschrän-
kungen während der Coronahysterie konnten für dieses
Buch nur wenige dieser Bestände genutzt werden, doch beispielsweise im Staats- wie im Stadtarchiv Bamberg, aufgrund
der Nähe zu Thüringen ein Brennpunkt der Ereignisse, fanden sich interessante Einzelinformationen.

Die Forschungslage zum November 1923 ist bisher über-
schaubar. Nach der genannten unvollendeten Quellen-Edi-
tion von Ernst Deuerlein 1962 ist bis Sommer 2022 gerade
eine einzige methodisch ernstzunehmende Studie erschienen: Der US-Historiker Harold J. Gordon Jr. veröffentlichte
seinen Band *Hitlerputsch 1923* ungewöhnlicherweise zunächst in deutscher Übersetzung 1971 und erst im folgenden
Jahr auf Englisch; der Untertitel beschreibt seine Perspektive:
Machtkampf in Bayern 1923/24. Immerhin bezog Gordon –
anders als Deuerlein – das Protokoll des Prozesses mit zahlreichen Zeugenaussagen und Hoegners Auswertungen der
Ermittlungsakten ein, hatte aber andere Bestände offensichtlich nicht zur Verfügung; seine sehr eigenwillige Art des Zi-
tierens macht sein Buch zudem schwer benutzbar. Außerdem reduzierte er die Betrachtung der Geschehnisse seiner
Ausgangsthese entsprechend auf die Auseinandersetzung in
Bayern, widmete den auf Berlin zielenden Überlegungen
ebenso viel zu wenig Raum wie dem Vorbild Mussolinis oder
der Zuspitzung der kommunistischen Bedrohung im Spätsommer 1923. Ohne diese Aspekte aber kann man Hitlers
Putsch nicht verstehen.

   Die Akten der Münchner Polizeidirektion nutzte zwar der
deutschstämmige US-Journalist John Dornberg für seine
zum 60. Jahrestag der Ereignisse erschienene Darstellung
Der Hitlerputsch. Doch leider wählte er die Form einer freien

Nacherzählung einschließlich erfundener Dialoge, was seinen Band jeden wissenschaftlichen Wertes beraubt.

Seither ist keine substanzielle Veröffentlichung zum Hitler-Putsch 1923 mehr erschienen, obwohl sich die Quellenlage drastisch verbessert hat. Im Vorfeld des 100. Jahrestages sind zwar einige neue Bücher erschienen, darunter drei Bände im neuerdings bei Verlagen beliebten Chronikformat, die aber weitgehend den bisherigen Forschungsstand in anderer äußerer Form neu präsentieren.[25]

Quellen- und Literaturverzeichnis

1. Ungedruckte Quellen

Bundesarchiv Berlin

NS 20 – *Kleine Erwerbungen NSDAP*: 17.

NS 22 – *Reichsorganisationsleiter der NSDAP*: 7; 1053; 1054; 1055.

NS 26 – *Hauptarchiv der NSDAP*: 33; 75; 79; 90; 99; 112; 115; 118; 119; 120; 122; 123;
124; 125; 126; 127; 590; 631; 1389; 1423; 1927; 2047; 2141; 2158; 2180; 2181; 2225;
2226; 2227; 2228; 2229; 2582.

R 43 – *Reichskanzlei*: 159; 1228; 2198; 2218; 2219; 2533; 2678; 2679; 2681; 4015.

R 43 II – *Reichskanzlei*: 883 a.

R 72 – *Stahlhelm*: 263.

R 1507 – *Reichskommissar für Überwachung der öffentlichen Ordnung*: 2129.

R 9350 – *Anfänge des Nationalsozialismus in Deutschland*: 732.

RY 5 – *Kommunistische Internationale*: 124.

Forschungsstelle für Zeitgeschichte Hamburg

*412–1 – Nationale und völkische Verbände, Deutschvölkischer Schutz- und Trutz-
bund*: 8; 9; 10; 12; 13.

913 – NSDAP allgemein: 2; 3; 4.

Hauptstaatsarchiv München

MInn (Ministerium des Inneren): 73 694; 73 695; 73 696; 73 697; 73 698, 73 699.

MA (Staatsministerium für Auswärtiges): 99 518; 100 425; 102 136; 103 457; 103 472;
103 473; 103 474; 103 476/1–4; 104 221; 104 222; 104 223; 104 224.

Hoover Institution on War, Revolution and Peace Standford

Theodore Fred Abel Papers (1930–1988): Box 1–8, Berichte 10; 12; 21; 29; 36; 56;
59; 73; 79; 80; 92; 98; 108; 144; 152; 158; 168; 169; 180; 181; 182; 183; 190; 193; 195;

198; 200; 210; 219; 224; 227; 239; 243; 244; 247; 253; 257; 258; 265;270; 291; 293;
310; 321; 328; 343; 381; 400; 414; 416; 416; 425; 427; 448; 459; 467; 473; 532; 533;
534; 551; 559; 578; 582; 587; 588.

Archiv des Instituts für Zeitgeschichte München

ZS – Zeugenschrifttum: 33; 58; 62; 84; 91; 98/1; 98/2; 113; 128; 141; 147; 156; 177/1;
177/2; 207/1; 221; 258; 282; 292; 326; 333; 428/2; 560; 597; 679; 736; 906; 1135;
1467/1; 1467/2; 1693; 1738; 1785; 1847; 1848; 1895; 1900; 1955; 1959; 2106; 2110;
2112; 2352; 2429; 3023; 3130.

Politisches Archiv des Auswärtigen Amtes

NL 306 (Nachlass Gustav Stresemann): 2; 3; 5.
RZ 214: 98389.

Sammlung Sven Felix Kellerhoff, Berlin

Aufzeichnungen von Kardinal Michael Faulhaber zum Hitler-Putsch (Vorab-
   Version der Faulhaber-Edition, Stand 11. März 2019)
Varia.

Staatsarchiv Bamberg

Bezirksamt von Bamberg K 5: 5162
Landespolizeikommando Bamberg: 36.
Landespolizeikommando Bayreuth: 97; 103; 133.
Regierung von Oberfranken K 3: 857/1; 1856; 1927; 1937; 1943 a; 1963; 1964; 1975.

Staatsarchiv München

Polizeidirektion München: 6682; 6690; 6697; 6698; 6699; 6700; 6701; 6702; 6703;
   6704; 6705; 6706; 6708; 6709; 6710; 6711; 6712; 6713; 6714; 6715; 6716; 6717;
   6718; 6719; 6720; 6721; 6722; 6723; 6724; 6770; 10 003; 10 020; 10 045; 10 060;
   10 128.
Staatsanwaltschaften München: 2576; 2977; 3098; 3099; 3101; 3103; 3106; 3107;
   3108; 3109; 3110; 311; 3112; 3113; 3114.

Stadtarchiv Bamberg

B. S. 2832: 1 a.
C2: 11 986.

2. Gedruckte und digitale Quellen

Anonymus [=Hoegner, Wilhelm]: *Hitler und Kahr. Die bayerischen Napoleons-gröyßen von 1923.* 2 Bde. München 1928.

Auswärtiges Amt (Hrsg.): *Aktenstücke zur Reparationsfrage vom 26. Dezember 1922 bis 7. Juni 1923.* Berlin 1923.

Baumgart, Winfried (Hrsg.): *Friedrich Freiherr Kreß von Kressenstein. Bayeri-scher General und Orientkenner. Lebenserinnerungen, Tagebücher und Berichte 1914–1946.* Paderborn 2020.

Baird, Jay W. (Hrsg.): *Das politische Testament Julius Streichers. Ein Dokument aus den Papieren des Hauptmanns Dolibois.* In: *VZG* 26 (1978), S. 660–695.

Bayerlein, Bernhard H. u. a. (Hrsg.): *Deutscher Oktober 1923. Ein Revolutions-plan und sein Scheitern.* Berlin 2003.

Benz, Wolfgang (Hrsg.): *Politik in Bayern 1919–1933. Berichte des württembergi-schen Gesandten Carl Moser von Filseck.* Stuttgart 1971.

Bry, Carl Christian: *Der Hitler-Putsch. Berichte und Kommentare eines Deutsch-land-Korrespondenten (1922–1924) für das »Argentinische Tag- und Wochen-blatt«.* Hrsg. v. Martin Gregor-Dellin. Nördlingen 1987.

Bußmann, Walter u. a. (Hrsg.): *Akten zur deutschen Auswärtigen Politik 1918–1945. Serie A, Bde. V–VIII.* Göttingen 1987–1991.

Deuerlein, Ernst: *Hitlers Eintritt in die Politik.* In: *VZG* 7 (1959), S. 177–227.

Ders. (Hrsg.): *Der Hitler-Putsch. Bayerische Dokumente zum 8./9. November 1923.* Stuttgart 1962.

Ders. (Hrsg.): *Der Aufstieg der NSDAP in Augenzeugenberichten.* Neuausgabe München 1973.

Dresler, Adolf (Hrsg.): *Dokumente der Zeitgeschichte.* München 1938.

Eckardt, Michael (Hrsg.): *Ausnahmezustand in Thüringen – das Krisenjahr 1923.* Erfurt 2017.

Engelbrechten, Julius Karl von / Volz, Hans: *Wir wandern durch das national-sozialistische Berlin. Ein Führer durch die Gedenkstätten des Kampfes um die Reichshauptstadt.* München 1937.

Fischer, Ruth: *Stalin und der deutsche Kommunismus.* 2 Bde. Neuausgabe 1991.

Dies. / Maslow, Arkadij: *Abtrünnig wider Willen. Aus Briefen und Manuskripten des Exils.* München 1990.

Fleischmann, Peter (Hrsg.): *Hitler als Häftling in Landsberg am Lech 1923/24.* Neustadt an der Aisch 2015.

Fleury, Antoine / Imboden, Gabriel (Hrsg.): *Diplomatische Dokumente der Schweiz. Bd. 8: 1920–1924.* Bern 1988.

Frank, Hans: *Im Angesicht des Galgens. Deutung Hitlers und seiner Zeit aufgrund eigener Erlebnisse und Erkenntnisse. Geschrieben im Nürnberger Gerichtsgebäude.* Hrsg. v. Oswald Schloffer. München 1953.

Ganzer, Karl Richard: *9. November 1923. Tag der ersten Entscheidung.* München 1936.

Gruchmann, Lothar (Hrsg.): *Hitlers Denkschrift an die bayerische Justiz vom 16. Mai 1923. Ein verloren geglaubtes Dokument.* In: *VZG* 39 (1991), S. 305–328.

Ders. / Weber, Reinhard/ Gritschneder, Otto (Hrsg.): *Der Hitler-Prozess 1924. Wortlaut der Hauptverhandlung vor dem Volksgericht München I.* 4 Bde. München 1997–2000.

Hanfstaengl, Ernst: *Zwischen Weißem und Braunem Haus. Erinnerungen eines politischen Außenseiters.* München 1970.

Hartmann, Christian u. a. (Hrsg.): *Hitler, Mein Kampf. Eine kritische Edition.* 2 Bde. München 2016.

Hasselbach, Ulrich von: *Die Entstehung der NSDAP 1919–1923.* Dissertation Leipzig 1931.

Heiden, Konrad: *Adolf Hitler. Das Zeitalter der Verantwortungslosigkeit. Eine Biografie.* Neuausgabe in einem Band. Zürich 2007.

Heß, Wolf Rüdiger (Hrsg.): *Rudolf Heß. Briefe 1908–1933.* München – Wien 1987.

Hirschner, Fritz: *Rudolf Hess, der Stellvertreter des Führers.* Berlin 1933.

Hitler, Adolf: *Mein Kampf. Zwei Bände in einem Band.* 479.–483. Auflage. München 1939.

Huber, Ernst Rudolf: *Dokumente zur deutschen Verfassungsgeschichte. Bd. 3: Deutsche Verfassungsdokumente 1918–1933.* 3. Aufl. Stuttgart 1992.

Hürten, Heinz (Hrsg.): *Das Krisenjahr 1923. Militär und Innenpolitik 1922–1924.* Düsseldorf 1980.

Jäckel, Eberhard/Kuhn, Axel (Hrsg.): *Sämtliche Aufzeichnungen 1905–1924.* Stuttgart 1980 (vgl. jedoch dies.: *Neue Erkenntnisse zur Fälschung von Hitler-Dokumenten.* In: *VZG* 32 (1984), S. 163 f.).

Jochmann, Werner (Hrsg.): *Monologe im Führerhauptquartier 1941–1944. Aufgezeichnet von Heinrich Heim.* Hamburg 1980.

Kallenbach, Hans: *Mit Hitler auf Festung Landsberg.* München 1933.

Kessler, Harry Graf: *Das Tagebuch 1919–1923.* Hrsg. v. Angela Reinthal. Stuttgart 2007.

Ders.: *Das Tagebuch 1923–1926.* Hrsg. v. Angela Reinthal, Günter Riederer u. Jörg Schuster. Stuttgart 2009.

Koerber, Adolf-Viktor von (Hrsg.): *Adolf Hitler. Sein Leben, seine Reden.* München o. J. [1923].

Landau, Peter / Rieß, Rolf (Hrsg.): *Recht und Politik in Bayern zwischen Prinzregentenzeit und Nationalsozialismus. Die Erinnerungen von Philipp Loewenfeld.* Ebelsbach 2004.

Ludendorff, Erich: *Auf dem Weg zur Feldherrenhalle. Lebenserinnerungen an die Zeit des 9. November 1923.* München 1937.

Lüdecke, Kurt W. G.: *I Knew Hitler. The Story of a Nazi Who Escaped the Blood Purge.* London 1938.

Lussu, Emilio: *Marsch auf Rom und Umgebung. Autobiografischer Essay.* Wien 1971.

Marx, Jakob: *Das deutsche Judentum und seine jüdischen Gegner.* Berlin 1925.

Meissner, Otto: *Ebert. Hindenburg. Hitler. Erinnerungen eines Staatssekretärs 1918-1945.* Neuausgabe Esslingen – München 1991.

Michaelis, Herbert u. a. (Hrsg.): *Ursachen und Folgen. Vom deutschen Zusammenbruch 1918 und 1945 zur staatlichen Neuordnung Deutschlands in der Gegenwart. Urkunden- und Dokumentensammlung zur Zeitgeschichte.* 29 Bde. Berlin 1958-1979.

Ministerio degli Affari esteri (Hrsg.): *I Documenti diplomatici italiani.* 7. Serie, Bde. 1-2. Rom 1953.

Müller, Karl Alexander von: *Im Wandel einer Welt. Erinnerungen 1919-1933.* München 1966.

Murphy, Robert: *Diplomat unter Kriegern. Zwei Jahrzehnte Weltpolitik in besonderer Mission.* Berlin o. J. [1965].

Niekisch, Ernst: *Gewagtes Leben. Begegnungen und Begebnisse.* Köln – Berlin 1958.

Nolte, Ernst (Hrsg.): *Theorien über den Faschismus.* Berlin 1970.

Pringsheim, Hedwig: *Tagebücher 1923-1928.* Hrsg. v. Christina Herbst. Göttingen 2018.

Radek, Karl u. a. (Hrsg.): *Schlageter. Eine Auseinandersetzung.* Berlin 1923.

Röhm, Ernst: *Geschichte eines Hochverräters.* 2. Aufl. München 1930.

Schöner, Helmut (Hrsg.): *Hitler-Putsch im Spiegel der Presse. Berichte bayerischer, norddeutscher und ausländischer Zeitungen über die Vorgänge im November 1923 in Originalreproduktionen.* München 1974.

Stockhausen, Max von: *Sechs Jahre Reichskanzlei. Von Rapallo bis Locarno. Erinnerungen und Tagebuchnotizen 1922 bis 1927.* Hrsg. von Walter Görlitz. Bonn 1954.

Streicher, Julius: *Kampf dem Weltfeind: Reden aus der Kampfzeit.* Nürnberg 1938.

Stresemann, Gustav: *Vermächtnis. Nachlass in drei Bänden. Bd. 1: Vom Ruhrkrieg bis London.* Hrsg. von Henry Bernhard / Wolfgang Goetz / Paul Wiegler. Berlin 1932.

Tyrell, Albrecht (Hrsg.): *Führer befiehl ... Selbstzeugnisse aus der Kampfzeit der NSDAP*. Düsseldorf 1969.

Vogelsang, Thilo (Hrsg.): *Die Reichswehr in Bayern und der Münchner Putsch 1923*. In: *VZG* 5 (1957), S. 91–101.

Volk, Ludwig (Hrsg.): *Akten Kardinal Michael von Faulhabers 1917–1945*, Bd. 1: 1917–1934. Mainz 1975.

Volz, Hans: *Daten zur Geschichte der NSDAP*. 8. erweiterte Aufl. Leipzig 1938.

Weber, Hermann u. a. (Hrsg.): *Deutschland, Russland, Komintern*. 2 Bde. Berlin – München 2014/15.

Wollenberg, Erich: *Der Hamburger Aufstand und die Thälmann-Legende*. In: Johler, Jens (Hrsg.): *Schwarze Protokolle*. Bd. 6. Berlin 1973.

3. Literatur

Albanese, Giulio: *Mussolinis Marsch auf Rom. Die Kapitulation des liberalen Staates vor dem Faschismus*. Paderborn usw. 2015.

Angress, Werner T.: *Die Kampfzeit der KPD. 1921–1923*. Düsseldorf 1973.

Auerbach, Hellmuth: *Hitlers politische Lehrjahre und die Münchner Gesellschaft 1919–1923*. In: *VZG* 25 (1977), S. 1–25.

Biesemann, Jörg: *Das Ermächtigungsgesetz als Grundlage der Gesetzgebung im nationalsozialistischen Staat. Ein Beitrag zur Stellung des Gesetzes in der Verfassungsgeschichte 1919–1945*. 2. Aufl. Münster 1987.

Bischel, Matthias: *Auf der Suche nach Stabilität in der Transformation. Gustav von Kahr – eine teilbiografische Studie (1862–1921)*. Diss. München 2021.

Blunt, Katherine: *Yesterday's News – Media Framing of Hitler's Early Years, 1923–1924*. In: *The Elon Journal of Undergraduate Research in Communications* 6 (2015), S. 92–104.

Bommarius, Christian: *Im Rausch des Aufruhrs. Deutschland 1923*. München 2022.

Brenner, Michael: *Der lange Schatten der Revolution. Juden und Antisemiten in Hitlers München 1918–1923*. Berlin 2019.

Büttner, Ursula: *Weimar. Die überforderte Republik 1918–1933. Leistung und Versagen in Staat, Gesellschaft, Wirtschaft und Kultur*. Stuttgart 2008.

Bullock, Alan: *Hitler. Eine Studie über Tyrannei*. Neuausgabe. Düsseldorf 1967.

Clemens, Detlev: *Herr Hitler in Germany. Wahrnehmung und Deutungen des Nationalsozialismus in Großbritannien 1920–1939*. Göttingen – Zürich 1996.

Damm, Matthias: *Die Rezeption des italienischen Faschismus in der Weimarer Republik*. Baden-Baden 2013.

Dornberg, John: *Der Hitlerputsch. München, 8. und 9. November 1923.* Neuausgabe Frankfurt am Main 1989.

Dotterweich, Volker: *»Hitlerputsch« und Münchner Hochverratsprozess 1923/24.* In: Patrick Merzinger u. a. (Hrsg.): *Geschichte, Öffentlichkeit, Kommunikation. Festschrift für Bernd Sösemann zum 65. Geburtstag.* Stuttgart 201, S. 175–186.

Düren, Peter Christoph: *Minister und Märtyrer. Der bayerische Innenminister Franz Xaver Schweyer (1868–1935).* Augsburg 2015.

Falter, Jürgen W. (Hrsg.): *Junge Kämpfer, alte Opportunisten. Die Mitglieder der NSDAP 1919 bis 1945.* Frankfurt am Main 2016.

Ders.: *Hitlers Parteigenossen. Die Mitglieder der NSDAP 1919–1945.* Frankfurt am Main 2020.

Feldmann, Gerald D.: *Hugo Stinnes. Biografie eines Industriellen 1870–1924.* München 1998.

Fest, Joachim: *Hitler. Eine Biographie.* Berlin – Frankfurt am Main 1973.

Franz-Willing, Georg: *Ursprung der Hitlerbewegung 1919–1922.* Neuausgabe. Preußisch Oldendorf 1974.

Ders.: *Krisenjahr der Hitlerbewegung 1923.* Preußisch Oldendorf 1975.

Ders.: *Putsch und Verbotszeit der Hitlerbewegung November 1923 – Februar 1925.* Preußisch Oldendorf 1977.

Geyer, Martin H.: *Verkehrte Welt. Revolution, Inflation und Moderne. München 1918–1924.* Göttingen 1998.

Goeschel, Christian: *Mussolini und Hitler. Die Inszenierung einer faschistischen Allianz.* Berlin 2019.

Gordon, Harold J. Jr.: *Hitlerputsch 1923. Machtkampf in Bayern 1923/24.* Frankfurt am Main 1971.

Gritschneder, Otto: *Bewährungsfrist für den Terroristen Adolf H. Der Hitler-Putsch und die bayerische Justiz.* München 1990.

Ders.: *Der Hitler-Prozess und sein Richter Georg Neithardt. Skandalurteil von 1924 ebnet Hitler den Weg.* München 2001.

Habedank, Heinz: *Zur Geschichte des Hamburger Aufstandes.* Berlin (Ost) 1958.

Haerendel, Ulrike u. a. (Hrsg.): *München – »Hauptstadt der Bewegung«.* München 1993.

Hartmann, Peter Claus: *Der Hitlerputsch (1923) im Urteil der französischen Gesandtschafts- und Botschaftsberichte.* In: *Francia* 5 (1977), S. 453–472.

Heinemann, Winfried: *Eduard Dietl. Lieblingsgeneral des »Führers«.* In: Smelser, Ronald / Syring, Enrico (Hrsg.): *Die Militärelite des Dritten Reiches. 27 biographische Skizzen.* Berlin 1995, S. 99–112.

Hermann, Angela: *Hitler und sein Stoßtrupp in der »Reichskristallnacht«.* In: *VZG* 56 (2008), S. 603–619.

Hinterberger, Hans: *Unpolitische Politiker? Die bayerischen »Beamtenminister-präsidenten« 1920–1924 und ihre Mitverantwortung am Hitlerputsch.* Regensburg 2016.

Hoffmann, Hans Hubert: *Der Hitlerputsch. Krisenjahre deutscher Geschichte.* München 1961.

Horn, Wolfgang: *Der Marsch zur Machtergreifung. Die NSDAP bis 1933.* Düsseldorf 1972.

Hoser, Paul: *Die politischen, wirtschaftlichen und sozialen Hintergründe der Münchner Tagespresse zwischen 1914 und 1934.* 2 Bde. Frankfurt am Main usw. 1990.

Hürten, Heinz: *Revolution und Zeit der Weimarer Republik.* In: Schmid, Alois (Hrsg.): *Handbuch der bayerischen Geschichte, Bd. 4: Das neue Bayern. Von 1800 bis zur Gegenwart.* München 2003, S. 440–498.

Hund, Wulf D.: Der Aufstand der KPD 1923. In: *Hamburg-Studien. Jahrbuch für Sozialökonomie und Gesellschaftstheorie* 1983, S. 32–61.

Jentsch, Harald: *Die KPD und der »Deutsche Oktober« 1923.* Rostock 2005.

Joachimsthaler, Anton: *Hitlers Weg begann in München 1913–1923.* München 2000.

Keil, Lars-Broder / Vollmer, Antje: *Stauffenbergs Gefährten. Das Schicksal der unbekannten Verschwörer.* München 2013.

Kellerhoff, Sven Felix: *Hitlers Berlin. Geschichte einer Hassliebe.* Berlin 2005.

Ders.: *»Mein Kampf«. Die Karriere eines deutschen Buches.* Neuausgabe. Stuttgart 2020.

Ders.: *Die NSDAP. Eine Partei und ihre Mitglieder.* Stuttgart 2017.

Kershaw, Ian: *Hitler.* 2 Bde. München 1998–2000.

Kraner, Ferdinand: *Kirchen und Religion in den »Lebenserinnerungen« von Gustav von Kahr.* In: *Zeitschrift für bayerische Landesgeschichte* 80 (2017), S. 213–244.

Krüger, Gabriele: *Die Brigade Ehrhardt.* Hamburg 1971.

Krumeich, Gerd / Schröder, Joachim (Hrsg.): *Der Schatten des Weltkriegs. Die Ruhrbesetzung 1923.* Essen 2004.

Kruppa, Bernd: *Rechtsradikalismus in Berlin 1918–1928.* Typoskript. Dissertation Berlin 1988.

Kudlien, Fridolf / Andree, Christian: *Sauerbruch und der Nationalsozialismus.* In: *Medizinhistorisches Journal* 15 (1980), S. 201–222.

Lange, Thomas: *Bayern im Ausnahmezustand 1919–1923. Zur politischen Funktion des bayerischen Ausnahmerechts in den ersten Jahren der Weimarer Republik.* Phil. Diss. München 1989.

Large, David Clay: *Hitlers München. Aufstieg und Fall der Hauptstadt der Bewegung.* München 1998.

Layton, Roland V.: *Kurt Lüdecke and ›I Knew Hitler‹* An Evaluation. In: *Central European History* 12 (1979), S. 372–386.

Leugers, Antonia: »*Kardinal Faulhaber zeigt ein zwiespältiges Wesen.*« *Beobachtungen zu den Jahren 1923/24 und 1933/34.* In: *theologie.geschichte* 9 (2014), S. 111–155.

Lindner, Herbert: *Von der NSDAP zur SPD. Der politische Lebensweg des Dr. Helmuth Klotz 1894–1943.* Konstanz 1998.

Lohalm, Uwe: *Völkischer Radikalismus. Die Geschichte des Deutschvölkischen Schutz- und Trutzbundes 1919–1923.* Hamburg 1970.

Longerich, Peter: *Himmler. Biografie.* München 2012.

Madden, Paul: *Some Social Characteristics of Early Nazi Party Members 1919–1923.* In: *Central European History* 15 (1982), S. 34–56.

Mantelli, Brunello: *Kurze Geschichte des italienischen Faschismus.* Berlin 1998.

Maser, Werner: *Der Sturm auf die Republik. Frühgeschichte der NSDAP.* Neuausgabe. Düsseldorf 1994.

Menges, Franz: *Hans Schmelzle. Bayerischer Staatsrat im Ministerium des Äußeren und Finanzminister. Eine politische Biographie mit Quellenanhang.* München 1972.

Mommsen, Hans: *Aufstieg und Untergang der Republik von Weimar. 1918–1933.* Neuausgabe. Berlin 1998.

Ders.: *Adolf Hitler und der 9. November 1923.* In: Ders.: *Von Weimar nach Auschwitz. Zur Geschichte Deutschlands in der Weltkriegsepoche.* Stuttgart 1999, S. 92–107.

Morsey, Rudolf: *Fritz Gerlich (1883–1934). Ein früher Gegner Hitlers und des Nationalsozialismus.* Paderborn usw. 2016.

Mühlberger, Detlef: *The Social Bases of Nazism 1919–1933.* Cambridge 2003.

Mühlhausen, Walter: *Friedrich Ebert 1871–1925. Reichspräsident der Weimarer Republik.* Bonn 2006.

Nerdinger, Winfried (Hrsg.): *München und der Nationalsozialismus. Katalog des NS-Dokumentationszentrums München.* München 2015.

Pese, Walter Werner: *Hitler und Italien 1920 bis 1926.* In: *VZG* 3 (1955), S. 113–126.

Petersen, Jens: *Hitler – Mussolini. Die Entstehung der Achse Berlin-Rom 1933–1936.* Tübingen 1973.

Piper, Ernst: *Alfred Rosenberg: Hitlers Chefideologe.* München 2005.

Ders.: *Nationalsozialismus. Seine Geschichte von 1919 bis heute.* München – Berlin 2012.

Plöckinger, Othmar: *Frühe biografische Texte zu Hitler. Zur Bewertung der autobiografischen Teile in ›Mein Kampf‹.* In: *VZG* 58 (2010), S. 93–114.

Pommerin, Reiner: *Die Ausweisung von »Ostjuden« aus Bayern 1923. Ein Beitrag zum Krisenjahr der Weimarer Republik.* In: *VZG* 34 (1986), S. 311–340.

Richardi, Hans-Günter: *Hitler und seine Hintermänner. Neue Fakten zur Frühgeschichte der NSDAP.* München 1991.

Rohkämer, Thomas: *Die fatale Attraktion des Nationalsozialismus. Über die Popularität eines Unrechtsregimes.* Paderborn u. a. 2013.

Rosen, Edgar R.: *Mussolini und Deutschland 1922/23.* In: *VZG* 5 (1957), S. 17–41.

Sandner, Harald: *Hitlers Herzog. Carl-Eduard von Sachsen-Coburg und Gotha. Die Biografie.* Aachen 2010.

Ders.: *Hitler. Das Itinerar. Aufenthaltsorte und Reisen 1889 bis 1945.* 4 Bde. Berlin 2016.

Sauer, Bernhard: *Die deutschvölkische Freiheitspartei (DvFP) und der Fall Grütte.* In: *Berlin in Geschichte und Gegenwart. Jahrbuch des Landesarchivs Berlin* 1994, S. 179–205.

Ders.: *Schwarze Reichswehr und Fememorde. Eine Milieustudie zum Rechtsradikalismus in der Weimarer Republik.* Berlin 2004.

Schieder, Wolfgang: *Adolf Hitler – Politischer Zauberlehrling Mussolinis.* Berlin 2017.

Schmitz-Berning, Cornelia: *Vokabular des Nationalsozialismus.* Berlin – New York 1998.

Schröder, Joachim: *Die Münchner Polizei und der Nationalsozialismus.* München 2013.

Schubert, Günter: *Anfänge nationalsozialistischer Außenpolitik.* Köln 1963.

Schwarzenbach, Alexis: *»Zur Lage in Deutschland«. Hitlers Zürcher Rede vom 30. August 1923.* In: *Traverse* 13 (2006), S. 176–189.

Schwend, Karl: *Bayern zwischen Monarchie und Diktatur. Beiträge zur bayerischen Frage in der Zeit von 1918 bis 1933.* München 1954.

Seidel, Carlos Collado: *In geheimer Mission für Hitler und die bayerische Staatsregierung. Der politische Abenteurer Max Neunzert zwischen Fememorden, Hitler-Putsch und Berlin-Krise.* In: *VZG* 50 (2002), S. 201–236.

Sidman, Charles F.: *Die Auflagen-Kurve des Völkischen Beobachters und die Entwicklung des Nationalsozialismus 1920 – November 1923.* In: *VZG* 13 (1965), S. 112–118.

Sigmund, Anna Maria: *Des Führers bester Freund.* München 2003.

Smith, Arthur L.: *Kurt Lüdecke. The Man Who Knew Hitler.* In: *German Studies Review* 26 (2003), S. 597–606.

Sprenger, Matthias: *Landsknechte auf dem Weg ins Dritte Reich? Zu Genese und Wandel des Freikorpsmythos.* Paderborn usw. 2008.

Stenglein, Andreas: *Ludwig Stenglein, Ankläger im Hitler-Prozess 1924, und Hans Ehard, seine rechte Hand.* o. O. 2018.

Steinert, Maries: *Hitler.* München 1994.

Thoss, Bruno: *Der Ludendorff-Kreis 1919–1923. München als Zentrum der mitteleuropäischen Gegenrevolution zwischen Revolution und Hitler-Putsch.* München 1978.

Tyrell, Albrecht: *Vom Trommler zum Führer.* München 1975.

Ullrich, Volker: *Adolf Hitler. Biografie. Bd. 1: Jahre des Aufstiegs.* Frankfurt am Main 2013.

Ders.: *Deutschland 1923. Das Jahr am Abgrund.* München 2022.

Voigt, Carsten / Rudloff, Michael: *Die Reichsexekution gegen Sachsen 1923 und die Grenzen des Föderalismus.* In: Richter, Michael / Schaarschmidt, Thomas / Schmeitzner, Mike (Hrsg.): *Länder, Gaue und Bezirke. Mitteldeutschland im 20. Jahrhundert.* Halle 2007, S. 53–72.

Walter, Dirk: *Antisemitische Kriminalität und Gewalt. Judenfeindschaft in der Weimarer Republik.* Bonn 1999.

Watt, Donald Cameron: *Die bayerischen Bemühungen um Ausweisung Hitlers 1924.* In: *VZG* 6 (1958), S. 270–280.

Weber, Thomas: *Hitlers erster Krieg. Der Gefreite Hitler im Weltkrieg – Mythos und Wahrheit.* Berlin 2011.

Ders.: *Wie Adolf Hitler zum Nazi wurde. Vom unpolitischen Soldaten zum Autor von »Mein Kampf«.* Berlin 2016.

Wenzel, Otto: *1923. Die gescheiterte Deutsche Oktoberrevolution.* Münster 2003.

Winkler, Heinrich August. *Weimar 1918–1933. Die Geschichte der ersten deutschen Demokratie.* München 1993.

Woller, Hans: *Rom, 28. Oktober 1922. Die faschistische Herausforderung.* München 1999.

Ders.: *Mussolini. Der erste Faschist.* München 2016.

Ziegler, Walter: *Hitler und Bayern. Beobachtungen zu ihrem Verhältnis.* München 2004.

Zwicker, Stefan: *»Nationale Märtyrer«. Albert Leo Schlageter und Julius Fučik – Heldenkult, Propaganda und Erinnerungskultur.* Paderborn 2006.

Personenverzeichnis

Brandler, Heinrich Co-Vorsitzender der KPD; eigentlicher Kopf der rot-roten
(1881–1967) Regierung in Dresden

Cuno, Wilhelm Nationalliberaler Reedereichef; von November 1922 bis
(1876–1933) August 1923 parteiloser Reichskanzler

Ebert, Friedrich Pragmatischer Sozialdemokrat; seit 1919 erster Reichs-
(1871–1925) präsident der Weimarer Republik

Ehrhardt, Hermann Ehemaliger Offizier der Kaiserlichen Marine, rechts-
(1881–1971) extremer Söldner-Anführer und Putschist

Esser, Hermann Duzfreund und Vertrauter Hitlers; erster Propagandachef
(1900–1981) der NSDAP

Faulhaber, Michael Erzbischof von München-Freising; Bezugsperson der
von (1869–1952) katholisch-konservativen Bürgerschaft

Filseck, Carl Moser Jurist; seit 1906 bestens vernetzter Gesandter Württem-
von (1869–1949) bergs in München

Fischer, Ruth Anführerin des radikalen KPD-Flügels in Berlin; Intim-
(1895–1961) feindin der KPD-Chefs Brandler und Thalheimer

Frölich, August Für die SPD Ministerpräsident von Thüringen; koalierte
(1877–1966) vier Wochen lang mit der KPD

Hanfstaengl, Ernst Bürgersohn aus reichen Münchner Verhältnissen und
(1887–1975) Auslandspressechef der NSDAP

Heß, Rudolf Hitler-Bewunderer und ständiges Mitglied seiner engsten
(1894–1987) Entourage

Hitler, Adolf
(1889–1945)
Vorsitzender der NSDAP; überzeugt von seiner Berufung zum »Retter Deutschlands«

Kahr, Gustav von
(1862–1934)
Regierungspräsident von Oberbayern; träumte von einem Umsturz

Kessler, Harry Graf
(1868–1937)
International bestens vernetzter Kulturbürger und Beobachter der deutschen Politik

Knilling, Eugen von (1865–1927)
Ministerpräsident Bayerns, der sich mit einer Art Staatsstreich zeitweise selbst entmachtete

Kriebel, Hermann
(1876–1941)
Ehemaliger Stabsoffizier, Anführer von Freikorps' und Milizen; Hitlers Militärexperte

Lossow, Otto von
(1868–1938)
General und Reichswehrkommandeur in Bayern; enttäuschte Hitlers Hoffnungen

Lüdecke, Kurt
(1890–1960)
Heiratsschwindler und Lebemann; diente sich Hitler als Kontaktperson zu Mussolini an

Ludendorff, Erich
(1865–1937)
Im Weltkrieg zeitweise faktischer Militärdiktator; Identifikationsfigur deutscher Nationalisten

Müller, Karl-Alexander von
(1882–1964)
Nationalistischer Historiker und Hitler-Sympathisant; Augenzeuge der Münchner Entwicklungen

Mussolini, Benito
(1883–1945)
Anführer der italienischen Faschisten und seit Ende Oktober 1922 Ministerpräsident in Rom

Pacelli, Eugenio
(1876–1958)
Geistlicher und Gesandter des Vatikan in Bayern; bestens vernetzt in katholischen Regionen Deutschlands

Pöhner, Ernst
(1870–1925)
NSDAP-Unterstützer und als Münchens Polizeipräsident deshalb zum Obersten Gericht Bayerns weggelobt

Radek, Karl
(1885–1939)
Deutschland-Experte der Bolschewiki; verantwortlich für den geplanten KPD-Aufstand im Oktober 1923

Röhm, Ernst
(1887–1934)
Hitler-Duzfreund und seit Herbst 1923 Hauptmann a. D. der Reichswehr; Milizführer

Roßbach, Gerhard
(1893–1967)
Oberleutnant a. D. des Kaiserlichen Heeres; Söldnerführer und wichtiger Hitler-Unterstützer

Schlageter, Albert Leo (1894–1923) — Leutnant der Reserve und Freikorpskämpfer; im Ruhrkampf Rechtsterrorist und deshalb erschossen

Seeckt, Hans von (1866–1936) — Generaloberst und militärischer Kopf der Reichswehr; Gegner der SPD, aber treu gegenüber Ebert

Seißer, Hans von (1874–1973) — Stabsoffizier im Weltkrieg; seit 1919 Chef der paramilitärischen Landespolizei Bayerns

Stresemann, Gustav (1878–1929) — DVP-Vorsitzender und von August bis Dezember 1923 Reichskanzler; überwand die Krisen schließlich

Thalheimer, August (1884–1948) — Co-Vorsitzender und Cheftheoretiker der KPD; skeptisch gegenüber dem Aktivismus von Ruth Fischer

Zeigner, Erich (1886–1949) — Für die SPD Ministerpräsident von Sachsen; eskalierte den Konflikt mit Berlin und koalierte mit der KPD

Zetkin, Clara (1857–1933) — Symbolfigur der KPD mit besten Kontakten nach Moskau; verwirrte öfter mit programmatischen Äußerungen

Abbildungsnachweise

S. 7, 89, 113, 233, 259: SZ Photo/Süddeutsche Zeitung Photo

S. 17, 147, 287: Scherl/Süddeutsche Zeitung Photo

S. 33: Rue des Archives/RDA/Süddeutsche Zeitung Photo

S. 65: Knorr + Hirth/Süddeutsche Zeitung Photo

S. 191: picture alliance / ullstein bild | Philipp Kester

Anmerkungen

Prolog

1 *Vossische Zeitung, Berliner Tageblatt, Vorwärts, Berliner Morgenpost* u. *Stuttgarter Neues Tagblatt* v. 10. November 1923.

2 *Reichspost, Neue Zürcher Zeitung* u. *Oberländer Tageblatt* v. 10. November 1923; *Salzburger Volksblatt* v. 16. November 1923.

3 *Nieuwen Rotterdamschen Courant* v. 11. November 1923; *Corriere della Sera* v. 12. November 1923; *Az Ujsbg, Manchester Guardian, Dagbladet, New York Herald, New York Times, Chicago Daily Tribune, Boston Post* u. *Christian Science Monitor* v. 10. November 1923.

4 *La Victoire* v. 10. November 1923; *Echo de Paris* v. 11. November 1923; *Action Francaise* v. 10. November 1923.

5 Engelbrechten / Volz: *Wir wandern*, S. 32.

6 Hoover Institution: *Theodore Fred Abel Papers*, Berichte 56, 224 u. 343.

7 Bis 1939 fand Hitlers Rede stets zwischen 19.30 und 21.30 Uhr statt, ab 1940 begann sie entweder um 18 oder sogar schon um 17 Uhr.

8 *New York Herald Tribune* u. *New York Times* v. 10. November 1940.

9 Bullock: *Hitler*, S. 94; Fest: *Hitler*, S. 257; Steinert: *Hitler*, S. 265; Kershaw: *Hitler*, Bd. 1, S. 266; Mommsen zit. n. *Süddeutsche Zeitung* v. 9. November 2013; Ullrich: *Hitler*, Bd. 1, S. 175.

10 Kellerhoff: *Hitlers Berlin*, S. 35 f.

Ausgangslage

1 *Reichstagsprotokolle 1920–1924*, S. 8058 A. Vgl. zur Weimarer Republik im Jahr 1922 allgemein Mommsen: *Aufstieg und Untergang*, S. 154–167; Winkler: *Weimar*: S. 172–188 u. Büttner: *Weimar*, S. 166–198.

2 Kessler: *Tagebuch 1919–1923*, S. 527.

3 RGBl I 1922, S. 521 f.

4 *Akten der Reichskanzlei, Kabinett Wirth, Nr.* 304, in: http://www.bundes-archiv.de/aktenreichskanzlei/1919-1933/00a/wir/wir2p/kap1_1/kap2_69/para3_1.html.

5 *BVP-Correspondenz* v. 26. u. 28. Juni 1922.

6 Vgl. zur Entwicklung der NSDAP 1923/23 zuletzt Kellerhoff: *Die NSDAP*, S. 72–107. Franz-Willing: *Ursprung der Hitlerbewegung*, S. 187–371 u. ders.: *Krisenjahr der Hitlerbewegung*, passim sind bis auf gelegentlich nützliche Quellenzitate überholt, ebenso Maser: *Sturm auf die Republik*, S. 273–460. Tyrell: *Vom »Trommler«*, S. 150–174 behandelt die hier entscheidende Phase 1922/23 eher kursorisch, ebenso Horn: *Der Marsch*, S. 88–152.

7 Jäckel / Kuhn (Hrsg.): *Hitler,* S. 679 f.

8 *Völkischer Beobachter* v. 30. August 1922.

9 Vgl. Madden: *Some Social Characteristics*, S. 36. Anm. 11. Die Angaben über die Zahl der NSDAP-Mitglieder Ende 1922 schwanken zwischen 8200 und 20 000. Entscheidend ist, ob dabei nach dem »Deutschen Tag« in Coburg weitgehend geschlossen beigetretene Gruppen wie die Deutschsozialistische Partei des Nürnberger Volksschullehrers Julius Streicher mitgezählt werden oder nicht.

10 *Münchener Post* vom 3. August 1921 zit. n. Plöckinger: *Frühe biographische Texte*, S. 95.

11 Zit. n. Lohalm: *Völkischer Radikalismus*, S. 430, Anm. 24.

12 Vgl. Sandner: *Hitler-Itinerar*, Bd. 1, S. 305.

13 Zit. n. Lohalm: *Völkischer Radikalismus*, S. 430, Anm. 24; vgl. Kellerhoff: *Die NSDAP*, S. 82 f.

14 Beispiele antisemitischer Attacken sowie des Umgangs der Münchner Polizei damit in: *StA München Pol.-Dir.* 6701.

15 Schreiben der Fahndungsabteilung der Polizeidirektion v. 6. Februar 1922, zit. n. Joachimsthaler: *Hitlers Weg*, S. 296.

16 Vgl. zu Hitler im zweiten Halbjahr 1922 bspw. Fest: *Hitler*, S. 217–230; Kershaw: *Hitler*, Bd. 1, S. 217–242; Ullrich: *Adolf Hitler*, Bd. 1, S. 135–152.

17 Zit. n. Niekisch: *Gewagtes Leben*, S. 109.

18 Zit. n. Deuerlein: *Der Aufstieg der NSDAP*, S. 147.

19 *Völkischer Beobachter* v. 15. März 1922; vgl. die diversen Eingaben zugunsten Hitlers von 1922/23, in: *BHStA MA* 100 425.

20 Zit. n. Niekisch: *Gewagtes Leben*, S. 109 f.

21 *Stenographischer Bericht über die Verhandlungen des Bayerischen Landtages* v. 1. Juni 1922, S. 704, in: http://geschichte.digitale-sammlungen.de/landtag1919/seite/bsb00008681_00729.

22 Jäckel / Kuhn (Hrsg.): *Hitler*, S. 662.

23 *IfZ-Archiv*, ZS 033.

24 Jäckel / Kuhn (Hrsg.): *Hitler*, S. 681.

25 Vgl. zum anfänglichen (Nicht-)Verhältnis zwischen Mussolini und Hitler allgemein Goeschel: *Mussolini und Hitler*, S. 25–32 u. Schieder: *Hitler*, S. 1–17.

26 Jochmann (Hrsg.): *Hitler-Monologe*, S. 245.

27 Vgl. Jäckel / Kuhn (Hrsg.): *Hitler*, S. 96–98, S. 122, S. 159, S. 216 u. ö.

28 *Vorwärts* v. 15. März 1922.

29 Vgl. *StA München Pol.-Dir.* 6700; vgl. Schubert: *Anfänge*, S. 76, Anm. 4 u. Schieder: *Hitler*, S. 18.

30 *Völkischer Beobachter* v. 29. Juni 1922.

31 Jäckel / Kuhn (Hrsg.): *Hitler*, S. 683.

32 Zit. n. Woller: *Mussolini*, S. 78.

33 Lüdecke versuchte 1938 mit der Drohung, seine zunächst auf Englisch publizierten Memoiren *I knew Hitler* in deutscher Übersetzung erscheinen zu lassen, den NSDAP-Parteiverlag zur Zahlung eines »substanziellen Betrages« zu drängen; das Geschäft kam jedoch nicht zustande. Der Quellenwert seines Buches ist auch deshalb mit Vorsicht zu betrachten. Vgl. https://www.welt.de/geschichte/article186227198/Hochstapler-Der-Mann-der-Adolf-Hitler-erpressen-wollte.html.

34 Lüdecke: *I knew Hitler*, S. 61 f.

35 Viel spricht dafür, darin eine Prophezeiung *post festum* zu sehen; vgl. Smith: *Lüdecke*, S. 598 f. u. Layton: *Lüdecke*, S. 373 f. Belegbar ist diese Annahme allerdings auch nicht.

36 Lüdecke: *I knew Hitler*, S. 71–74 u. S. 80–83.

37 Jäckel / Kuhn (Hrsg.): *Hitler*, S. 701.

Vorbild

1 Vgl. zur Lage in Italien 1922 allgemein Albanese: *Mussolinis Marsch*, S. 13–76 u. Woller: *Mussolini*, S. 65–90.

2 Lussu: *Marsch auf Rom*, S. 56 f.

3 *New York Times* v. 21. Juli 1922.

4 *Vorwärts* v. 1. August 1922 u. *New York Times* v. 21. Juli 1922.

5 *The Observer* v. 6. August 1922.

6 Zit. n. Lussu: *Marsch auf Rom*, S. 57.

7 *Corriere della Sera* v. 6. Oktober 1922.

8 Zit. n. Lussu: *Marsch auf Rom*, S. 57.

9 Zit. n. Albanese: *Mussolinis Marsch*, S. 82.

10 *Vorwärts* v. 25. Oktober 1922 u. *New York Times* v. 26. Oktober 1922; vgl. Albanese: *Mussolinis Marsch*, S. 88–90.

11 *Washington Post* v. 27. Oktober 1922.

12 Zit. n. Lussu: *Marsch auf Rom*, S. 67.

13 *New York Times* v. 29. Oktober 1922.

14 *Corriere della Sera* v. 30. Oktober 1922; vgl. *Vossische Zeitung* v. 31. Oktober 1922.

15 *New York Herald Tribune* v. 27. Oktober 1922 u. *Vorwärts* v. 31. Oktober 1922.

16 *New York Times* v. 31. Oktober 1922.

17 Lussu: *Marsch auf Rom*, S. 70.

18 Zit. n. Albanese: *Mussolinis Marsch*, S. 125.

19 *Washington Post* v. 31. Oktober 1922.

20 *Vossische Zeitung* u. *Berliner Tageblatt* v. 31. Oktober 1922; vgl. *New York Times* v. 31. Oktober 1922.

21 *Berliner Volkszeitung* v. 31. Oktober 1922.

22 Kessler: *Tagebuch 1919–1923*, S. 564.

23 Zit. n. *Vorwärts* v. 31. Oktober 1922.

24 *Vossische Zeitung* v. 30. Oktober 1922.

25 *Deutsche Allgemeine Zeitung* v. 2. November 1922.

26 *Vorwärts* v. 31. Oktober u. 2. November 1922.

27 *Die Weltbühne* 1922, Bd. 2, S. 491–495.

28 *Rote Fahne* v. 27. Oktober sowie 1., 2., 9. u. 14. November 1922.

29 *Völkischer Beobachter* v. 1. November 1922; vgl. Pese: *Hitler und Italien*, S. 119 f.

30 Zit. n. Thoss: *Der Ludendorff-Kreis*, S. 459.

31 *Prager Tageblatt* v. 5. November 1922. Vgl. die gewöhnlich zitierte Version mit deutlich abweichendem Wortlaut im *Völkischer Beobachter* v. 8. November 1922: »Was eine Schar beherzter Männer in Italien gekonnt hat, das können wir in Bayern auch. Den Mussolini Italiens haben wir auch. Er heißt Adolf Hitler.«

32 *I Documenti diplomatici italiani*, 7. Serie, Bd. 1, S. 30. Die Antwort des Generalkonsuls war offenbar unbefriedigend; jedenfalls schickte Mussolini bald darauf mit Adolfo Tedaldi einen persönlichen Beauftragten nach München.

33 Vgl. Jäckel / Kuhn (Hrsg.): *Hitler*, S. 729 f.

34 Zit. n. Large: *Hitlers München*, S. 209.

35 Zit. n. Clemens: *Herr Hitler*, S. 49 f.

36 *The Observer* v. 12. November 1922.

37 *Arbeiterwille* v. 7. November 1922.

38 Benz (Hrsg.): *Politik in Bayern*, S. 111.

39 *New York Times* v. 21. November 1922.

40 Kessler: *Tagebuch 1919–1923*, S. 570.

41 *Münchener Post* v. 8. November 1922.

42 Politischer Bericht der Regierung von Oberfranken v. 9. November 1922, in: *StA Bamberg* K 3/857 I.

43 Jäckel / Kuhn (Hrsg.): *Hitler,* S. 726.

44 Politischer Bericht der Regierung von Oberfranken v. 16. November 1922, in: *StA Bamberg* K 3/857 I.

45 *Vorwärts* v. 11. November 1922.

46 Zit. n. Menges: *Schmelzle*, S. 212.

47 Pacelli an den Vatikan v. 10. November 1922, in: http://www.pacelli-edition. de/Dokument/1094.

48 Zit. n. Large: *Hitlers München*, S. 209 f.

49 Von 1920 bis 1923 trugen SA-Leute tatsächlich alte feldgraue Militäruniformen oder Jacken in ähnlicher Farbe, keine braunen Hemden. Diese kamen erst seit 1924/25 in Gebrauch. Vgl. https://www.welt.de/geschichte/article19228 9913/Braunhemden-Fuer-die-SA-Leute-waren-die-SS-Mitglieder-Verraeter. html.

50 *Washington Post* v. 22. November 1922. Eine direkte Verbindung zwischen Murphy und diesem Artikel ist wahrscheinlich, allerdings nicht nachweisbar.

51 Bry: *Hitler-Putsch*, S. 59–66.

52 In der in Frage kommenden Zeit vom 3. bis 12. November 1922 sprach Hitler nur einmal nachweislich im Bürgerbräukeller, nämlich am 8. November. Vgl. Jäckel / Kuhn (Hrsg.): *Hitler,* S. 722–730.

53 *Århus Stiftstidende* v. 14. November 1922. Das »Hauptquartier« der NSDAP lag im November 1922 in einem Gasthaus in der Corneliusstraße 12.

54 Vgl. z. B. *Tegernseer Zeitung* v. 11., *Traunsteiner Wochenblatt* v. 14., *Vorwärts* v. 17. u. 23. November 1922; *The Globe* v. 1. u. 4., *New York Times* v. 14., *Washington Post* v. 16. u. *New York Tribune* v. 19. Dezember 1922.

55 *I Documenti diplomatici italiani*, 7. Serie, Bd. 1, S. 79 f.

56 Vgl. Schieder: *Hitler*, S. 17–19.

57 Hitler: *Mein Kampf*, S. 774; vgl. Hartmann u. a. (Hrsg.): *Hitler. Mein Kampf*, Bd. 2, S. 1723.

58 Zit. n. *Zeitschrift für Politik* 26 (1936), S. 738.

59 Jochmann (Hrsg.): *Hitler-Monologe*, S. 43.

60 *I Documenti diplomatici italiani*, 7. Serie, Bd. 1, S. 80; vgl. Rosen: *Mussolini und Deutschland*, S. 21–25 u. Petersen: *Hitler–Mussolini*, S. 61–67.

61 Obwohl das Auswärtige Amt in Berlin in der Südtirol-Frage sehr aufmerksam war, wusste Abteilungsleiter Gerhard von Mutius am 4. Dezember 1922 noch nichts von Hitlers Kurswechsel. Er wurde öffentlich wohl wirklich erst durch den Bericht der *Münchener Post* bekannt. Vgl. *ADAP* A/VI, S. 430 f., Anm. 2.

62 Jäckel / Kuhn (Hrsg.): *Hitler*, S. 728.

63 *I Documenti diplomatici italiani*, 7. Serie, Bd. 1, S. 79.

64 Zit. n. Schieder: *Hitler*, S. 20 f.

65 *BA Berlin* R 43 II/2681, Bl. 100.

66 Vgl. zur formalen Machtübernahme Hitlers in der NSDAP im Sommer 1921 zuletzt Kellerhoff: *Die NSDAP*, S. 65–67 sowie Fest: *Hitler*, S. 202–208; Kershaw: *Hitler*, Bd. 1, S. 203–213; Ullrich: *Adolf Hitler*, Bd. 1, S. 130–133.

67 *BA Berlin* R 43 II/883a, Bl. 125.

68 Zit. n. Horn: *Der Marsch*, S. 43, Anm. 49.

69 Heß (Hrsg.): *Rudolf Heß*, S. 264.

70 Hirschner: *Heß*, S. 10–15. Der völkische Schriftsteller war Ernst Emanuel Krauss, den Heß unter dem Pseudonym »Georg Stammler« kannte.

71 Vgl. Horn: *Der Marsch*, S. 43, Anm. 49.

72 *Völkischer Beobachter* v. 6. Dezember 1922.

Anlauf

1 Vgl. zur Ausdehnung der NSDAP zuletzt Kellerhoff: *Die NSDAP*, S. 51–75.

2 Zit. n. Kruppa: *Rechtsradikalismus in Berlin*, S. 199.

3 *IfZ-Archiv* ZS 128, S. 20.

4 Huber (Hrsg.): *Dokumente zur deutschen Verfassungsgeschichte*, Bd. 3, S. 265 f.

5 Vgl. Kruppa: *Rechtsradikalismus*, S. 201.

6 *StA München* Pol. Dir. 6699.

7 *Vorwärts* v. 16. Oktober 1922; Polizeiberichte in *StA München* Pol. Dir 6700.

8 *Stenographischer Bericht über die Verhandlungen des Bayerischen Landtages* v. 16. November 1922, S. 68, in: https://geschichte.digitale-sammlungen.de// landtag1919/seite/bsb00008683_00114.

9 Vgl. Jäckel / Kuhn (Hrsg.): *Hitler*, S. 743–752.

10 Vgl. *Münchner Neueste Nachrichten* v. 14. Dezember 1922.

11 Die Berichte der Polizei finden sich in *StA München* Pol. Dir 6700; zu Parallelüberlieferungen vgl. Jäckel / Kuhn (Hrsg.): *Hitler*, S. 757–767.

12 Zit. n. Deuerlein (Hrsg.): *Der Aufstieg der NSDAP*, S. 160 f.

13 *Akten der Reichskanzlei, Kabinett Cuno*, Nr. 14, in: https://www.bundes-archiv.de/aktenreichskanzlei/1919-1933/0000/cun/cun1p/kap1_2/kap2_14/para3_1.html.

14 Vgl. zur Besetzung des Ruhrgebietes und dem Ruhrkampf allgemein Krumeich / Schröder (Hrsg.): *Schatten des Weltkriegs*, S. 9–255 u. Feldmann: *Stinnes*, S. 841–883.

15 Auswärtiges Amt (Hrsg.): *Aktenstücke zur Reparationsfrage*, S. 6.

16 Hürten (Hrsg.): *Krisenjahr 1923*, S. 36.

17 Weber u. a. (Hrsg.): *Deutschland, Russland, Komintern*, Bd. 2, S. 274.

18 *Reichstagsprotokolle 1920–1924*, S. 9434 A.

19 *München-Augsburger Abendzeitung* v. 14. Dezember 1922.

20 Vgl. *ADAP* A/VII, S. 74 f. u. Übersetzung einer Mussolini-Rede v. 16. November 1923 vor dem Senat in Rom, in: *PAAA* NL 306/5.

21 Zit. n. Deuerlein (Hrsg.): *Der Aufstieg der NSDAP*, S. 163.

22 Zit. n. Large: *Hitlers München*, S. 210.

23 Ministerratssitzung v. 24. Januar 1923, in: *HStA München* MA 99 518.

24 Jäckel / Kuhn (Hrsg.): *Hitler*, S. 802.

25 Baumgart (Hrsg.): *Kreß von Kressenstein*, S. 191.

26 Ministerratssitzung v. 26. Januar 1923, in: *HStA München* MA 99 518.

27 Jäckel / Kuhn (Hrsg.): *Hitler*, S. 803–805.

28 *Vorwärts* v. 28. Januar 1923.

29 Jäckel / Kuhn (Hrsg.): *Hitler*, S. 805–818.

30 Hoover Institution: *Theodore Fred Abel Papers*, Bericht 80.

31 *IfZ-Archiv* ZS 128, S. 10.

32 Benz (Hrsg): *Politik in Bayern*, S. 120 f.

33 Röhm: *Geschichte eines Hochverräters*, S. 164.

34 Anonymus (Hrsg.): *Hitler und Kahr*, Bd. 1, S. 8.

35 Röhm: *Geschichte eines Hochverräters*, S. 160.

36 *Vorwärts* v. 7. Februar 1923.

37 Anonymus (Hrsg.): *Hitler und Kahr*, Bd. 1, S. 7 u. S. 11 f.

38 *Stenographischer Bericht über die Verhandlungen des Bayerischen Landtages* v. 25. April 1923, S. 148, in: https://geschichte.digitale-sammlungen.de/landtag1919/seite/bsb00008684_00176.

39 *Akten der Reichskanzlei, Kabinett Cuno*, Nr. 113, in: https://www.bundes-archiv.de/aktenreichskanzlei/1919-1933/0000/cun/cun1p/kap1_2/para2_113.html?highlight=true&search=&stemming=true&pnd=&start=357&end=360&field=all#d8e92.

40 Vgl. allgemein Anonymus (Hrsg.): *Hitler und Kahr*, Bd. 1, passim.

41 *Stenographischer Bericht über die Verhandlungen des Bayerischen Landtages* v. 25. April 1923, S. 157 f., in: https://geschichte.digitale-sammlungen.de/landtag1919/seite/bsb00008684_00186.

42 Vgl. *Völkischer Beobachter* v. 29./30. April u. *Vorwärts* v. 3. Mai 1923.

43 *IfZ-Archiv* Zs 221, Bl. 4. Gürtner sagte das offenbar nicht anlässlich einer regulären Ministerratssitzung, denn in den Protokollen des Ministerrates gibt es darüber keine Aufzeichnung: *HStA Müchen* MA 99 518.

44 Zit. n. Röhm: *Geschichte eines Hochverräters*, S. 179.

45 Ministerratssitzung v. 28. April 1923, in: *HStA Müchen* MA 99 518.

46 Anonymus (Hrsg.): *Hitler und Kahr*, Bd. 1, S. 16.

47 *StA München* Pol. Dir. 6803.

48 Zit. n. Franz-Willing: *Krisenjahr*, S. 83 f.

Volksfront

1 Vgl. allgemein Mommsen: *Aufstieg und Untergang*, S. 169–174 u. Winkler: *Weimar*, S. 189–200.

2 Vgl. *Rote Fahne* v. 28. Juni 1923.

3 *Rote Fahne* v. 23. Januar 1923.

4 Vgl. Fischer: *Stalin*, Bd. 1, S. 331. Laut ihr soll es sich um Gerhart Eisler gehandelt haben, der aber 1923 schon nicht mehr Redakteur der *Roten Fahne* war, sondern Chefredakteur des KPD-Pressedienstes.

5 *Rote Fahne* v. 28. Januar 1923.

6 Bayerlein u. a. (Hrsg.): *Deutscher Oktober 1923*, S. 24.

7 Fischer: *Stalin*, Bd. 1, S. 322.

8 *Vorwärts* v. 21. März 1923.

9 Zit. n. Krumeich / Schröder (Hrsg.): *Schatten*, S. 271.

10 Vgl. allgemein zur Phase des »Schlageter-Kurses« Angres: *Die Kampfzeit*, S. 363–384 u. Wenzel: *1923*, S. 114–131; Jentsch: *Die KPD*, S. 114–124 versucht in seinem prokommunistischen Buch, diesen Irrweg kleinzureden.

11 Zit. n. Fischer: *Stalin*, Bd. 1, S. 338.

12 *Akten der Reichskanzlei, Kabinett Cuno*, Nr. 79, in: https://www.bundesarchiv.de/aktenreichskanzlei/1919-1933/0000/cun/cun1p/kap1_2/para2_79.html. Vgl. ebd., Nr. 78, in: https://www.bundesarchiv.de/aktenreichskanzlei/1919-1933/0000/cun/cun1p/kap1_2/para2_78.html.

13 Nolte (Hrsg.): *Theorien über den Faschismus*, S. 88 f.

14 *Rote Fahne* v. 26. Juni 1923.

15 *Vorwärts* v. 27. Mai 1923.

16 *Rote Fahne* v. 26. Juni 1923.

17 Vgl. Radek u. a. (Hrsg.): *Schlageter. Eine Auseinandersetzung.*

18 *Akten der Reichskanzlei, Kabinett Cuno,* Nr. 235, in: https://www.bundes-archiv.de/aktenreichskanzlei/1919-1933/0000/cun/cun1p/kap1_2/kap2_235/index.html.

19 Stockhausen: *Sechs Jahre Reichskanzlei,* S. 77.

20 *Vorwärts* v. 22. August 1923.

21 Erst in ihren 1948 erschienenen Memoiren nahm Ruth Fischer Stellung: »Auf eine kommunistische Versammlung für Studenten der Berliner Universität war ich als Redner der Partei geschickt worden. Es kam zu einer Diskussion über die antikapitalistische Haltung unter Nationalisten, und ich hatte auf einige antisemitische Bemerkungen einzugehen. Ich sagte, dass der Kommunismus nur dann für die Bekämpfung der jüdischen Kapitalisten ist, wenn alle Kapitalisten, jüdische und nichtjüdische, Ziel des gleichen Angriffs sind. Dieser Vorfall ist immer wieder in Veröffentlichungen über den deutschen Kommunismus zitiert und entstellt worden.« Fischer: *Stalin,* Bd. 1, S. 353 f., Anm. 16. Am antisemitischen Charakter ihrer Äußerungen ändert das allerdings nichts.

22 Koerber (Hrsg.): *Adolf Hitler,* S. 83. Vgl. Jäckel / Kuhn: *Hitler,* S. 984 u. S. 988.

23 Vgl. zur Lage in Sachsen 1923 allgemein Voigt / Rudloff: *Die Reichsexekution gegen Sachsen,* passim; zu Thüringen 1923 gibt es kaum nennenswerte Literatur; vgl. ersatzhalber Eckardt (Hrsg.): *Ausnahmezustand.*

24 *Akten der Reichskanzlei, Kabinett Cuno,* Nr. 121, in: https://www.bundes-archiv.de/aktenreichskanzlei/1919-1933/0021/cun/cun1p/kap1_2/para2_121.html.

25 *Akten der Reichskanzlei, Kabinett Cuno,* Nr. 197, in: https://www.bundes-archiv.de/aktenreichskanzlei/1919-1933/0000/cun/cun1p/kap1_2/kap2_197/para3_1.html.

26 Stockhausen: *Sechs Jahre Reichskanzlei,* S. 86.

27 Zit. n. Rudloff (Hrsg.): *Erich Zeigner,* S. 9, S. 48 f. u. S. 88.

28 *Akten der Reichskanzlei, Kabinett Cuno,* Nr. 215, in: https://www.bundes-archiv.de/aktenreichskanzlei/1919-1933/0000/cun/cun1p/kap1_2/para2_215.html.

29 *Verhandlungen des Sächsischen Landtages* v. 12. Juli 1923, S. 1551.

30 *Deutsche Allgemeine Zeitung* v. 19. Juli 1923.

31 Zeigner an Cuno v. 25. Juli 1923, zit. n. *Schulthess' Europäischem Geschichts-kalender* 1923, S. 139.

32 *Akten der Reichskanzlei, Kabinett Cuno,* Nr. 236, in: https://www.bundes-

archiv.de/aktenreichskanzlei/1919-1933/0000/cun/cun1p/kap1_2/para2_236.
html.

33 *Akten der Reichskanzlei, Kabinett Cuno*, Nr. 241, in: https://www.bundes-
archiv.de/aktenreichskanzlei/1919-1933/0000/cun/cun1p/kap1_2/para2_241.
html.

34 Bayerlein u. a. (Hrsg.): *Deutscher Oktober 1923*, S. 98.

35 Müller: *Im Wandel einer Welt*, S. 152.

36 Anonymus (Hrsg.): *Hitler und Kahr*, Bd. 2, S. 122–126.

37 Müller: *Im Wandel einer Welt*, S. 152 f.

38 Vgl. allgemein zu diesem Kurswechsel Angres: *Die Kampfzeit*, S. 413–421 u.
Wenzel: *1923*, S. 175–194.

39 *Vorwärts* v. 30. Juli 1923.

40 Bayerlein u. a. (Hrsg.): *Deutscher Oktober 1923*, S. 100.

41 Bayerlein u. a. (Hrsg.): *Deutscher Oktober 1923*, S. 122–131.

42 Vgl. Jäckel / Kuhn: *Hitler*, S. 941, S. 955 f., S. 984 u. S. 989.

43 Bayerlein u. a. (Hrsg.): *Deutscher Oktober 1923*, S. 135–137.

Sonderweg

1 Vgl. Jäckel / Kuhn: *Hitler*, S. 955–966 u. S. 981–989.

2 Sandner: *Hitler-Itinerar*, Bd. 1, S. 341.

3 Sidman: *Auflagenkurve*, S. 117 u. *Völkischer Beobachter* v. 29. August 1923.

4 Vgl. Anonymus (Hrsg.): *Hitler und Kahr*, Bd. 2, S. 97 u. Franz-Willing:
Ursprung, S. 295 f.

5 Der hauptsächliche Chauffeur Emil Maurice hatte sich Sommer 1923 zeit-
weilig mit seinem Duz-Freund Hitler überworfen und schrieb ihm am
28. August 1923 einen Brief, war also nicht mit ihm in der Schweiz unterwegs. Vgl. Sigmund: *Des Führers bester Freund*, S. 46 f. u. S. 331.

6 Aktennotiz v. 31. August 1923, zit. n. Schwarzenbach: *»Zur Lage in Deutschland«*, S. 178. Vermutlich sollte es keinen Beleg geben, dass Hitler gegen die
Auflage verstoßen hatte, sich während seines Besuches in der Schweiz nicht
politisch zu betätigen.

7 Das belegt der Vergleich der stenografierten Ausführungen mit der Rede
am 21. August 1923 im Zirkus Krone in München bei Jäckel / Kuhn (Hrsg.):
Hitler, S. 981–989.

8 Aktennotiz v. 31. August 1923, zit. n. Schwarzenbach: *»Zur Lage in Deutschland«*, S. 179–181.

9 Vgl. Franz-Willing: *Ursprung*, S. 297.

10 Lüdecke: *I knew Hitler*, S. 78.

11 *Münchener Post* v. 20. August 1923 zit. n. Michaelis u. a. (Hrsg.): *Ursachen und Folgen*, Bd. 5, S. 429.

12 Zit. n. Gordon: *Hitlerputsch*, S. 103.

13 *Münchener Post* v. 20. August 1923 zit. n. Michaelis u. a. (Hrsg.): *Ursachen und Folgen*, Bd. 5, S. 429.

14 Benz (Hrsg.): *Politik in Bayern*, S. 127.

15 *Schwäbische Tagwacht* v. 5. September 1923, zit. n. Michaelis u. a. (Hrsg.): *Ursachen und Folgen*, Bd. 5, S. 431.

16 Vgl. Kellerhoff: *Die NSDAP*, S. 88–91.

17 Deuerlein (Hrsg.): *Der Hitler-Putsch*, S. 170.

18 Deuerlein (Hrsg.): *Der Aufstieg der NSDAP*, S. 183.

19 Vgl. Zeitungsausschnitte in *StA München* Pol. Dir. 6725.

20 *New York Times* v. 3. September 1923.

21 *Frankfurter Zeitung* v. 6. September 1923.

22 *Vorwärts* v. 3. September 1923.

23 Anonymus (Hrsg.): *Hitler und Kahr*, Bd. 2, S. 12.

24 Koerber (Hrsg.): *Hitler*, S. 95.

25 Jäckel / Kuhn (Hrsg.): *Hitler*, S. 1022.

26 Jäckel / Kuhn (Hrsg.): *Hitler*, S. 1028.

27 Jäckel / Kuhn (Hrsg.): *Hitler*, S. 1034.

28 Jäckel / Kuhn (Hrsg.): *Hitler*, S. 1039.

29 Jäckel / Kuhn (Hrsg.): *Hitler*, S. 1043.

30 Müller: *Im Wandel einer Welt*, S. 138.

31 *Stenographischer Bericht über die Verhandlungen des Bayerischen Landtages* v. 16. Juli 1920, S. 9 f, in: https://geschichte.digitale-sammlungen.de//land-tag1919/seite/bsb00008677_00053.

32 *Le Temps* v. 17. November 1923; vgl. *Kölnische Volkszeitung* v. 20. November 1923.

33 Michaelis u. a. (Hrsg.): *Ursachen und Folgen*, Bd. V, S. 405 f. Die Passagen standen im Entwurf eines Schreibens Seeckts an Kahr, aber nicht in der abgeschickten Version.

34 Vgl. *IfZ Archiv* ZS 141, Bl. 24 u. Müller: *Im Wandel einer Welt*, S. 154.

35 Gruchmann / Weber / Gritschneder (Hrsg.): *Der Hitler-Prozess*, Bd. 2, S. 730 f.

36 *Akten der Reichskanzlei, Kabinett Cuno*, Nr. 126, in: https://www.bundes-archiv.de/aktenreichskanzlei/1919-1933/0000/cun/cun1p/kap1_2/para2_126.html.

37 Anonymus (Hrsg.): *Hitler und Kahr*, Bd. 2, S. 8.

38 Anonymus (Hrsg.): *Hitler und Kahr*, Bd. 2, S. 9 f.

39 Gruchmann / Weber / Gritschneder (Hrsg.): *Der Hitler-Prozess*, Bd. 1, S. 213.

40 Anonymus (Hrsg.): *Hitler und Kahr*, Bd. 2, S. 12 f.

41 *Süddeutsche Zeitung* (Stuttgart) v. 10., 17. u. 19. September 1923.

42 *Völkischer Beobachter* v. 15. u. 27. September 1923.

43 *Akten der Reichskanzlei, Kabinett Stresemann*, Nr. 79, in: https://www.bundesarchiv.de/aktenreichskanzlei/1919-1933/0000/str/str1p/kap1_2/para2_79.html.

44 *Vorwärts* v. 25. September 1923.

45 *Akten der Reichskanzlei, Kabinett Stresemann*, Nr. 81, in: https://www.bundesarchiv.de/aktenreichskanzlei/1919-1933/0000/str/str1p/kap1_2/kap2_81/index.html#Start.

46 Ministerratssitzung v. 26. September 1923, in: *HStA München* MK 23 341. Vgl. Pacellis Bericht an den Vatikan v. 27. September 1923, in: http://www.pacelli-edition.de/Dokument/1089.

47 Ministerratssitzung v. 26. September 1923, in: *HStA München* MK 23 341.

48 Michaelis u. a. (Hrsg.): *Ursachen und Folgen*, Bd. 5, S. 388 f.

49 Stockhausen: *Sechs Jahre Reichskanzlei*, S. 80.

50 Tagebuch Selchow zit. n. *Akten der Reichskanzlei, Kabinett Stresemann*, Nr. 83 b, Anm. 10, in: https://www.bundesarchiv.de/aktenreichskanzlei/1919-1933/0000/str/str1p/kap1_2/kap2_83/para3_3.html.

51 *Akten der Reichskanzlei, Kabinett Stresemann*, Anhang, Nr. 2 f., in: https://www.bundesarchiv.de/aktenreichskanzlei/1919-1933/0000/str/str2p/kap1_2/para2_2.html u. https://www.bundesarchiv.de/aktenreichskanzlei/1919-1933/0000/str/str2p/kap1_2/para2_3.html.

52 *Akten der Reichskanzlei, Kabinett Stresemann*, Nr. 84, in: https://www.bundesarchiv.de/aktenreichskanzlei/1919-1933/0000/str/str1p/kap1_2/para2_84.html.

53 Stresemann: *Vermächtnis*, Bd. 1, S. 133.

54 Benz (Hrsg.): *Politik in Bayern*, S. 129 f.

55 Vgl. Anonymus (Hrsg.): *Hitler und Kahr*, Bd. 2, S. 10 f.

56 Entwurf für die Flugschrift »Was von Kahr gefordert werden muss«, in: *HStA München* MInn 73 695.

57 Stockhausen: *Sechs Jahre Reichskanzlei*, S. 81.

58 Bericht Pacellis an den Vatikan v. 27. September 1923, in: http://www.pacelli-edition.de/Dokument/1089.

59 *Völkischer Beobachter* v. 28. September 1923.

60 Jäckel / Kuhn (Hrsg.): *Hitler*, S. 1018.

61 *Völkischer Beobachter* v. 1. Oktober 1923.

62 Jäckel / Kuhn (Hrsg.): *Hitler*, S. 1022.

63 *Akten der Reichskanzlei, Kabinett Stresemann*, Nr. 94, Anm. 2, in: https://
www.bundesarchiv.de/aktenreichskanzlei/1919-1933/0000/str/str1p/kap1_2/
kap2_94/para3_1.html.

64 Benz (Hrsg.): *Politik in Bayern*, S. 134.

65 Pacelli an den Vatikan v. 3. Oktober 1923, in: http://www.pacelli-edition.de/
Dokument/411.

66 Landau / Rieß (Hrsg.): Recht und Politik, S. 502. Vgl. allgemein Pommerin:
Die Ausweisung von Ostjuden, passim u. Brenner: *Der lange Schatten*,
S. 196–207 u. S. 264–279.

67 *Akten der Reichskanzlei, Kabinett Stresemann*, Nr. 211, in: https://www.bun-
desarchiv.de/aktenreichskanzlei/1919-1933/0000/str/str2p/kap1_1/para2_97.
html.

68 *Weltbühne* 1923, Bd. 2, S. 465.

69 Marx: *Judentum*, S. 54.

70 Zit. n. Pommerin: *Die Ausweisung von Ostjuden*, S. 335 u. S. 337.

71 Vgl. Lange: *Bayern im Ausnahmezustand*, Anhang S. 46 f.

72 Gruchmann / Weber / Gritschneder (Hrsg.): *Der Hitler-Prozess*, Bd. 1, S. 38.

73 Anonymus (Hrsg.): *Hitler und Kahr*, Bd. 2, S. 20–22; vgl. *BArch* NS 26 / 127,
Bl. 2 f.

74 Gruchmann / Weber / Gritschneder (Hrsg.): *Der Hitler-Prozess*, Bd. 1, S. 156.

75 Anonymus (Hrsg.): *Hitler und Kahr*, Bd. 2, S. 27 f.; vgl. *BArch* NS 26 / 127,
Bl. 10.

76 Gruchmann / Weber / Gritschneder (Hrsg.): *Der Hitler-Prozess*, Bd. 1, S. 112.

Konfrontation

1 Vgl. Biesemann: *Ermächtigungsgesetz*, S. 18–36. In Kraft trat das erste auch
ausdrücklich so genannte Ermächtigungsgesetz schließlich am 13. Oktober
1923. Vgl. *RGBl* I, S. 943.

2 *Vorwärts* v. 30. September 1923; vgl. Krumeich / Schröder (Hrsg.): *Schatten*,
S. 289–303.

3 Vgl. *IfZ Archiv* ZS 098–1, Bl. 39–43.

4 Vgl. Sauer: *Schwarze Reichswehr*, S. 53–60.

5 Vgl. Hoover Institution, *Theodore Fred Abel Papers*, Berichte 527 u. 578.

6 *IfZ Archiv* ZS 098–2, Bl. 7.

7 Stockhausen: *Sechs Jahre Reichskanzlei*, S. 82.

8 *Vorwärts* v. 26. u. *Karlsruher Tagblatt* v. 28. Oktober 1923.

9   Vgl. allgemein zur Planung des »Deutschen Oktober« Angres: *Die Kampf-
    zeit*, S. 413–461; Wenzel: *1923*, S. 175–225; Jentsch: *Die KPD*, S. 205–229.

10 Bayerlein u. a. (Hrsg.): *Deutscher Oktober*, S. 195–197.

11 *Vorwärts* v. 5. Oktober 1923.

12 Weber u. a. (Hrsg.): *Deutschland, Russland, Komintern*, Bd. 2, S. 319,
    Anm. 133.

13 *Sozialdemokrat* (Prag) v. 2. Oktober 1923.

14 Bayerlein u. a. (Hrsg.): *Deutscher Oktober*, S. 195.

15 Bayerlein u. a. (Hrsg.): *Deutscher Oktober*, S. 197–203. Ruth Fischer berich-
    tete in ihren Memoiren nur sehr vage über die Sitzungen Anfang Oktober
    1923; vgl. Fischer: *Stalin*, Bd. 1, S. 393–402.

16 *Rote Fahne* v. 10. Oktober 1923.

17 Weber u. a. (Hrsg.): *Deutschland, Russland, Komintern*, Bd. 2, S. 314 f.

18 *Akten der Reichskanzlei, Kabinett Stresemann*, Nr. 115, in: https://www.bun-
    desarchiv.de/aktenreichskanzlei/1919-1933/0000/str/str2p/kap1_1/kap2_1/
    index.html.

19 *Akten der Reichskanzlei, Kabinett Stresemann*, Nr. 117, in: https://www.bun-
    desarchiv.de/aktenreichskanzlei/1919-1933/0000/str/str2p/kap1_1/kap2_3/
    para3_2.html.

20 Bayerlein u. a. (Hrsg.): *Deutscher Oktober*, S. 203–207.

21 Zit. n. Mühlhausen: *Ebert*, S. 652.

22 *Vorwärts* v. 12. Oktober 1923.

23 *Berliner Börsenzeitung* v. 14. Oktober 1923; vgl. *Schulthess*: 1923, S. 192 f.

24 Zit. n. *Akten der Reichskanzlei, Kabinett Stresemann*, Nr. 144, Anm. 31, in:
    https://www.bundesarchiv.de/aktenreichskanzlei/1919-1933/0000/str/str2p/
    kap1_1/kap2_30/para3_12.html.

25 Fischer: *Stalin*, Bd. 1, S. 403–406.

26 Weber u. a. (Hrsg.): *Deutschland, Russland, Komintern*, Bd. 2, S. 319,
    Anm. 133.

27 Identifizierung n. Weber u. a. (Hrsg.): *Deutschland, Russland, Komintern*,
    Bd. 2, S. 315, Anm. 126.

28 Weber u. a. (Hrsg.): *Deutschland, Russland, Komintern*, Bd. 2, S. 315–320.

29 Bayerlein u. a. (Hrsg.): *Deutscher Oktober*, S. 217 f.

30 Fischer / Maslow: *Abtrünnig*, S. 134.

31 Weber u. a. (Hrsg.): *Deutschland, Russland, Komintern*, Bd. 2, S. 326–330.

32 Weber u. a. (Hrsg.): *Deutschland, Russland, Komintern*, Bd. 2, S. 320.

33 *Akten der Reichskanzlei, Kabinett Stresemann*, Nr. 144, in: https://www.bun-
    desarchiv.de/aktenreichskanzlei/1919-1933/0000/str/str2p/kap1_1/kap2_30/
    para3_12.html.

34 *Verhandlungen des Sächsischen Landtages* v. 18. Oktober 1923, S. 1681.

35 Wollenberg: *Der Hamburger Aufstand*, S. 9.

36 Benz (Hrsg.): *Politik in Bayern*, S. 136.

37 Deuerlein (Hrsg.): *Hitler-Putsch*, S. 244.

38 *BArch* NS 26 / 127, Bl. 11.

39 *Neue Preußische Zeitung* v. 20. Oktober 1923.

40 *Münchner Neueste Nachrichten* v. 23. Oktober 1923.

41 Baumgart (Hrsg.): *Kreß von Kressenstein*, S. 200.

42 *Vorwärts* v. 22. Oktober 1923.

43 Fischer: *Stalin*, Bd. 1, S. 416.

44 Zit. n. Jentsch: *Die KPD*, S. 227.

45 *Vorwärts* v. 22. Oktober 1923.

46 Fischer: *Stalin*, Bd. 1, S. 418 f.

47 Wie und warum ausgerechnet in Hamburg ein isolierter Aufstand losbrach, ist von Kommunisten verschiedener Fraktionen sehr unterschiedlich dargestellt worden. Vgl. Wollenberg: *Der Hamburger Aufstand*, S. 7–13; Hund: *Der Aufstand der KPD*, S. 41–44 u. Wenzel: *1923*, S. 244–258.

48 Bayerlein u. a. (Hrsg.): *Deutscher Oktober*, S. 269 f.

49 *Vorwärts* v. 23. Oktober 1923.

50 Zit. n. Habedank: *Zur Geschichte*, S. 156 f.

51 *Vorwärts* v. 23. Oktober 1923.

52 Zit. n. Hund: *Der Aufstand der KPD*, S. 45.

53 *Akten der Reichskanzlei, Kabinett Stresemann*, Nr. 168, in: https://www.bundesarchiv.de/aktenreichskanzlei/1919-1933/0000/str/str2p/kap1_1/para2_54.html.

54 Vgl. *Akten der Reichskanzlei, Kabinett Stresemann*, Nr. 167 u. Nr. 172–174, alle in: https://www.bundesarchiv.de/aktenreichskanzlei/1919-1933/0000/str/str2p/index.html.

55 Weber u. a. (Hrsg.): *Deutschland, Russland, Komintern*, Bd. 2, S. 336 f.

56 Anonymus (Hrsg.): *Hitler und Kahr*, Bd. 2, S. 68.

57 Gruchmann / Weber / Gritschneder (Hrsg.): *Der Hitler-Prozess*, Bd. 2, S. 767 f.

58 Anonymus (Hrsg.): *Hitler und Kahr*, Bd. 2, S. 67.

59 Vgl. Gruchmann / Weber / Gritschneder (Hrsg.): *Der Hitler-Prozess*, Bd. 1, S. 175 u. *IfZ Archiv* ZS 258, Bl. 3.

60 Vgl. den Abdruck des ungezeichneten Berichtes, in: *Deutsche Arbeiter-Presse* (Wien) v. 22. Dezember 1923.

61 Gruchmann / Weber / Gritschneder (Hrsg.): *Der Hitler-Prozess*, Bd. 3, S. 1072.

62 Gruchmann / Weber / Gritschneder (Hrsg.): *Der Hitler-Prozess*, Bd. 1, S. 336–340.

63 Deuerlein (Hrsg.): *Hitler-Putsch*, S. 278.

64 Vgl. *BArch* NS 26 / 127, Bl. 8 f.

65 *Akten der Reichskanzlei, Kabinett Stresemann*, Nr. 188, in: https://www.bundesarchiv.de/aktenreichskanzlei/1919-1933/0000/str/str2p/kap1_1/para2_74.html.

66 Stockhausen: *Sechs Jahre Reichskanzlei*, S. 86.

67 *Akten der Reichskanzlei, Kabinett Stresemann*, Nr. 188, in: https://www.bundesarchiv.de/aktenreichskanzlei/1919-1933/0000/str/str2p/kap1_1/para2_74.html.

68 *Akten der Reichskanzlei, Kabinett Stresemann*, Nr. 191, in: https://www.bundesarchiv.de/aktenreichskanzlei/1919-1933/0000/str/str2p/kap1_1/para2_77.html.

69 Mühlhausen: *Friedrich Ebert*, S. 661, nimmt an, Zeigner habe die KPD-Vertreter am 30. Oktober 1923 aus seinem Kabinett entfernen wollen. Doch die Indizien deuten eher auf weiteres Taktieren.

70 Vgl. Mühlhausen: *Friedrich Ebert*, S. 662 f.

71 *IfZ Archiv* ZS 146, Bl. 2.

72 Vgl. *Akten der Reichskanzlei, Kabinett Stresemann*, Nr. 174, in: https://www.bundesarchiv.de/aktenreichskanzlei/1919-1933/0000/str/str2p/kap1_1/kap2_60/index.html.

73 *Akten der Reichskanzlei, Kabinett Stresemann*, Nr. 174, in: https://www.bundesarchiv.de/aktenreichskanzlei/1919-1933/0000/str/str2p/kap1_1/kap2_60/para3_1.html.

74 *Akten der Reichskanzlei, Kabinett Stresemann*, Nr. 184, Anm. 2, in: https://www.bundesarchiv.de/aktenreichskanzlei/1919-1933/0000/str/str2p/kap1_1/kap2_70/para3_1.html.

75 *Akten der Reichskanzlei, Kabinett Stresemann*, Nr. 184, Anm. 3, in: https://www.bundesarchiv.de/aktenreichskanzlei/1919-1933/0000/str/str2p/kap1_1/kap2_70/para3_1.html

76 Deuerlein (Hrsg.): *Hitler-Putsch*, S. 282.

77 *Akten der Reichskanzlei, Kabinett Stresemann*, Nr. 185, Anm. 21, in: https://www.bundesarchiv.de/aktenreichskanzlei/1919-1933/0000/str/str2p/kap1_1/para2_71.html.

78 Benz (Hrsg.): *Politik in Bayern*, S. 138.

Entscheidung

1 *IfZ Archiv* ZS 333, Bl. 1 f.

2 Vgl. *IfZ Archiv* ZS 1895, Bl. 139.

3 *Akten der Reichskanzlei, Kabinett Stresemann*, Nr. 159, in: https://www.bundesarchiv.de/aktenreichskanzlei/1919-1933/0000/str/str2p/kap1_1/kap2_45/para3_1.html.

4 *IfZ Archiv* ZS 326, Bl. 17.

5 Zit. n. Brenner: *Der lange Schatten*, S. 272.

6 Zit. n. Leugers: *»Kardinal Faulhaber«*, S. 116.

7 Anonymus (Hrsg.): *Hitler und Kahr*, Bd. 2, S. 115.

8 Gruchmann / Weber / Gritschneder (Hrsg.): *Der Hitler-Prozess*, Bd. 2, S. 739 f. u. Anonymus (Hrsg.): *Hitler und Kahr*, Bd. 2, S. 116.

9 Jäckel / Kuhn (Hrsg.): *Hitler*, S. 1044–1051.

10 Vgl. Falter: *Hitlers Parteigenossen*, S. 64 f. u. S. 537 f.

11 Vgl. *RGBl. I* 1920, S. 627.

12 *IfZ Archiv* ZS 128, Bl. 10. Diese Hitler-Rede ist anderweitig nicht dokumentiert.

13 *Akten der Reichskanzlei, Kabinett Stresemann*, Nr. 212, in: https://www.bundesarchiv.de/aktenreichskanzlei/1919-1933/0000/str/str2p/kap1_1/kap2_98/para3_2.html.

14 *Deutsche Allgemeine Zeitung* v. 30. Oktober 1923.

15 *Akten der Reichskanzlei, Kabinett Stresemann*, Nr. 212, Anm. 2, in: https://www.bundesarchiv.de/aktenreichskanzlei/1919-1933/0000/str/str2p/kap1_1/kap2_98/para3_2.html.

16 *Vorwärts* v. 1. November 1923.

17 *Akten der Reichskanzlei, Kabinett Stresemann*, Nr. 215, in: https://www.bundesarchiv.de/aktenreichskanzlei/1919-1933/0000/str/str2p/kap1_1/kap2_98/para3_2.html.

18 *Akten der Reichskanzlei, Kabinett Stresemann*, Nr. 216, Anm. 3, in: https://www.bundesarchiv.de/aktenreichskanzlei/1919-1933/0000/str/str2p/kap1_1/para2_102.html.

19 Stockhausen: *Sechs Jahre Reichskanzlei*, S. 88.

20 *Akten der Reichskanzlei, Kabinett Stresemann*, Anhang, Nr. 1, in: https://www.bundesarchiv.de/aktenreichskanzlei/1919-1933/0000/str/str2p/kap1_2/para2_1.html. Bei dieser Quelle handelt es sich um Exzerpte aus einem verschollenen Tagebuch, nicht um die Originalnotizen.

21 Zit. n. Mühlhausen: *Ebert*, S. 683.

22 *Akten der Reichskanzlei, Kabinett Stresemann,* Anhang, Nr. 1, Anm. 81, in: https://www.bundesarchiv.de/aktenreichskanzlei/1919-1933/0000/str/str2p/ kap1_2/para2_1.html.

23 *Akten der Reichskanzlei, Kabinett Stresemann,* Anhang, Nr. 1, in: https:// www.bundesarchiv.de/aktenreichskanzlei/1919-1933/0000/str/str2p/kap1_2/ para2_1.html.

24 Deuerlein (Hrsg.): *Der Hitler-Putsch,* S. 303. Im Prozess gegen Hitler stellte Seißer sein Treffen mit Seeckt derartig anders dar, dass es sich schon um eine offene Lüge handelte und nicht bloß um stark unterschiedliche Gewichtung; vgl. Gruchmann / Weber / Gritschneder (Hrsg.): *Der Hitler-Prozess,* Bd. 3, S. 860 f.

25 Deuerlein (Hrsg.): *Der Hitler-Putsch,* S. 303 f.

26 Pringsheim: *Tagebücher 1923–1928,* S. 104.

27 Hanfstaengl: *Zwischen Weißem und Braunem Haus,* S. 126 f.

28 *IfZ Archiv* ZS 292, Bl. 2.

29 *BArch* NS 26 / 2225, Bl. 4.

30 Vgl. Gruchmann / Weber / Gritschneder (Hrsg.): *Der Hitler-Prozess,* Bd. 3, S. 955 f.

31 *Sozialdemokrat* (Prag) v. 6. November 1923.

32 *Völkischer Beobachter* v. 6. November 1923.

33 *StA Bamberg* K 3 / 1964, Bericht v. 31. Oktober 1923.

34 *StA Bamberg* K 3 / 1927, Bl. 30–34.

35 Bericht des Bezirksamtes Hof v. 5. November 1923, in: *StA Bamberg* K 3 / 1963.

36 *StA Bamberg* K 3 / 1927, Bl. 35 f.

37 *StA Bamberg* K 3 / 1927, Bl. 36 b u. Bl. 40.

38 *Vorwärts* v. 5. November 1923.

39 *Akten der Reichskanzlei, Kabinett Stresemann,* Anhang, Nr. 1, Anm. 103, in: https://www.bundesarchiv.de/aktenreichskanzlei/1919-1933/0000/str/str2p/ kap1_2/para2_1.html.

40 Michaelis u. a. (Hrsg.): *Ursachen und Folgen,* Bd. 5, S. 403.

41 *Vorwärts* v. 6. November 1923.

42 Stockhausen: *Sechs Jahre Reichskanzlei,* S. 88.

43 *BHStA* MA 103 476/2.

44 Deuerlein (Hrsg.): *Der Hitler-Putsch,* S. 338.

45 *Akten der Reichskanzlei, Kabinett Stresemann,* Anhang, Nr. 4, in: https:// www.bundesarchiv.de/aktenreichskanzlei/1919-1933/0000/str/str2p/kap1_2/ para2_4.html.

46 Baumgart (Hrsg.): *Kreß von Kressenstein,* S. 201.

47 Gruchmann / Weber / Gritschneder (Hrsg.): *Der Hitler-Prozess*, Bd. 2, S. 743.

48 Gruchmann / Weber / Gritschneder (Hrsg.): *Der Hitler-Prozess*, Bd. 3, S. 882.

49 Gruchmann / Weber / Gritschneder (Hrsg.): *Der Hitler-Prozess*, Bd. 3, S. 882.

50 Gruchmann / Weber / Gritschneder (Hrsg.): *Der Hitler-Prozess*, Bd. 2, S. 773.

51 *IfZ Archiv* ZS 62, Bl. 2.

52 Anonymus (Hrsg.): *Hitler und Kahr*, Bd. 2, S. 80.

53 Gruchmann / Weber / Gritschneder (Hrsg.): *Der Hitler-Prozess*, Bd. 3, S. 862.

54 Gruchmann / Weber / Gritschneder (Hrsg.): *Der Hitler-Prozess*, Bd. 3, S. 934.

55 Gruchmann / Weber / Gritschneder (Hrsg.): *Der Hitler-Prozess*, Bd. 1, S. 46.

56 *BArch* NS 26 / 127, Bl. 39.

57 *BArch* NS 26 / 2180, Bl. 4.

58 Anonymus (Hrsg.): *Hitler und Kahr*, Bd. 2, S. 135.

59 Vgl. *BArch* NS 26 / 127, Bl. 39.

60 Anonymus (Hrsg.): *Hitler und Kahr*, Bd. 2, S. 133.

61 Gruchmann / Weber / Gritschneder (Hrsg.): *Der Hitler-Prozess*, Bd. 2, S. 565.

62 Gertraud an Ella Kahr, 11. März 1921, zit. n. Bischel: *Auf der Suche nach Stabilität*, S. 692, Anm. 2768.

63 Abgedruckt in *Münchner Neueste Nachrichten* v. 9. November 1923. Vgl. die Zusammenfassung im *Hamburgischer Correspondent* v. 10. November 1923.

64 Anonymus (Hrsg.): *Hitler und Kahr*, Bd. 2, S. 132. Hoegners Parteifreund Philipp Loewenfeld hielt das »Wettrennen der Hochverräter um die Macht (…) mehr für einen faulen Witz«. Vgl. Landau / Rieß (Hrsg.): *Recht und Politik*, S. 520.

65 Anonymus (Hrsg.): *Hitler und Kahr*, Bd. 2, S. 112.

66 Anonymus (Hrsg.): *Hitler und Kahr*, Bd. 2, S. 135; vgl. *Völkischer Beobachter* v. 8. November 1923 u. *BArch* NS 26 / 125, Bl. 23.

67 *IfZ Archiv* ZS 128, Bl. 10.

68 *BArch* NS 26 / 2225, Bl. 5 f. Es gibt auch andere Darstellungen, denen zufolge Hitler sogar wichtige Verbündete wie Pöhner und Vertraute wie Rudolf Heß erst am Morgen des 8. November 1923 informiert habe. Diese Angaben dürften jedoch Teil der Verteidigungsstrategie gewesen sein.

Sturm

1 Anonymus (Hrsg.): *Hitler und Kahr*, Bd. 2, S. 136 f.

2 *IfZ Archiv* ZS 1895, Bl. 141.

3 *IfZ Archiv* ZS 128, Bl. 10.

4 Zit. n. Keil / Vollmer: *Stauffenbergs Gefährten*, S. 155 f.

5 *IfZ Archiv* ZS 326, Bl. 17 f.

6 *IfZ Archiv* ZS 1895, Bl. 142.

7 Zit. n. Keil / Vollmer: *Stauffenbergs Gefährten*, S. 156.

8 Müller: *Im Wandel einer Welt*, S. 160.

9 *IfZ Archiv* ZS 84, Bl. 12.

10 Hanfstaengl: *Zwischen Weißem und Braunem Haus*, S. 131 f.

11 Müller: *Im Wandel einer Welt*, S. 161 u. Hanfstaengl: *Zwischen Weißem und Braunem Haus*, S. 132.

12 Deuerlein (Hrsg.): *Der Hitler-Putsch*, S. 494.

13 *IfZ Archiv* ZS 84, Bl. 12.

14 *StA München*, Pol.-Dir. 6758, Bl. 12.

15 Hanfstaengl: *Zwischen Weißem und Braunem Haus*, S. 132 f. u. Müller: *Im Wandel einer Welt*, S. 162.

16 Gruchmann / Weber / Gritschneder (Hrsg.): *Der Hitler-Prozess*, Bd. 3, S. 795.

17 Gruchmann / Weber / Gritschneder (Hrsg.): *Der Hitler-Prozess*, Bd. 1, S. 51; vgl. *BArch* NS 26 / 127, Bl. 46 f.

18 Gruchmann / Weber / Gritschneder (Hrsg.): *Der Hitler-Prozess*, Bd. 3, S. 795.

19 Gruchmann / Weber / Gritschneder (Hrsg.): *Der Hitler-Prozess*, Bd. 1, S. 51.

20 *IfZ Archiv* ZS 84, Bl. 12 f.

21 Müller: *Im Wandel einer Welt*, S. 162.

22 Müller: *Im Wandel einer Welt*, S. 162; vgl. Gruchmann / Weber / Gritschneder (Hrsg.): *Der Hitler-Prozess*, Bd. 2, S. 567–569.

23 *StA München*, Pol.-Dir. 6758, Bl. 13.

24 Müller: *Im Wandel einer Welt*, S. 163; vgl. *Münchner Neueste Nachrichten* v. 9. November 1923.

25 Müller: *Im Wandel einer Welt*, S. 163.

26 Ludendorff: *Auf dem Weg*, S. 61.

27 Gruchmann / Weber / Gritschneder (Hrsg.): *Der Hitler-Prozess*, Bd. 1, S. 52.

28 Gruchmann / Weber / Gritschneder (Hrsg.): *Der Hitler-Prozess*, Bd. 3, S. 796.

29 Vor Gericht begründete Kahr diese Wortwahl: »Ich wählte diesen Ausdruck, um eine möglichst neutrale und von der Aktion Hitlers unabhängige

Erklärung abzugeben und um Worte zu vermeiden, aus denen ein Einverständnis mit dieser Aktion abgeleitet werden könnte. An eine Wiederherstellung der Monarchie habe ich natürlich nicht gedacht. Ich hatte nur den einen Gedanken, möglichst bald aus dieser mir widerlichen Situation herauszukommen.« Gruchmann / Weber / Gritschneder (Hrsg.): *Der Hitler-Prozess,* Bd. 3, S. 796.

30 Deuerlein (Hrsg.): *Der Hitler-Putsch,* S. 497.

31 *Münchner Neueste Nachrichten* v. 9. November 1923. Alle Seiten waren sich in Ermittlungen und Prozess einig, dass die zwei Spalten lange, ausführliche Schilderung des Blattes im Wesentlichen zutreffend war; vgl. Gruchmann / Weber / Gritschneder (Hrsg.): *Der Hitler-Prozess,* Bd. 1, S. 53 u. Deuerlein (Hrsg.): *Der Hitler-Putsch,* S. 498. Vgl. *BArch* NS 26 / 127, Bl. 48 f.

32 Müller: *Im Wandel einer Welt,* S. 163.

33 *Münchner Neueste Nachrichten* v. 9. November 1923.

34 Müller: *Im Wandel einer Welt,* S. 165.

35 Gruchmann / Weber / Gritschneder (Hrsg.): *Der Hitler-Prozess,* Bd. 1, S. 54.

36 Gruchmann / Weber / Gritschneder (Hrsg.): *Der Hitler-Prozess,* Bd. 1, S. 55.

37 Vgl. Gruchmann / Weber / Gritschneder (Hrsg.): *Der Hitler-Prozess,* Bd. 4, S. 1233.

38 Anonymus (Hrsg.): *Hitler und Kahr,* Bd. 2, S. 142.

39 Anonymus (Hrsg.): *Hitler und Kahr,* Bd. 2, S. 135. Das gleiche Codewort ging auch an Wilhelm Frick in der Polizeidirektion.

40 Röhm: *Geschichte eines Hochverräters,* S. 233.

41 Faulhaber: *Persönliches zum Hitlerputsch,* zit. n. Arbeitsversion der Faulhaber-Edition des IfZ, Stand 11. März 2019.

42 Baumgart (Hrsg.): *Kreß von Kressenstein,* S. 201 f. Kreß meinte offensichtlich die Versammlung am 24. Oktober, die zum Befehl Ia 800/23 vom 26. Oktober 1923 geführt hatte.

43 *BArch* NS 26 / 2180, Bl. 5.

44 Deuerlein (Hrsg.): *Der Hitler-Putsch,* S. 309.

45 Baumgart (Hrsg.): *Kreß von Kressenstein,* S. 201 f.

46 *BArch* NS 26 / 127, Bl. 49.

47 Vgl. *IfZ Archiv* ZS 62, Bl. 4.

48 Hürten (Hrsg.): *Krisenjahr 1923,* S. 120. Zu welcher Uhrzeit genau diese Besprechung stattfand, ist unklar; dem Zusammenhang nach muss es aber tagsüber gewesen sein.

49 Zit. n. Heinemann: *Lieblingsgeneral des Führers,* S. 102. Vgl. *IfZ Archiv* ZS 58, Bl. 1.

50 *HStA München* MA 104 221, Bl. 1 f.

51 *IfZ Archiv* ZS 84, Bl. 13.

52 *HStA München* MA 104 221, Bl. 2.

53 Deuerlein (Hrsg.): *Der Hitler-Putsch,* S. 310.

54 Vgl. *StA München* Pol.-Dir. 6712, Bl. 168.

55 Gruchmann / Weber / Gritschneder (Hrsg.): *Der Hitler-Prozess,* Bd. 1, S. 121.

56 Faulhaber: Persönliches zum Hitlerputsch, zit. n. Arbeitsversion der Faulhaber-Edition des IfZ, Stand 11. März 2019; vgl. *IfZ Archiv* ZS 2353, Bl. 1.

57 Zit. n. Keil / Vollmer: *Stauffenbergs Gefährten,* S. 156 f.

58 Deuerlein (Hrsg.): *Der Hitler-Putsch,* S. 397.

59 *BArch* NS 26 / 127, Bl. 55.

60 Zit. n. Keil / Vollmer: *Stauffenbergs Gefährten,* S. 157 f.

61 Deuerlein (Hrsg.): *Der Hitler-Putsch,* S. 310, Anm. 166. Vgl. *BArch Berlin*
NS 26 / 127, Bl. 62.

62 *HStA München* MA 104 221, Bl. 2.

63 Zit. n. Gordon: *Hitlerputsch,* S. 335; vgl. *BArch Berlin* NS 26 / 127, Bl. 71.

64 Funksprüche u. Tagesmeldungen v. 9. bis 12. November 1923, in: *StA Bamberg,* Regierung von Oberfranken, K 3 / 1927.

65 Zeitungsausschnitt aus einem unbekannten, jedoch gewiss nationalsozialistischen Blatt, handschriftlich datiert auf 9. November 1933, in: *StdtA Bamberg,* B. S. 2832 / 1 a.

66 Aufzeichnung von Adolf Wächter, in: *StA Bamberg,* K 5 /5162; vgl. die handschriftlichen Notizen zum 8./9. November 1923 von Adolf Wächter, in:
StdtA Bamberg, C2 / 11 986.

67 Gemeint war natürlich die Regierung Stresemann. Hoover Institution:
Theodore Fred Abel Papers, Bericht 202.

68 Zit. n. Kellerhoff: *Die NSDAP,* S. 104 f.

69 Hoover Institution: *Theodore Fred Abel Papers,* Bericht 80.

70 Meissner: *Ebert,* S. 125; vgl. Stockhausen: *Sechs Jahre Reichskanzlei,* S. 88 f.

71 Tagebuch Selchow, zit. n. *Akten der Reichskanzlei, Kabinett Stresemann,*
Nr. 231, Anm. 1, in: https://www.bundesarchiv.de/aktenreichskanz-
lei/1919-1933/0000/str/str2p/kap1_1/para2_117.html.

72 Stockhausen: *Sechs Jahre Reichskanzlei,* S. 89.

73 Tagebuch Selchow, zit. n. *Akten der Reichskanzlei, Kabinett Stresemann,*
Nr. 231, Anm. 1, in: https://www.bundesarchiv.de/aktenreichskanz-
lei/1919-1933/0000/str/str2p/kap1_1/para2_117.html.

74 Stockhausen: *Sechs Jahre Reichskanzlei,* S. 89. Severing erinnerte sich anders
und meinte, Seeckt habe in diesem Moment (wie nachweislich während des
Kapp-Putsches 1920) gesagt: »Reichswehr schießt nicht auf Reichswehr«.
Vgl. *IfZ Archiv* ZS 147, Bl. 1.

75 *IfZ Archiv* ZS 679, Bl. 12 f.
76 Tagebuch Selchow, zit. n. *Akten der Reichskanzlei, Kabinett Stresemann*, Nr. 231, Anm. 1, in: https://www.bundesarchiv.de/aktenreichskanz-lei/1919-1933/0000/str/str2p/kap1_1/para2_117.html.
77 *Berliner Tageblatt* u. *Vorwärts* v. 9. November 1923.
78 Tagebuch Selchow, zit. n. *Akten der Reichskanzlei, Kabinett Stresemann*, Nr. 231, Anm. 1, in: https://www.bundesarchiv.de/aktenreichskanz-lei/1919-1933/0000/str/str2p/kap1_1/para2_117.html.

Scheitern

1 *IfZ Archiv* ZS 1895, Bl. 144.
2 *IfZ Archiv* ZS 128, Bl. 10.
3 Röhm: *Geschichte eines Hochverräters*, S. 237.
4 Zit. n. Gordon: *Hitlerputsch*, S. 292
5 *StA München* Pol.-Dir. 6712, Bl. 39 f.; vgl. Streicher: *Kampf dem Weltfeind*, S. 24.
6 Faulhaber: Persönliches zum Hitlerputsch, zit. n. Arbeitsversion der Faul-haber-Edition des IfZ, Stand 11. März 2019.
7 *HStA München* MA 104 221, Bl. 2.
8 *Münchner Neueste Nachrichten* v. 10. November 1923; vgl. Streicher: *Kampf dem Weltfeind*, S. 24 f. Streicher zitierte darin seine eigene Rede nach der Zeitung und erkannte den dort festgehaltenen Wortlaut praktisch unver-ändert an.
9 Pringsheim: *Tagebücher 1923–1928*, S. 105.
10 Vgl. Landau / Rieß (Hrsg.): *Recht und Politik*, S. 522.
11 *Münchner Neueste Nachrichten* v. 9. November 1923.
12 *Münchner Zeitung* v. 9. November 1923.
13 *IfZ Archiv* ZS 62, Bl. 3.
14 *IfZ Archiv* ZS 333, Bl. 4.
15 *IfZ Archiv* ZS 84, Bl. 13.
16 Hanfstaengl: *Zwischen Weißem und Braunem Haus*, S. 142.
17 Kessler: *Tagebücher 1923–1926*, S. 138 f.
18 *Vossische Zeitung* v. 9. November 1923.
19 *ADAP 1923*, Bd. 2, S. 618 f.
20 Zit. n. Clemens: *Herr Hitler*, S. 75 f.
21 Deuerlein (Hrsg.): *Der Hitler-Putsch*, S. 317 f.
22 Pacelli an den Vatikan v. 9. November 1923, in: http://www.pacelli-edition.

de/Dokument/3198. Das Telegramm muss am Vormittag verfasst worden sein, vor der Schießerei an der Feldherrenhalle.

23 Röhm: *Geschichte eines Hochverräters*, S. 238.

24 Vgl. Gruchmann / Weber / Gritschneder (Hrsg.): *Der Hitler-Prozess*, Bd. 1, S. 228 u. Hanfstaengl: *Zwischen Weißem und Braunem Haus*, S. 142.

25 Um einen Ringmarsch zurück zum Bürgerbräukeller ging es laut *BArch Berlin* NS 26 /127, Bl. 76; der Marienplatz war laut verschiedenen Zeugenaussagen während der Ermittlungen und im Prozess das Ziel. Beides erscheint nicht wirklich sinnvoll, denn einzig die Besetzung des Wehrkreiskommandos und anschließend des Regierungspräsidiums sowie der Polizeidirektion hätte den Putsch noch in einen Teilerfolg wenden können.

26 *BArch* NS 26 / 127, Bl. 76.

27 *BArch Berlin* NS 26 / 2180, Bl. 6.

28 *HStA München* MA 104 221, Bl. 3 f.; vgl. Deuerlein (Hrsg.): *Der Hitler-Putsch*, S. 332 f. Ein Schutzpolizist, der auf der Museumsinel Posten bezogen hatte, bestätigt die Angaben des Landespolizei-Leutnants; vgl. Anonymus (Hrsg.): *Hitler und Kahr*, Bd. 2, S. 170. Natürlich stellte Hitler den Vorgang im Prozess anders dar: »Als wir weiterkamen, trat uns auf der Ludwigsbrücke grüne Polizei entgegen, die scharf lud und uns die Gewehre entgegenhielt. Wir marschierten weiter und sie gingen auseinander. Sie sind nicht in dem Moment durch vorspringende Entwaffnungskommandos entwaffnet worden.« Gruchmann / Weber / Gritschneder (Hrsg.): *Der Hitler-Prozess*, Bd. 1, S. 38.

29 Deuerlein (Hrsg.): *Der Hitler-Putsch*, S. 334.

30 *BArch Berlin* NS 26 / 2180, Bl. 6.

31 Deuerlein (Hrsg.): *Der Hitler-Putsch*, S. 359–365. Die von Augenzeugen genannte »Preysingstraße« trug tatsächlich den Namen Graf-Preysing-Gasse und verband als schmaler Weg die Theatiner- mit der Residenzstraße; sie wurde 1931 in Viscardigasse umbenannt.

32 Bericht zum Zusammenstoß am Odeonsplatz, in: *HStA München* MInn 73 695, Bl. 4.

33 Vgl. Anonymus (Hrsg.): *Hitler und Kahr*, Bd. 2, S. 172.

34 Deuerlein (Hrsg.): *Der Hitler-Putsch*, S. 366.

35 *HStA München* MA 104 221, Bl. 5.

36 Vgl. Bericht zum Zusammenstoß am Odeonsplatz, in: *HStA München* MInn 73 695, Bl. 5: »Wer den ersten Schuss abgegeben hat, wo dieser Schuss gefallen ist oder auch nur von welcher Seite er abgegeben wurde, wird sich mit voller Sicherheit wohl nie mehr feststellen lassen.«

37 Vgl. *BArch Berlin* NS 26 / 112, Bl. 21.

38 Zit. n. Baird: *Das politische Testament*, S. 686. Vgl. Lüdecke: *I knew Hitler*, S. 166

39 Gruchmann / Weber / Gritschneder (Hrsg.): *Der Hitler-Prozess*, Bd. 1, S. 88.

40 Vgl. Gruchmann / Weber / Gritschneder (Hrsg.): *Der Hitler-Prozess*, Bd. 1, S. 246.

41 *HStA München* MA 104 221, Bl. 5.

42 Anonymus (Hrsg.): *Hitler und Kahr*, Bd. 2, S. 171. Hewel gehörte 1938 bis 1945 als Verbindungsmann des Auswärtigen Amtes im Führerhauptquartier zur engsten Umgebung Hitlers.

43 *BArch Berlin* NS 26 / 2180, Bl. 6.

44 Müller: *Im Wandel einer Welt*, S. 166.

45 Anonymus (Hrsg.): *Hitler und Kahr*, Bd. 2, S. 172.

46 *BArch Berlin* NS 26 / 2180, Bl. 6.

47 Heß (Hrsg.): *Rudolf Heß*, S. 312.

48 Die offizielle Schließung erfolgte erst am 10. November 1923; vgl. Deuerlein (Hrsg.): *Der Hitler-Putsch*, S,. 448 f. u. S. 627–638.

49 *IfZ Archiv* ZS 33, Bl. 1.

50 Tagesmeldungen v. 9./10. November 1923, in: *StA Bamberg, Regierung von Oberfranken*, K 3 / 1927, Bl. 56 f.

51 *IfZ Archiv* ZS 84, Bl. 13.

52 *IfZ Archiv* ZS 333, Bl. 13.

53 Müller: *Im Wandel einer Welt*, S. 167.

54 Pringsheim: *Tagebücher 1923–1928*, S. 105.

55 Faulhaber: *Persönliches zum Hitlerputsch*, zit. n. Arbeitsversion der Faulhaber-Edition des IfZ, Stand 11. März 2019.

56 Tagesmeldungen v. 9. bis 12. November 1923, in: *StA Bamberg, Regierung von Oberfranken*, K 3 / 1927, Bl. 54–69.

57 Zit. n. Clemens: *Herr Hitler*, S. 80.

58 Hartmann: *Hitlerputsch*, S. 467 f.

59 Benz (Hrsg.): *Politik in Bayern*, S. 143.

60 Tagesmeldung v. 11. November 1923, in: *StA Bamberg, Regierung von Oberfranken*, K 3 / 1927, Bl. 67.

61 Pacelli an den Vatikan v. 10. November 1923, in: http://www.pacelli-edition.de/Dokument/2044.

62 Hanfstaengl: *Zwischen Weißem und Braunem Haus*, S. 148.

63 Regierung von Oberbayern an den Generalstaatskommissar v. 13. November 1923, in: *HStA München* MInn 73 696; vgl. Bericht des Bezirksamtes Weilheim an die Regierung von Oberbayern v. 11. November 1923, in: *HStA München* MInn 73 694.

64 Hanfstaengl: *Zwischen Weißem und Braunem Haus*, S. 6.

65 Müller: *Im Wandel einer Welt*, S. 181.

66 Fleischmann (Hrsg.): Hitler als Häftling, S. 416 f. u. S. 93. Vgl. https://www.
    welt.de/geschichte/zweiter-weltkrieg/article150109063/Der-wahre-Grund-
    fuer-Hitlers-gestoertes-Sexleben.html.

Epilog

1 Vgl. Huber (Hrsg.): *Dokumente zur deutschen Verfassungsgeschichte*, Bd. 3,
   S. 258.

2 *Akten der Reichskanzlei, Kabinett Stresemann*, Nr. 248, in: https://www.bun-
   desarchiv.de/aktenreichskanzlei/1919-1933/0000/str/str2p/kap1_1/para2_134.
   html.

3 Benz (Hrsg.): *Politik in Bayern*, S. 144.

4 Vgl. Aufzeichnung v. 15. November 1923, in: *HStA München* MA 103 474.

5 *Akten der Reichskanzlei, Kabinett Stresemann*, Nr. 268, in: https://www.bun-
   desarchiv.de/aktenreichskanzlei/1919-1933/0000/str/str2p/kap1_1/kap2_155/
   para3_2.html.

6 *Akten der Reichskanzlei, Kabinett Stresemann*, Nr. 277, in: https://www.bun-
   desarchiv.de/aktenreichskanzlei/1919-1933/0000/str/str2p/kap1_1/para2_164.
   html.

7 Gruchmann / Weber / Gritschneder (Hrsg.): *Der Hitler-Prozess*, Bd. 1, S. 307.

8 Vgl. z. B. *StA München* Pol.-Dir. 6709 f. u. 6711 f., ferner *HStA München*
   103 476 /1–4 u. Deuerlein (Hrsg.): *Der Hitler-Putsch*, S. 326–341 u. S. 488–515.

9 Hoover Institution: *Theodore Fred Abel Papers*, Berichte 56 u. 321.

10 Hoover Institution: *Theodore Fred Abel Papers*, Bericht 459.

11 Hoover Institution: *Theodore Fred Abel Papers*, Bericht 244.

12 Hoover Institution: *Theodore Fred Abel Papers*, Bericht 227.

13 Baumgart (Hrsg.): *Kreß von Kressenstein*, S. 205.

14 Gruchmann / Weber / Gritschneder (Hrsg.): *Der Hitler-Prozess*, Bd. 2, S. 643.

15 Gruchmann / Weber / Gritschneder (Hrsg.): *Der Hitler-Prozess*, Bd. 3, S. 783.
    Der Mord an Kahr anlässlich des »Röhm-Putsches« 1934 blieb unaufgeklärt.
    Ob Hitler die Tötung seines einstigen Widersachers angeordnet hatte oder
    es sich um eine Eigenmächtigkeit von SS-Wachen des KZ Dachau handelte,
    konnte nie geklärt werden. Vgl. *IfZ Archiv* ZS 207, Bd. 1, Bl. 131.

16 *Bayerische Kurier* v. 2. April 1924.

17 Gruchmann / Weber / Gritschneder (Hrsg.): *Der Hitler-Prozess*, Bd. 1,
    S. 341–365.

18 Gruchmann / Weber / Gritschneder (Hrsg.): *Der Hitler-Prozess*, Bd. 1, S. 364.

19 Gruchmann / Weber / Gritschneder (Hrsg.): *Der Hitler-Prozess*, Bd. 1, S. 364.

20 Namentlich nicht gezeichneter Bericht v. 1. April 1924, in: *HStA München* MInn 73 699.

21 *Vorwärts* v. 2. April 1924.

22 *Deutsche Juristenzeitung* 29 (1924), S. 330.

23 *Stenographischer Bericht über die Verhandlungen des Bayerischen Landtages* v. 22. Juli 1924, S. 262, in: https://geschichte.digitale-sammlungen.de/landtag1919/seite/bsb00008686_00300.

24 *Berliner Tageblatt, Reichspost* u. *New York Herald* v. 10. November 1923.

Zu den Quellen und der Forschungslage

1 Deuerlein (Hrsg.): *Der Hitler-Putsch*.

2 Gruchmann / Weber / Gritschneder (Hrsg.): *Der Hitler-Prozess*, Bd. 1, S. XIII.

3 *HStA München* MA 103 476 /1–4.

4 Anonymus (Hrsg.): *Hitler und Kahr*.

5 *International Military Tribunal*, Bd. 36, S. 59.

6 Deuerlein (Hrsg.): *Der Hitler-Putsch*, S. 760.

7 Gruchmann / Weber / Gritschneder (Hrsg.): *Der Hitler-Prozess*.

8 Vgl. Online-Edition der *Akten der Reichskanzlei*, in: https://www.bundesarchiv.de/aktenreichskanzlei/1919-1933/0000/index.html.

9 *BArch* NS 26 / 112 u. NS 26 /127.

10 https://www.hoover.org/news/newly-digitized-nazi-biograms-now-available.

11 Giebel (Hrsg.): *Warum ich Nazis wurde*, S. 7.

12 http://www.pacelli-edition.de.

13 http://www.faulhaber-edition.de.

14 Vgl. https://www.ifz-muenchen.de/das-archiv/recherche-im-archivgut/archivdatenbank.

15 https://www.proquest.com.

16 https://anno.onb.ac.at u. https://www.e-newspaperarchives.ch.

17 https://fes.imageware.de/fes/web.

18 https://www.deutsche-digitale-bibliothek.de/newspaper.

19 Bayerlein u. a. (Hrsg.): *Deutscher Oktober 1923*.

20 Weber u. a. (Hrsg.): *Deutschland, Russland, Komintern*.

21 Fleischmann (Hrsg.): *Hitler als Häftling*.

22 Kessler: *Tagebuch 1919–1923* u. ders.: *Tagebuch 1923–1926*.

23 Pringsheim: *Tagebücher 1923–1928*.
24 Baumgart (Hrsg.): *Kreß von Kressenstein*.
25 Vgl. Bommarius: *Im Rausch des Aufruhrs*; Ullrich: *Deutschland 1923*; Jones: *1923*. Nach Drucklegung des vorliegenden Bandes erschienen laut Ankündigungen der jeweiligen Verlage ferner Bücher von Ralf Georg Reuth, Peter Longerich, Jutta Hoffritz sowie Detlev Mares und Nicolai Hannig zu 1923; sie konnten nicht mehr einbezogen werden.

www.klett-cotta.de

Sven Felix Kellerhoff
Ein ganz normales Pogrom
November 1938 in einem
deutschen Dorf
244 Seiten, gebunden mit Schutz-
umschlag
ISBN 978-3-608-98104-9

»Sven Felix Kellerhoff schreibt eine
paradigmatische Provinz-Parabel – und
ein bedrückendes Lehrstück aus der
deutschen Geschichte. Er zeigt, wie das
Gift des Antisemitismus sich ausbrei-
tete.« *Allgemeine Zeitung*

Im November 1938 geht im ganzen Deutschen
Reich die Saat des Hasses auf. In Hunderten
Gemeinden demütigen Einwohner ihre jüdischen
Nachbarn. Sven Felix Kellerhoff zeigt am Beispiel
des rheinhessischen Weindorfes Guntersblum, wie
der Hass wucherte, ausbrach und welche Folgen er
hatte.

Sven Felix Kellerhoff
**«Mein Kampf» - Die
Karriere eines deutschen
Buches**
379 Seiten, Taschenbuch
ISBN 978-3-608-98382-1

»Sven Felix Kellerhoff seziert Hitlers
Werk regelrecht, kühl und präzise. Er
klopft es in geradezu buchhalterischer
Strenge nach verschiedenen Kriterien
ab, ohne auch nur im Geringsten zu
langweilen.« *Henry Bernhard, Deutsch-
landradio*

Die erste umfassende und allgemeinverständliche
Aufklärung über das Machwerk »Mein Kampf« –
umfassend und auf dem Stand der aktuellen Forschung.

Sven Felix Kellerhoff
Die NSDAP
Eine Partei und ihre
Mitglieder
441 Seiten, gebunden mit Schutz-
umschlag
ISBN 978-3-608-98103-2

»Kellerhoffs Darstellung der Nazi-Partei im Alltag von Machtstreben und Machtausübung fehlte bislang – wie sehr, stellt man am Ende mit Verblüffung fest.« *Der Tagesspiegel*

Die Nazis und ihre Partei: Sven Felix Kellerhoff bietet die erste umfassende Gesamtdarstellung der größten und einflussreichsten Partei, die es jemals in Deutschland gab. Souverän beschreibt er die Karriere jener Bewegung, ohne die Hitler niemals zum mächtigsten Mann Deutschlands geworden wäre.